国家出版基金项目
NATIONAL PUBLICATION FOUNDATION

欧亚历史文化文库

总策划　张余胜

兰州大学出版社

横跨欧亚

——中世纪旅行者眼中的世界

丛书主编　余太山

李鸣飞　著

图书在版编目(CIP)数据

横跨欧亚:中世纪旅行者眼中的世界 / 李鸣飞著. —兰
州:兰州大学出版社,2014.6
(欧亚历史文化文库/余太山主编)
ISBN 978-7-311-04491-6

Ⅰ.①横… Ⅱ.①李… Ⅲ.①文物—考古—和田地区
Ⅳ.①K872.45

中国版本图书馆 CIP 数据核字(2014)第 141386 号

策划编辑　施援平
责任编辑　施援平　武素珍
装帧设计　张友乾

书　　名　横跨欧亚——中世纪旅行者眼中的世界
丛书主编　余太山
作　　者　李鸣飞 著
出版发行　兰州大学出版社　(地址:兰州市天水南路 222 号　730000)
电　　话　0931-8912613(总编办公室)　　0931-8617156(营销中心)
　　　　　0931-8914298(读者服务部)
网　　址　http://www.onbook.com.cn
电子信箱　press@lzu.edu.cn
印　　刷　兰州人民印刷厂
开　　本　700 mm×1000 mm　1/16
印　　张　17.5(插页2)
字　　数　244 千
版　　次　2014 年 7 月第 1 版
印　　次　2014 年 7 月第 1 次印刷
书　　号　ISBN 978-7-311-04491-6
定　　价　53.00 元

(图书若有破损、缺页、掉页可随时与本社联系)
淘宝网邮购地址:http://lzup.taobao.com

出 版 说 明

　　随着20世纪以来联系地、整体地看待世界和事物的系统科学理念的深入人心，人文社会学科也出现了整合的趋势，熔东北亚、北亚、中亚和中、东欧历史文化研究于一炉的内陆欧亚学于是应运而生。时至今日，内陆欧亚学研究取得的成果已成为人类不可多得的宝贵财富。

　　当下，日益高涨的全球化和区域化呼声，既要求世界范围内的广泛合作，也强调区域内的协调发展。我国作为内陆欧亚的大国之一，加之20世纪末欧亚大陆桥再度开通，深入开展内陆欧亚历史文化的研究已是责无旁贷；而为改革开放的深入和中国特色社会主义建设创造有利周边环境的需要，亦使得内陆欧亚历史文化研究的现实意义更为突出和迫切。因此，将针对古代活动于内陆欧亚这一广泛区域的诸民族的历史文化研究成果呈现给广大的读者，不仅是实现当今该地区各国共赢的历史基础，也是这一地区各族人民共同进步与发展的需求。

　　甘肃作为古代西北丝绸之路的必经之地与重要组

1

成部分,历史上曾经是草原文明与农耕文明交汇的锋面,是多民族历史文化交融的历史舞台,世界几大文明(希腊—罗马文明、阿拉伯—波斯文明、印度文明和中华文明)在此交汇、碰撞,域内多民族文化在此融合。同时,甘肃也是现代欧亚大陆桥的必经之地与重要组成部分,是现代内陆欧亚商贸流通、文化交流的主要通道。

基于上述考虑,甘肃省新闻出版局将这套《欧亚历史文化文库》确定为 2009—2012 年重点出版项目,依此展开甘版图书的品牌建设,确实是既有眼光,亦有气魄的。

丛书主编余太山先生出于对自己耕耘了大半辈子的学科的热爱与执著,联络、组织这个领域国内外的知名专家和学者,把他们的研究成果呈现给了各位读者,其兢兢业业、如临如履的工作态度,令人感动。谨在此表示我们的谢意。

出版《欧亚历史文化文库》这样一套书,对于我们这样一个立足学术与教育出版的出版社来说,既是机遇,也是挑战。我们本着重点图书重点做的原则,严格于每一个环节和过程,力争不负作者、对得起读者。

我们更希望通过这套丛书的出版,使我们的学术出版在这个领域里与学界的发展相偕相伴,这是我们的理想,是我们的不懈追求。当然,我们最根本的目的,是向读者提交一份出色的答卷。

我们期待着读者的回声。

总　序

　　本文库所称"欧亚"(Eurasia)是指内陆欧亚,这是一个地理概念。其范围大致东起黑龙江、松花江流域,西抵多瑙河、伏尔加河流域,具体而言除中欧和东欧外,主要包括我国东三省、内蒙古自治区、新疆维吾尔自治区,以及蒙古高原、西伯利亚、哈萨克斯坦、乌兹别克斯坦、吉尔吉斯斯坦、土库曼斯坦、塔吉克斯坦、阿富汗斯坦、巴基斯坦和西北印度。其核心地带即所谓欧亚草原(Eurasian Steppes)。

　　内陆欧亚历史文化研究的对象主要是历史上活动于欧亚草原及其周邻地区(我国甘肃、宁夏、青海、西藏,以及小亚、伊朗、阿拉伯、印度、日本、朝鲜乃至西欧、北非等地)的诸民族本身,及其与世界其他地区在经济、政治、文化各方面的交流和交涉。由于内陆欧亚自然地理环境的特殊性,其历史文化呈现出鲜明的特色。

　　内陆欧亚历史文化研究是世界历史文化研究中不可或缺的组成部分,东亚、西亚、南亚以及欧洲、美洲历史文化上的许多疑难问题,都必须通过加强内陆欧亚历史文化的研究,特别是将内陆欧亚历史文化视做一个整体加以研究,才能获得确解。

中国作为内陆欧亚的大国,其历史进程从一开始就和内陆欧亚有千丝万缕的联系。我们只要注意到历代王朝的创建者中有一半以上有内陆欧亚渊源就不难理解这一点了。可以说,今后中国史研究要有大的突破,在很大程度上有待于内陆欧亚史研究的进展。

古代内陆欧亚对于古代中外关系史的发展具有不同寻常的意义。古代中国与位于它东北、西北和北方,及至西北次大陆的国家和地区的关系,无疑是古代中外关系史最主要的篇章,而只有通过研究内陆欧亚史,才能真正把握之。

内陆欧亚历史文化研究既饶有学术趣味,也是加深睦邻关系,为改革开放和建设有中国特色的社会主义创造有利周边环境的需要,因而亦具有重要的现实政治意义。由此可见,我国深入开展内陆欧亚历史文化的研究责无旁贷。

为了联合全国内陆欧亚学的研究力量,更好地建设和发展内陆欧亚学这一新学科,繁荣社会主义文化,适应打造学术精品的战略要求,在深思熟虑和广泛征求意见后,我们决定编辑出版这套《欧亚历史文化文库》。

本文库所收大别为三类:一,研究专著;二,译著;三,知识性丛书。其中,研究专著旨在收辑有关诸课题的各种研究成果;译著旨在介绍国外学术界高质量的研究专著;知识性丛书收辑有关的通俗读物。不言而喻,这三类著作对于一个学科的发展都是不可或缺的。

构建和发展中国的内陆欧亚学,任重道远。衷心希望全国各族学者共同努力,一起推进内陆欧亚研究的发展。愿本文库有蓬勃的生命力,拥有越来越多的作者和读者。

最后,甘肃省新闻出版局支持这一文库编辑出版,确实需要眼光和魄力,特此致敬、致谢。

余太山

2010 年 6 月 30 日

目 录

绪　言

大洪水劫后,天上出现了第一道彩虹,上帝走过来说:"我把彩虹放在云彩中,这就可作为我与大地立约的记号,我使云彩遮盖大地的时候,必有虹现在云彩中,我便纪念我与你们和各样有血肉的活物所立的约,水就不再泛滥,不再毁坏一切有血肉的活物了。"上帝以彩虹与地上的人们定下约定,不再用大洪水毁灭大地。此后,天下人都讲一样的语言,都有一样的口音。诺亚的子孙越来越多,遍布地面,于是向东迁移。在示拿地(古巴比伦附近),他们遇见一片平原,定居下来。有一天,有人提出一个问题:"我们怎么知道不会再有诺亚时代的洪水将我们淹死,就像淹死我们祖先那样?""这有彩虹为证啊,"有人回答道,"当我们看到彩虹,就会想起上帝的诺言,说他永远不会再用洪水毁灭世界。""但是没有理由要把我们的将来以及我们的子孙的前途寄托在彩虹上呀,"另一个人争辩说,"我们应该做点什么,以免洪水再发生。"于是,他们彼此商量说:"来吧,我们要做砖,把砖烧透了。"于是他们拿砖当石头,又拿石漆当灰泥。他们又说:"来吧,我们要建造一座城和一座塔,塔顶通天,是为传扬我们的名,免得我们分散在大地上。"由于大家语言相通,同心协力,建成的巴比伦城繁华而美丽,高塔直插云霄,似乎要与天公一比高低。没想到此举惊动了上帝!上帝发觉自己的誓言受到了怀疑。上帝不允许人类怀疑自己的誓言,就像我们不喜欢别人怀疑自己那样。上帝决定惩罚这些忘记约定的人们,就像惩罚偷吃了禁果的亚当和夏娃一样。他看到人们这样齐心协力,统一强大,心想:如果人类真的修成宏伟的通天塔,那以后还有什么事干不成呢?一定得想办法阻止他们。于是他悄悄地离开天国来到人间,改变并区别开了人类的语言,使他们因为语言不通而分散在各处,该城遂称"巴别"(意为"混乱"),塔称"巴别塔"。

巴别塔

　　从此之后,语言不通的人类分散在大陆上,彼此消息不同,越来越隔膜,越来越陌生,只生活在自己的世界里。但各地的人中总有一些与众不同的人,他们想要看看别的世界和别的世界中的人。于是他们踏上旅途,把行程中的见闻编成故事、写成游记,这些故事和纪闻传遍四方。各处的人们又慢慢彼此了解。各处的世界又慢慢变成了同一个世界。这样的旅行和交往在13—14世纪时,因为从阿拉伯人到突厥人再到蒙古人的一系列征服战,因为前所未有的大帝国蒙古帝国的建立,因为欧洲和亚洲经济、商业、科技和宗教的发展,达到了前所未有的程度,可以说竖起了欧亚大陆上中西交通历史的里程碑。在这座里程碑上刻着许多伟大旅行家之名,其中最伟大的四位:马可·波罗、鄂多立克、伊本·白图泰、尼哥罗·康蒂,他们被称为中世纪四大旅行家。他们以不同的方式,循着不同的路线,从欧洲或者非洲跨过欧亚大陆到达最东方的中国,留下了脍炙人口的游记和故事。他们的名字刻在里程碑的最上方。除这四位之外,还有约翰·柏朗嘉宾,安德·龙如美,阿思凌·伦巴第,亚美尼亚的仙帕德,以及中国的列班·扫马、常德、丘处机等人,他们身负着宗教或政治使命来到西亚、中亚或中国,也留下了精彩的见闻记录。

这本书的本意是想要先描绘13—14世界欧亚大陆上的全景图像,然后介绍旅行家的背景和生平,最后循着这些伟大旅行者的路途,沿着他们记载的城市、平原和山谷,记述这些地区和人们的历史和风俗。但在写作的过程中,我越来越发现这个任务的艰难和自己能力的渺小。我贫乏的知识、有限的精力和时间,还有这本书的篇幅都远不够把所有伟大旅行家的生平和游记中记载的地方和故事全都讲个清楚。考虑到四大旅行家中有三位都是意大利人,而这三位旅行家中又以马可·波罗的旅行经历最为丰富、生平最为有趣,最后我决定以意大利旅行家马可·波罗为主,同时涉及其他旅行家的故事和纪闻。地域方面,因为中国的城市和历史,读者们已经了解得比较多了,因此这本书主要限制在西亚和中亚。至于介绍的内容,多少有点随心所欲——随着本人的知识领域而变化。于是,一本多少有些随意的科普小书就这样诞生了。世界如此广阔,历史如此悠长,让我们跟着旅行家的脚步,一点一点地来看看吧。

1 13—14 世纪的欧亚大陆

13—14 世纪的欧亚大陆上有三股相互对抗的强大势力,分别是欧洲基督教世界、蒙古帝国和阿拉伯帝国。实际上阿拉伯帝国在 13 世纪几经蒙古铁蹄的践踏,到旭烈兀攻下巴格达时,其实已经在欧亚大陆上灭亡,但北非的阿拉伯国家和欧亚大陆上的伊斯兰地区仍然在这个世纪的世界舞台上演出了重要的戏份,因此,我们仍要把阿拉伯帝国算作这个世纪的一个重要角色。本章将要大致介绍欧洲、蒙古和阿拉伯帝国在 13—14 世纪的大体情况,当然有的时候需要回溯到更早的历史背景下来解释各种重要事件的来龙去脉。

1.1 中世纪欧洲的顶端

从 3 世纪罗马帝国的分裂和衰落开始,欧洲进入了漫长的中世纪,蛮族入侵,日耳曼人、哥特人、汪达尔人纷纷南下,把昔日的罗马帝国西部诸省变成了诸王国,成为日后欧洲诸国的雏形。7 世纪建立的阿拉伯帝国到 8 世纪进行了全面扩张,在伊斯兰世界的繁盛下,罗马帝国的辉煌早已被忘记,直到 10—13 世纪,迎来了欧洲中世纪的全盛期。10 世纪时,来自四面八方的入侵终于告一段落,诺曼底半岛封给罗隆标志着来自斯堪的纳维亚的大规模入侵结束,东面的捕禽者亨利和奥托沿易北河挡住了斯拉夫人南下,在多瑙河流域阻止了匈牙利人,当然,与此同时在其他地方不可避免地有大大小小的战争,我们只能说此时的西欧是一个相对和平的世界。这已经足够了,毕竟欧洲暂时得到了喘气的机会。10—11 世纪欧洲的高生育率和人口的大规模增长即最为明显的证据。随着劳动力增加,土地开垦面积不断扩大,一直持续到 12 世纪末。即使如此,耕地面积仍不能满足人口的增长,大量人口进入城市,从事工业或商业,同时提供了前所未有的繁荣市场。因此在11世纪和12世纪,西欧文明赖以生存的经济体制发生了根本的变化,以活跃的货物交换为基础的经济逐步恢复,随之而来的是货币流通量不断增加。到13世纪初期,人们已能够出售多余产品,购买自己不能生产的东西了。在这样的基础上,商人活动越来越频繁和活跃。尤其是沿海地区的商人们乘船出航,远航到北非、黑海、中东甚至印度进行贸易活动,商人们惊人的冒险精神和他们对利润的追逐驱使他们前往富庶的东欧、拜占庭帝国和遥远的亚洲国家,因此产生了马可·波罗这样伟大的旅行家。

中世纪教会在精神、思想和世俗权力方面达到顶峰。教皇君主政体使教会组织完善,扩大了教廷处理教会事务和世俗事务的权力。在13世纪,旧僧团的热情大为降低,而新的托钵僧会或乞丐僧团充当了精神领袖。其中最为著名的托钵僧会就是方济各会和多明我会。这些托钵僧怀着宗教热情苦修、游历、传教,著名的鄂多立克和威廉·鲁布鲁克就是这样进行了跨越欧亚大陆的旅行。虽然对于后者的身份现在仍有多种说法,他也许是路易九世的密探,但从他的记录来看,他的宗教热情和传教的愿望仍是不可忽视的。在蒙古大军的铁蹄越过多瑙河之后,教皇和皇帝们需要使者与这些新兴的东方入侵者联络,也需要有人去探查他们的情况,这样艰巨的任务便落在了托钵僧的身上,正如我们所熟知的约翰·柏朗嘉宾、安德·龙如美以及阿思凌·伦巴第。

1.1.1　13 世纪的欧洲经济和意大利商人

西欧贸易曾在二三世纪因为内战出现了普遍衰落,日耳曼民族的入侵使其加剧,穆斯林的兴起则使西欧贸易在9世纪跌到了谷底。曾作为罗马帝国主要商业通道的地中海航线大部分被穆斯林控制,他们占据了非洲和西班牙海岸以及西地中海的岛屿。商业贸易方面并没有太多的信仰分别,问题不在于穆斯林地区拒绝与基督教地区贸易来往,而是因为基督教国家没有什么可以与之交换。然而新的商业系统慢慢建立起来,维金人在英格兰、法兰西和基辅建立永久定居点后,延续了伟大的航海传统,他们以皮毛和奴隶为主要的出口商品,换取衣料、武器和金银,建立了一个沿着欧洲北部海岸和顺着俄罗斯河流网络远至黑海和君士坦丁堡的商业网络。与此同时,在地中海地区,水上城市威尼斯成为一个主要的贸易中心。

旅行家马可·波罗的故乡威尼斯是一个非常独特的城市。威尼斯是位于意大利东北方、亚得里亚海北端的环礁湖中的岛屿,这个城市没有可供耕种的土地,所谓的荒岛其实是一片淤泥,淡水也极度缺乏。布罗代尔说:"威尼斯是个安全但又生活不便的奇怪地方:没有淡水,没有食物。"不幸中的万幸,这片岛屿盛产海盐。捕鱼和制盐保证了威尼斯人的生计,因为这使他们能够拿自己的产品与附近沿岸居民换取小麦。最早的威尼斯开拓者被匈奴人、哥特人和伦巴德人这些蛮族入侵者逼上梁山,来到此处,这些海岛是天然的防御工事,当蛮族攻打过来,威尼斯人就放弃海岸的市街,退守本岛利亚托。入侵者多次尝试也无法越过威尼斯的天然"护城河",于是亚平宁半岛的征服者都对它失去了兴趣。然而威尼斯人被逼入这个陆地角落,亦别无选择,只能面向大海展开新的天地,而海上贸易则从最初的谋生手段变成了威尼斯城走向辉煌的阶梯。

一个安稳的社会环境给威尼斯的商人带来了更好的机会,商路因和平而重新开通。中世纪的商道自然不如今天四通八达那样发达,可是如果威尼斯商人觉得有利可图,他们绝对有耐心通过北方商道跨过多瑙河、易北河到达波罗的海,在途中可以转头向西边与欧洲城市贸易;通过南边商道扬帆亚得里亚海、地中海到君士坦丁堡等地中海沿海城市大发横财,在安条克上岸还可以直抵东方得到梦寐以求的香料。威尼斯人可以从西欧世界进口粮食,提供威尼斯城内销或者运往君士坦丁堡;从事工业或商业的市民都是威尼斯的贸易伙伴;西欧日益增长着的人口形成巨大的消费市场,使得威尼斯的商人忙碌地从东方进口香料以满足供不应求的市场。

威尼斯的兴起得益于对东方贸易的垄断。当欧洲的贸易开始复苏时,最重要的市场位于法兰西香槟地区的集市,威尼斯商人则把从东方运来的珍贵商品卖到这里,谋取暴利。在这里需要格外强调的,是威尼斯与拜占庭的关系。如亨利·皮雷纳所言:"当西部欧洲与东部地区分离的时候,威尼斯继续是东部地区的一部分。"这是威尼斯人做出的一个明智选择。在中世纪,城市的数量远远小于我们今天的想象,整个欧洲人口过10万的城市并没有几个,但拜占庭的君士坦丁堡是一个人口100万的惊人的大城市。这个城市有着极其奢华的城市生活,同时还是一个巨大的商品供应市场。从8世纪起,威尼斯就向君士坦丁堡供应小麦、酒、木材和威尼斯的特产——盐,以及从亚得里亚海沿岸得到的奴隶。返程时,他们带着从君士坦丁堡购买的织品和香料。他们在这种贸易中获得巨额利润。更疯狂的是君士坦丁堡与威尼斯签订的商约。公元992年,威尼斯商船免关税,11世纪末期,威尼斯宣告垄断处在君士坦丁统治者掌握下欧亚各省的交通权,1082年,阿列克塞一世颁给威尼斯总督特许状,因此可以说君士坦丁堡是威尼斯的垄断市场。

威尼斯的商人大都没有特别虔诚的信仰,因为商业与宗教似乎是天然的敌人。教会谴责贪婪,营利在他们眼中与贪婪无异。圣杰罗姆说:"商人难以取悦上帝。"许多商人到了弥留之际回忆一生都害怕自己会受到上帝的裁决。不过威尼斯人似乎不吃这套,他们的活动触犯宗教的地方太多了。威尼斯虽然名义上信奉天主教,但它不受教皇的约束。教会在威尼斯并没有形成像在欧洲其他城市那样的政治势力。威尼斯形成了自己的传统,从平民到贵族甚至总督都不会觉得经商有什么不妥。威尼斯人毫不顾忌地放贷、买卖奴隶、与异教徒交易,把斯拉夫人卖到穆斯林的埃及与叙利亚。他们把木材和铁卖到伊斯兰世界,而伊斯兰世界用木材和铁造船铸兵,对付基督教世界,但这永远不会成为威尼斯商人的顾忌。

除了威尼斯之外,其他的意大利城市也逐渐兴起,公元10世纪,阿拉伯海盗不断骚扰比萨和热那亚的渔民,这两座城市最终决定结盟战斗,把阿拉伯人赶出了撒丁岛和科西嘉岛。1063年,比萨人和热那亚人又和诺曼人结成联盟,在西西里击溃了阿拉伯军队。诺曼人的征服

·欧·亚·历·史·文·化·文·库·

结束之后,西地中海对于基督教国家的商人来说就完全畅通无阻了。

其后比萨人和热那亚人反目成仇,热那亚取得了最终的胜利。第一次十字军东征解放耶路撒冷以后,整个地中海向西部地区的航运重新开放。热那亚和威尼斯作为地中海的强国,在扩张海上贸易的过程中爆发了长期的战争。

威尼斯人结合自身的特点与需要,实行比较特殊的军事政策。威尼斯没有强大的常备军,它自身没有陆军,只是采用雇佣兵做陆军;由于长期实行战时体制,商业舰队几乎与海军挂钩,在强大的财力支持下,威尼斯的军队保持着极强的战斗力。1002 年,威尼斯协助拜占庭舰队从巴里驱走了被基督徒称为萨拉森的穆斯林。11 世纪初,威尼斯肃清了亚得里亚海的斯拉夫海盗,降服了伊斯特利亚。1100 年春,威尼斯舰队埋伏攻击竞争对手比萨舰队,后来又打压热那亚的商业。至1204 年甚至促使十字军攻打拜占庭帝国。

威尼斯的城市结构在中世界也颇为特殊。虽然这里仍是一个贵族统治的城市,但贵族与平民之间具有很强的流动性。平民可以通过经商或军功升为贵族,贵族也可能沦落到贫困潦倒、靠救济为生的地步。因此这里出现了很多胸怀抱负无所畏惧的商人。马可·波罗一家就是其中之一,他们就凭借着经商和长途旅行的威望成为威尼斯城的新晋贵族。

在威尼斯,直接管理工商业者的最重要机构是同业公会。政府通过同业工会,既保证商人的信誉,又保护商人的利益。工会会对商品的质量进行严格监管,同时亦保证商人以最低价买到商品。例如,政府会规定某些商品必须共同购买以压低买价。马可·波罗一行在返回欧洲的途中于特拉布宗遇到强盗,被抢走大部分财产,回到威尼斯后向同业公会进行申诉,则得到了一笔 3000 个金币的赔偿。这样优越的条件和晋身贵族的诱惑使无数的商人踏上了遥远的路途。

实际上,在马可·波罗所处时代的欧洲,大多数人认为旅行是一种耗时而又危险的行为。当时徒步旅行的速度大致为每天 8 ~ 10 英里,如果条件有利的话,也可以达到 20 英里。然而因为迷信,旅行者不敢走夜路,就算乘坐马车从巴黎到威尼斯也至少要走3周。然而在威尼斯,情况则完全不同,似乎当时所有的威尼斯人都梦想着有朝一日成为旅行家或是商人。作为通往东方财富的门户,威尼斯产生了一批精明的商人贵族阶层,这其中就包括有过多次东方之旅经历的波罗家族。他们曾多次到过东方,尤其是君士坦丁堡,找寻珠宝、丝绸和香料。波罗家族于11世纪时移居意大利北边的威尼斯市。到11世纪末,家族中有人担任市议员,此后也没有什么特别出名的人。13世纪之前,威尼斯实行集权统治,其统治集团由150名商人贵族组成,也就是说,不足威尼斯总人口1%的贵族操控着全城99%的人的命运,不过偶尔也会有个别普通家族冲破重重阻碍而跻身贵族之列。到1297年止,集权统治在威尼斯成为历史。威尼斯议会开始允许中产阶级建立行会来扩大贸易,同时负责培训工人和工匠,扶持贫民,甚至还要为雇佣者提供医疗服务保障。当时波罗家族为了取得最大的商业利益,可能也加入了一个或几个行会。虽然他们是威尼斯城的成功商人,但绝对算不上是统治阶层,要不是马可·波罗那些令人难以置信的事迹和他的自我吹嘘与宣传,波罗家族恐怕在威尼斯也不会那么有名。

在13—14世纪众多跨越欧亚的伟大旅行家中,马可·波罗绝对是有代表性的一位。他作为威尼斯商人,怀着经商的目的从陆路来到中国,又循海路随伊利汗国的使者到达波斯,最后回到欧洲,并在热那亚的监狱中与浪漫小说家鲁斯蒂谦合作写成《马可·波罗游记》,为我们留下了大量当时对欧亚大陆及太平洋和印度洋海岸国家地区地理风貌、风俗轶事的珍贵记载。他的游记篇幅很长,一切内容无所不包,除了旅途所见之外,还记载了很多当时重要的历史事件,包括蒙古帝国内部几次重大的战争,还有各大汗国的政治局势。其中有很多大概是他居住在中国和在从中国到伊朗途中听到的故事。相对而言,其他的旅行者虽然也记录了珍贵的资料,但记载的东西往往没有这么多。教皇的使者通常更为关注蒙古人的生活方式和作战方法,托钵僧有更多宗教的追求和束缚,中国的旅行者也没有留下这么丰富的见闻。唯一在篇幅和内容上与之媲美的大概只有伊本·白图泰了。

·欧·亚·历·史·文·化·文·库·

1.1.2　中世纪欧洲的新兴教团

中世纪欧洲的新兴教团中最为重要的就是方济各会和多明我会。方济各会的创办者是圣方济各。圣方济各(1182—1226)是阿西斯富商的儿子。他是一位活跃的年轻人,喜欢唱温文尔雅的爱情歌曲,一直在阿西斯及邻近地区参加战斗。在一次战斗中被俘,送进监狱后不久患病,从此他的头脑中似乎就转向思考严肃的问题了。1206年的某一天,当他正在阿西斯外一座年久失修的圣·达米安小教堂祈祷时,突然间隐隐约约从禁台上方的耶稣受难像那里听到几句话:"方济各,修复我的教堂。"从此,方济各以此作为行动准则,他从父亲的商店里筹集了一些物品出售,将收入捐献给教士去修复教堂。但他的父亲不赞赏他的这种观念,甚至将他监禁了一段时间,所以他离家出走,受到地方主教的保护。然后出现了戏剧性的一幕,他弃绝了他的父亲和他所有的财产,脱光了身上的衣服并且宣布:"迄今为止,我一直称呼彼得·博纳多为父亲……现在我把属于我父亲的钱与他给我穿在我身上的衣服全部归还。从现在起我将说'我的天父在天堂',而不再称彼得·博纳多为父亲。"

有一段时间,他到一些地方亲手修建教堂,那时正处于动荡年代。方济各以为他正在为上帝服务,但是不知道自己的天职究竟是什么。一天,他在教堂里听到一位教士在朗读《马太福音》:"但你离去时,请宣传这些神旨:天堂就在眼前……你免费获得你需要的东西,你也要不吝啬地捐献你拥有的东西,你身边不要藏有金银财宝,在路途上,不要带行囊,只带所穿之衣、草鞋和手杖。"方济各突然受到了启发,他大声呼喊:"这正是我寻求的,我将一心一意以它作为传教的教旨。"从那时起,他四处流浪,布道讲演使徒生活的美德。每天他经由劳动挣得能够生活的报酬,如果没能得到报酬,就接受救济,他只保留当天需要的钱和食物。

方济各本人是一个具有非凡魅力的人物,他性格开朗,对其他人的疾苦富有同情心,人们爱戴他,并从他身上获得勇气。不久,他就有了一小批追随者。他对他们制定了一套简单的规则,其与一般修道院

图 1-1 方济各

的规则的主要区别是:要求绝对的清贫。一般修士都发誓过清贫的生活,但他们居住的修道院都非常富有。方济各坚持主张,他的修道士不能有任何形式的个人和集体财产,必须依靠自己的劳动和乞讨生活。他们不能有钱,甚至禁止他们碰一下钱。这些托钵僧不能住在修道院里,而要生活在民间,四处传教,帮助穷人。

    1210 年,方济各前往罗马,请求教皇英诺森三世批准他非同寻常的教规。这对方济各会来说无疑是关键的时刻。教皇对此犹豫不决,因为方济各会的教规含义是很明确,但他们为什么不加入当时已经存在的教团,而要重新建立教团呢?他担心产生新的异端分子,这在教会历史上并非没有发生过。然而一位枢机主教指出:教会在逻辑上不能拒绝批准耶稣教义的生活方式。于是教皇最终认识到,这些来自阿西斯的衣衫褴褛的传道士具有特殊品质,他口头上批准了他们的教规,

·欧·亚·历·史·文·化·文·库·

并同意他们传教。

方济各会发展非常迅速,他们的足迹踏遍了整个意大利。1219 年更多的传教士起程前往法兰西、日耳曼、匈牙利和西班牙。这些传教士遇到了很多困难,他们的生活方式使很多人认为他们是异端,因此方济各会内部出现了改变教规的呼声。实际上在方济各对于宗教团体的想象中的确存在自相矛盾之处。方济各本人反对组织,他认为宗教团体应不受任何约束而存在。1210 年得到教皇口头批准的教规在他的狂热追随者中实行得非常成功,但对于遍及基督教世界的几千名成员,这部教规就大大不足了,修士们不知道他们应该服从谁。此外,方济各要求修士们传授正统的天主教教义,但又不允许他们在神学院内学习。然而如果他们要站在天主教的立场上反对异端,就需要学习神学知识,这就要求有长期的住所和书籍。最后,方济各还规定他的追随者不应该享有特权和宗教权力,他们应该通过传教和身体力行改变人们的信仰,因此他拒绝教廷给予他不受地方主教权力约束的特权。然而一些顽固的地方主教拒绝他们传道,这些地方又恰恰是最需要他们进行传道的地方。

1223 年,方济各制定了一套新教规,这个草案得到罗马教皇的批准,成为方济各会的正式教规,他重新强调每位修士必须绝对清贫,但在教团内部实行了正式的等级制度。方济各本人于 1226 年去世,此后发生了一连串变化。1230 年罗马教廷规定地方修道士能以修道会的名义保存财产和接受捐赠。在必要时,方济各会院长可以筹集资金。此前,方济各会成员就开始定期进入大学学习。

第二大托钵僧修会的创始人是多明我(1170—1221)。他完全不同于方济各,他是一名学者。多明我生于卡斯提尔,并在那里成为教士。1205 年,他和他的主教当面请求英诺森三世将他们以特殊身份派往亚洲的鞑靼地区。英诺森三世认为当时有更为紧要之事,便把他们派到法兰西南部,对异端阿尔比派进行传教。在那里,他们认为与异端争论的最好办法是请一些倡导宗教生活的有识之士说服异端,于是多明我决定创立新教团以实现他的理想。1215 年,他创建了多明我会,多明我会修士被称为黑衣修士，与被称为灰衣修士的方济各会相对。

多明我会要求追随者过清贫的生活，但他们的宗旨与方济各会完全不同。方济各会强调亲手劳动，帮助穷人，进行社会服务。但多明我会最基本的任务是传教，因此他的修道士必须掌握神学知识。多明我会为其成员建立了许多不同等级的学校，修士在其中以极大的热忱学习神学知识并不断进入更高一级的学校。此外，多明我会还有严密的管理结构，修会分为数个大主教区，由主教区修道院院长管理，他们统属于大司祭领导，每个主要官员都有一个修士会议，立法必须征得会议同意。

在教会中，托钵僧是最为重要的组成部分，除了在基督教世界与异端斗争外，他们还派传教士到其他地区。13世纪中期，来自亚洲中部的蒙古人征服了中亚、西亚和东欧地区，教皇和法兰西国王均派出方济各会士到蒙古大汗处，劝说蒙古人与基督徒联合起来反对穆斯林。这些传教士在这个特殊的年代成为伟大的旅行者，他们跨越欧亚大陆，从最西段来到最东部，在旅行记中记录了各种奇闻逸事和这个世界另一端的色彩。虽然基督教国家与蒙古人结盟的计划实际上从未取得任何成果，但托钵僧在蒙古帝国建立了基础。一群方济各会士进入中国，在蒙古人宗教自由的政策下非常活跃。约翰·孟高维诺甚至成为元大都的大主教。多明我会在亚洲也很活跃。1318年教皇把这一地区分为两部分，将北部亚洲的传教活动委托给方济各会，将亚美尼亚、波斯和印度的传教活动委托给多明我会。

除了方济各会和多明我会外，13世纪还出现了一些其他的托钵修会，大部分规模较小并且寿命不长，但加尔默罗会，又称为白衣修士，以及圣奥古斯丁托钵僧隐修会产生了持续的影响，在1274年的里昂宗教会议上，这两派都被认可为有效的托钵僧修会。由于教皇对地方教士的控制非常有限，因此他对托钵僧的偏袒也就可以理解了。托钵僧形成了一支具有组织的大团体，并且受到教廷直接指挥。每个修会都有全体教士代表，直接对教皇负责，这样托钵修会大大增加了罗马教廷君主政体的力量。

蒙古人在13世纪早期第一次进攻欧洲之后,给基督教世界带来了无法形容的震惊和混乱。起初教会对此未能做出理智的应对。他们把蒙古人称为"上帝之锤",认为这是《启示录》在大地上应验的标志,而蒙古人则是《启示录》中记载的来自高加索山脉之后的魔鬼,来清理这个世界,这些敌基督之人最终将毁灭世界,而虔诚的信徒则被上帝接引进入天国。这一荒谬言论在1243年新教皇英诺森四世最终选出之后终于被放在一边。英诺森四世在被选为教皇之前是一位热那亚法学家,和一般群众相比,对于蒙古入侵事件他的态度相当客观,不接受迷信说法。英诺森一上任就宣布召开第十三次大公会议,这次会议于1245年6月召开。新教宗宣布目前最重要的问题就是基督教国家未来的安全,所有人都知道,这指的是如何对付"上帝之锤"。

在大公会议决定召开的一年前,英诺森把所有能够找到的报告和讯息全都收集到里昂,包括来自俄罗斯、波兰和匈牙利的。从这些报告中,他了解了一些蒙古人的宗教信仰、大量他们的作战方法,以及最重要的一点,蒙古人对于官方使者的极高尊重和可靠保护。受到这一讯息的鼓舞,在大公会议召开之前的几个月,英诺森决定派出一批侦察使者。他们被派往蒙古宫廷致以基督教国家的问候,并且多少有点大胆到鲁莽地邀请对方皈依基督教并为其施洗。当然,最重要的目的是,这些使者需要收集鞑靼人的相关材料,并且弄清楚他们的目的。进一步行动则是广泛邀请东俄罗斯教会、希腊东正教会以及东方的基督教徒一起联合起来共同对抗蒙古威胁,并且最好全都回归罗马教会的怀抱。英诺森决定选择新成立的多明我会和方济各会教士前去执行这个任务,多明我会的传教士尤其合适,他们充满了宗教热情。于是一批勇敢的传教士,身负着教皇的使命,踏上了东去的旅途。

1.1.3 中世纪欧洲眼中的蒙古和东方

13世纪的欧洲遇到最大的挑战就是蒙古入侵,但这件事并没有给欧洲造成实质性的伤害,每次都有一位大汗恰逢其时地死去来拯救基督教或者伊斯兰教文明。然而在蒙古人与俄罗斯、匈牙利和波兰的战争中,欧洲骑士与蒙古的战争局面完全是一边倒,这一战争给他们带来的震撼和心理创伤难以估计,远远超过了同时受到蒙古入侵的中国和波斯文明。中国和波斯都已经有了几百年来和游牧军队作战的悠久历史,而欧洲人根本是无知并快乐着,对亚洲其他地方发生的事毫不关心,也根本没有为蒙古人的出现做任何准备。

坐落在波兰的克拉科夫中央广场中心的圣玛丽大教堂被认为是波兰最重要的教堂之一。每到整点,一个来自克拉科夫消防队的小号手就会出现在教堂钟楼的阳台上吹响警报。这个仪式从 13 世纪中期开始,一直持续到现在,每天都会进行。这是为了纪念城市的毁灭。小号手吹响警报,表示看到敌人逼近了城门。然而号手的警报声戛然而止,传说是因为一支来自蒙古军队的箭射穿了他的喉咙。

当 700 多年前,警报第一次响起时,克拉科夫人其实已经放弃了这座城市,越过城墙逃往森林。此前,统治波兰的贞洁者波列斯瓦夫公爵曾派他的军队前去抵御入侵者,但他们遭到伏击,冰雹般的箭雨使这支军队伤亡惨重。消息传到克拉科夫,波列斯瓦夫和他的家人聚敛钱财,丢下仍可一战的士兵逃亡匈牙利,让市民自生自灭。当敌人的主力部队到达该城时,他们发现街道异常空旷。在 1241 年 3 月 24 日,克拉科夫沦陷。

对于欧洲其他国家来说,克拉科夫的陷落是一个可怕的预兆,神秘风暴正在清扫其道路上的一切障碍。入侵者向西前进,遇到一支由本地佣兵组成的欧洲联军,条顿骑士团、圣殿骑士团和医院骑士团——中世纪骑士精神之花。对于欧洲人来说,这场战争完全就是一场灾难,几天之后,第二大天主教军队就被摧毁了。慌乱的中世纪史学家被入侵者的战术震惊,将其力量夸大了四五倍。欧洲将领在战争中遭到前所未有的蹂躏。每一场主要战役中,敌人总是在人数上处于劣势,却因为将军智胜一筹而取得胜利。他们的军队好像训练有素的战争机器,战术复杂却合作无间,阵型巧妙却移动准确。从整体的角度来看,蒙古军队领导了一场精彩绝伦的复杂战争,精心计划,有始有终——从波兰到匈牙利草原。

这些失败的消息横扫整个欧洲,带来了终极毁灭和堕入地狱的预

欧·亚·历·史·文·化·文·库·

言。到处都是关于残忍的恶魔犯下罪恶暴行的传说,长着马头的怪物吞噬他们的猎物,他们拥有神秘的力量,被放出来惩罚这个不虔诚的世界。在德国产生了这样的故事,蒙古人其实是以色列的一个古老部落,而犹太商人为他们跨越国境走私武器。因此很多无辜的犹太人在边境驿站被草率地完全无益地处决了。匈牙利人把蒙古人描述为"狗脸鞑靼",住在奥地利的法兰西修士写道,蒙古士兵强奸欧洲妇女后,撕下她们的胸脯,把这些佳肴献给他们的"狗头"君主,后者就把她们吃掉。

教会也只是重复古老的神话传说,试图解释这场灾难。一位多明我会修士,蒙特·克罗切的里卡多解释说蒙古来源于魔哥格力,是传说中的玛各之子。哥革和玛各,如传说所记载,是一对四处劫掠的巨人,在远古时代威胁着欧洲。在马可·波罗的行纪中也记载过他们。马可·波罗在描写长老约翰的领地天德省时曾说:"这些地方在我们的世界中被称为哥革和玛各。但土人则称为汪古和蒙古,每个地方都有一种不同的人居住着。住在汪古的是哥革人,住在蒙古的是鞑靼人。"汪古部是一个古老的部落,马可·波罗显然是用他知识系统中的欧洲传说来解释蒙古地区的地域划分和种族分布。根据欧洲的传说,哥革和玛各这一对无恶不作的巨人被亚历山大大帝击败并囚禁在高加索山脉中坚固的大门之后,到世界末日的时候,他们的后代将四散开来并且毁灭人类文明,只有向亚历山大祷告才能制服这些怪物。于是在北欧的各个教堂中,都为吓坏了的人们进行这样的布道,祈祷者告求说:"从鞑靼的怒火中,主啊拯救我。"唯一有可能与入侵者一战的是法兰西国王的军队,但他也甚为悲观,已经准备好在进攻中殉难。教皇似乎已经看到了整个基督教文明的毁灭,他说:"当我一想到鞑靼人所过之处基督之名将永不复耳闻,就觉得不寒而栗。"

整个欧洲仿佛是被一支来自火星的力量击中并为之战栗。蒙古,被欧洲人称为鞑靼,他们的崛起之地位于欧洲人从不知晓的地图上。狭窄而短视的欧洲对乌拉尔河以东地区一无所知。实际上,欧洲人好几个世纪以来既不知道谁是蒙古人,也不知道他们做了什么。这不仅仅因为欧洲人的无知,也因为蒙古征服的速度和幅度简直超乎想象,从未有如此广阔的疆域在这样短的时间内被征服。震动整个欧洲核心的这场突如其来的大灾难,其实早就席卷了亚洲全境。从朝鲜半岛到多瑙河,几乎全世界1/3的地区都听从一个家族的号令,完成这一切只用了不到50年时间,然而他们还在不断扩张。在蒙古铁骑踏上德国边境不到30年之后,他们又征服了中国全境,并且开始进攻日本和爪哇。不管从何种意义上来说,这都是一个惊人的成就。

13世纪这场横扫世界的风暴改变了亚洲和欧洲的政治边界,把这片大陆上的人连根拔起然后使其四处流散。它改变了很多地区的人种特点。更重要的是,蒙古人连通了东方和西方,传播知识并且借此首次创造了一个统一世界。

这场巨变中最大的受益者就是欧洲。蒙古人并没有在实际意义上攻入西欧,但他们打开了欧洲通往亚洲的大门。欧洲人在13世纪之前对乌拉尔山以东地区一片茫然。虽然他们和东方进行贸易往来的历史可以追溯到前基督时代,商人们定期往返于拉丁世界和中国,但没有让这两方彼此多一丁点了解。

来自东方的物产中最为著名的就是丝绸,罗马人相信那是从树叶上梳下来的。印度只是一个模糊存在的概念中的地名,即使这个模糊地名,也是来自于亚历山大远征到印度次大陆,由此产生的精彩奇诡的传说故事。这些故事多半是商人编造的,以其说明他们的商品如何珍贵,然而历史学家记载了这些传说,一直到马可·波罗的时代还在流传。印度,在大多数人心目中就是亚洲的同义词,那里到处都是狗头人、独脚人,还有脚尖朝后、脚跟超前的反向人。那里有既无头也无脖子的人,他们的脸长在胸口。在早期前往中国的传教士的记载中——包括约翰·柏朗嘉宾和威廉·鲁布鲁克,他们都在行纪中提到这些传说中历史悠久的怪兽,约翰·柏朗嘉宾把它们安插在自己未曾到达的地区中,而威廉·鲁布鲁克是一位更为诚实的修士,也许与他在亚洲待的时间更长有关,他不断地向别人询问这些怪物的踪迹,并且不得不承认找不到任何它们存在的证据。在传说中,东方还有野兽捕猎者,

欧·亚·历·史·文·化·文·库·

他们只靠吃生肉活着,还有奇异的侏儒,活了上千年,还有半兽人、女战士、婆罗门、苦行僧、魔法山、独角兽、狮身鹫首的格林芬,还有淘金蚁,那里还是一个出产珍贵珠宝和香料的地方。

这些神奇的物产成了中世纪艺术文学中的重要元素,它们被刻画在哥特式教堂的外墙上。现在我们看到的滴水嘴,在700年前就是东方奇怪居民的塑像。

图 1 - 2　滴水嘴

并不是只有欧洲人描述这些神奇生物,中国人也有著名的万神殿,里面那些奇异神祇的来源很可能是他们相信存在于西方的神奇生物。那里面也有狗头人、独脚人、脸长在胸前的无头兽。中国人在提到西方世界时也充满了奇思妙想,他们给棉花设计了神奇的来源,棉花是来自西亚的日用品,中国人认为他们是从一种陇种羊身上剪下来的羊毛,收的时候要骑马追赶,还要敲打皮鼓,把这些胖羊吓瘫了才能收得回来。他们也许听说西方有一种珍贵的物品叫作水银,因此有学者在笔记中记载:西方的大海里都是水银,要想采集水银,就在海边挖十来个坑,然后人骑着骏马——要那种可以追上飞鹰的骏马,人跟马身上都要贴满金箔。骑到海边之后,太阳照在金箔上,金光闪闪,水银难以忍受,纷纷滚涌而来。这时候人要骑马飞奔,水银追赶很急,如果跑得慢就被水银给吞了。如果马跑得够快,水银追不上,渐渐乏力,就往回跑,因为回程跑得慢,遇到坑,就有不少掉进去。然后就可以提着篮子采水银啦。水银采来之后跟花一起煎煮,煮出来都是白花花的银子!

这些奇妙的想象何以如此源远流长,当然是因为两个半球之间缺少文化交流。罗马帝国一直没有越过幼发拉底河,在河对岸是凶猛的游牧骑手,崎岖的山脉和沙漠,是罗马人没能渗入的地域。据说中国人无数次试图联系西域文明,虽然留下记录的只有寥寥几位。公元97年派出的使者甘英到达了波斯湾,但那里的阿拉伯人亟欲维持自己作为世界中间人的特权地位,警告他说之后的航行耗时太久,而且将要达到的地方已经灭亡了,于是甘英就此返程。在7世纪或8世纪时,伊斯兰势力在中东崛起,一切海陆和陆路交通都被穆斯林控制了。伊斯兰与基督教西方的对抗使得欧洲越来越孤立,当然,丝绸和香料交易仍在继续,不过在阿拉伯中间人的手下价格日益高昂。

这些关于魔怪和神奇生物的奇幻想象并不仅仅来自于无知,也来自于早期基督教学者的作品。圣奥古斯丁描写过怪物的存在,他宣布这些怪物也是上帝的造物,是上帝的大计划中的一部分,这样人们就能够接受那些生而残疾或者有智力缺陷的人了。在基督教权威下,东方总是被联系到某种圣经中的地点,例如人间天堂,或者哥革和玛各。根据《启示录》,哥革和玛各的后代会在世界末日被撒旦放出来,摧毁耶路撒冷并且毁灭整个世界。因此不难想象,那些同时代的历史学家在记录蒙古人的攻击时,把他们看成是茹毛饮血的怪物,并且宣称末日启示即将来临。那些旅行的商人所编造的故事成了基督徒世界观的一部分。

那里还有另外一个基督教传说,这个故事使基督教君主对这些入侵者的来源和目的既感到安慰又觉得迷惑。这个故事来自于智者的传说,圣马太提到过一个东方三智者前来朝拜耶稣的故事。曾旅行前往印度的圣托马斯所讲述的传说证实了这个故事,他在那里传播福音,遇到了智者,并且为他们施洗。《马可·波罗游记》中也记载了这个名为"三智者见上帝"的故事,不过他把这个故事放在波斯,被当作是波斯琐罗亚斯德教的起源。这个故事在西方流传甚广,但大家并不知道这些智者到底在哪儿。现在蒙古人的入侵带来了东方确实存在着基督教君主的消息——著名的克烈部首领就信仰聂斯托利派基督教,这也是整个克烈部的共同信仰。随着蒙古入侵而被西方人得知的消息给这些故事提供了最新证据,在遥远未知东方的某个地方,的确有基督教君主领导的基督教国家。于是在此之上围绕着亚历山大远征印度的英雄故事发酵出丰富的文学传统,在骑士世界和宫廷爱情中变成了重要的形象,出现了这样一幅中世纪亚洲图画:在这样一个到处都是奇怪生物的地方,一个英雄基督教君主在他统治的地方做着浪漫的事。

直到 11 世纪,欧洲一直被困于和伊斯兰世界争夺圣地的战争中,这些流传了数个世纪的老故事现在被加入了与时代关联的新元素,那就是了不起的长老约翰,也被译为祭祀王若望,他是传说中东方的基督教君主,他的使命就是在基督教国家需要的时候,随时伸出援助之手。随着十字军东征的战况每况愈下,现在这个时刻终于来临了。这个传说第一次出现,是在一位名叫约翰的教士于 1122 年访问罗马的时候。他号称来自印度,大概是来自马拉巴尔海岸的基督教社团,这是繁荣发展的东基督教社团中的一个,也就是罗马教廷称为聂斯托利派的那一派。由于罗马方面切断了与聂斯托利派以及所有君士坦丁堡以东的基督教社团的联系,因此欧洲实际上失去了与亚洲文明接触联络以及拓宽自己对世界认识的最好机会。罗马教廷压根就不知道在东方出现了多少基督教徒。

在 6 世纪早期,聂斯托利派离开在波斯已经建设好的坚实基础,继续向西突厥地区发展,然后从那里继续往东扩展到中国。到 11 世纪初,甚至在蒙古部落中也已经出现了基督徒,随着蒙古帝国的建立,基督教也扩张到整个亚洲。

由于罗马和东基督教的接触实在是少之又少,所以一位来自东方

图 1-3　三智者见上帝

的基督教士势必拥有一大批充满好奇心的听众。这位教士说,他为罗马的枢机主教讲述了印度的生活,还提到了在那个国度,每一次基督教节日中,必然会发生了不起的奇迹。历史学家现在知道这位无疑是个骗子,但在那个时代,他的故事似乎颇为可信,因为这些故事证实了圣马太所讲述的关于东方智者的事,即东方三贤王的确曾访问伯利恒的神圣家庭,因为确实存在着由东方贤王的后代所统治的国度。

　　20年后,关于这位教士访问的记忆仍然鲜活,一位叙利亚的主教报告说有一位东方极有权势的国王名叫长老约翰,他刚刚与穆斯林发生了一场鏖战。他还说这位君主正是东方智者的后代,他决定要来援助针对耶路撒冷的十字军东征,为的是追随他那伟大先祖的脚步,但他却被底格里斯河的大洪水挡住了前进的路线。现在看来,这个故事肯定是把长老约翰和12世纪波斯的穆斯林统治者花剌子模沙与哈剌契丹帝国之间的战争给弄混了。现在我们大致了解了这个中世纪传说的最佳版本——一位贤王，他有着无懈可击的英勇先辈，显然是继承了亚历山大的光荣传统。不管这位长老约翰的祖先到底是谁，既然说他杀了穆斯林，那么他毫无疑问已经被证实有着虔诚的基督教信仰。

然后，在1165年，一封据称来自长老约翰的信传遍了欧洲。这一事件的出现现在看来无疑是有政治原因的。这封信以不同的形式，写给欧洲各大贵族，包括科穆宁王朝的曼努埃尔一世、教皇、神圣罗马帝国皇帝以及其他君主。在这封信中，长老约翰宣称他统治着广阔的土地，从太阳升起之处一直到巴别塔。他说明他的目的是从穆斯林手中拯救耶路撒冷，击败基督教的敌人，朝拜圣墓。然后他又列举了自己的财宝和他的国家出现的奇迹。这封信当然是伪造的，然而他激起了十字军东征的巨大热情——这当然也是伪造者的目的所在。

1177年教皇派出一位使者，让他在巴别塔以东寻找长老约翰，因此这位长老约翰的形象就更加真实了。虽然这位使者失踪了，但十字军东征大获成功。当然，在之后的30年中，另外3次十字军东征基本上就是一个接一个的灾难，直到大家的热情再次激昂起来。1217年，在这个恰到好处的时间点上，正在准备另一场十字军东征时，关于传说中的长老约翰和其他住在东方的基督教君主的消息传遍了欧洲。阿克里的主教发起了一场有力的关于第五次十字军东征的宣传战，他决定在他给黎凡特的拉丁移民者所写的信中利用这些传说。这位主教宣称长老约翰和他的东方盟友听说了新的圣战即将发起，决定出发来帮助他们把圣地的萨拉森——也就是穆斯林，清除出去。

3年之后，这些传说产生了更为久远的效果，出现了一个伪造的文件名叫"关于大卫王的报道"，描述了"印度的基督教君主大卫王"在波斯的胜利，称他"被主派去击垮异教徒并摧毁摩诃末的教义"。对于这封信有很多说法，有人说大卫王就是长老约翰本人，也有人说大卫王是长老约翰的儿子或孙子。这封信再次证实了关于长老约翰即将到来的预言。在这一点上，基督徒的宣传再次和历史事实混为一谈，因为这份报道的来源无疑是成吉思汗击败花剌子模沙的一战。教廷感受到了即将到来灾难的预兆,但把它变成了救世的预言。

现实的反讽实在残酷。在未来数月之中,新的报道不断来临,教皇不断重复宣称这位大卫王的胜利脚步已经越过了波斯,而且预言圣地即将获得自由。这一切都没有发生,然而这并未削弱大家对长老约翰存在的信念。1223 年,速不台的军队对格鲁吉亚和俄罗斯诸公国发起巨大突袭,匈牙利国王给教皇写信,声称"确实是大卫王,或正如我们通常称呼他的,长老约翰",最近带着一支大军进入了俄罗斯,杀了 20 万人。这个恐怖事件被解释为伟大的基督教国王攻击异教徒统治的格鲁吉亚,然后是希腊东正教会,正如他进攻伊斯兰教波斯一样。大家对于这个人物的信念是如此牢固,虽然格鲁吉亚的鲁苏丹女王送来了准确的关于蒙古军队的情报,但也不妨碍大家仍优先选择相信那些关于半传说人物大卫王的报道。

当然,随着各种反面证据不断浮出水面,基督教西方也不得不逐渐变得有一点警醒和迷惑,尤其是大量关于惊人的恐怖屠杀的报道。真正的长老约翰,除了仍然憎恨穆斯林外,已经不再是虔诚的基督教徒所钟爱的那种预言中的形象了。欧洲人开始认真对待这些反面消息,一位伟大的诺夫哥罗德历史学家记录了更为准确的关于"大突袭"的信息,主要描述俄罗斯诸公国的遭遇:"他们从第聂伯河出现,我们根本不知道他们是何时到来,也不知道他们藏在哪里,只有上帝知道他是什么时候把他们带来对付我们的。"他们的突然出现留下了太多未知的问题,但这些事很快就被遗忘了,因为欧洲继续深陷各种内部问题的泥沼。

1230 年,宫廷中最重要的事件只能是教皇与神圣罗马帝国之间的对立。这场斗争源自 11 世纪的加冕仪式,当时的教皇格里高利七世明确表示,教皇拥有最为神圣的地位,教会应统治一切基督教国家并且凌驾于一切基督教国王和皇帝之上。之后,关于神圣罗马帝国皇帝腓特烈二世发起的战争一事,在圣彼得和查理曼大帝的继任者之间产生了分歧。腓特烈二世是一个了不起的人,他的故事对当时和后代的作家都充满了吸引力。有时候他被描述为中世纪欧洲肆无忌惮的孩子。

欧·亚·历·史·文·化·文·库·

他在位于西西里巴勒莫的诺曼宫廷中接受教育,因此吸收了深受中东影响的诺曼宫廷的严厉和异国社会风俗的混合气质。他非常聪明,受过良好的教育,知识渊博,是一位诗人,也是诗歌的赞助人,但据说他冷漠残忍,深受伊斯兰文化的影响。他热爱阿拉伯文化,对伊斯兰抱有极大同情,据说他有一个住满了穆斯林美女的后宫。1216—1227 年在位的教皇洪诺留三世是个温和的人,由于腓特烈二世带领十字军出征和同意恢复罗马教皇的领地,所以他赢得了洪诺留三世的宠爱。但腓特烈二世没有遵守诺言,而教皇并未要求他放弃西西里岛就授予他为皇帝。腓特烈随后集中精力巩固他在西西里岛王国和意大利中部的权力,即使是温和的洪诺留在任末期也逐渐不能忍受他的所作所为。有关他和教会之间对立的说法或许有些夸大,但他退出第五次十字军东征的行为几乎直接导致了这次东征的失败,因此 1227 年,新任教皇将他逐出教会。可以肯定跟当时其他许多君主相比,腓特烈算不上虔诚,他对教士的职位以及教皇的权威没有多少敬畏,也不在乎跟伊斯兰君主保持友好的关系。他被教皇逐出教会之后毫不在乎,在次年航行到巴勒斯坦,发起了第六次十字军东征,并且通过天才的外交行动,获得了对耶路撒冷、拿撒勒、伯利恒以及耶路撒冷和阿克里之间地区的控制权,并且没有为此付出任何代价。

腓特烈对中东政治非常了解,因此他得以选择了最佳时机和埃及算端进行协商。在花剌子模沙的帝国毁灭后,他的儿子扎兰丁逃往印度,然后于 1223 年重新召集军队再次占领了从前的疆域。他的胜利转瞬即逝,蒙古人很快回来重新建立了统治。然而,在 1225 年的大部分时间中,扎兰丁对当时穆斯林世界的统治者造成了严重威胁,他控制了西波斯和阿塞拜疆地区,并且进攻格鲁吉亚,还向巴格达发起进攻。换句话说,腓特烈挑了埃及算

图 1 - 4　腓特烈二世

端日子最难过的时刻,并且让对方为了与欧洲世界的和平花了大价钱。然而,虽然第六次十字军东征是一次胜利,腓特烈也因此被豁免罪孽,被接纳重返教会,但教会和皇帝之间积怨已深,分歧无法轻易弥合。这股敌意在 13 世纪 30 年代末再次爆发了,教皇再次将腓特烈逐出教会。1241 年,格里高利教皇去世,皇帝正准备攻打罗马。下一任教皇是塞莱斯廷四世,但他上任两个星期就去世了。此后新教皇迟迟无法选出,欧洲被分成两个阵营,而此时,正是窝阔台决意征服欧洲的时候。

教皇塞莱斯廷四世死于 1241 年 9 月,基督教国家这种没有精神领袖的精神漂流状态持续了两年之久。还有蒙古人一波又一波的进攻让分裂和虚弱的欧洲雪上加霜。有消息说耶路撒冷又落到了穆斯林手中,基督教在圣地的势力也就此粉碎。新教皇英诺森四世最终于 1243 年被选出,腓特烈二世几乎立刻开始进攻教皇在意大利的领地。罗马的内部争吵还在继续,又面临着叛乱的威胁。在这种内外交困的情况下,英诺森由于担心自己的安全,离开罗马,越过阿尔卑斯山,在里昂建立了罗马教皇法庭,由虔诚而年轻的法兰克国王路易九世为他提供保护,腓特烈还无力控制那

图 1 - 5　英诺森四世

里。一到达里昂,英诺森就宣布召开第十三次大公会议,这次会议于1245 年 6 月召开。新教宗宣布目前最重要的问题就是基督教国家未来的安全,所有人都知道,这指的是如何对付"上帝之锤",也就是蒙古人。

如前所述,在这样的背景下第一批前往东方的欧洲使者踏上了他们的旅途,带回了第一批关于这些可怕入侵者和关于东方世界的报告。

1.1.4　十字军东征

7—9 世纪期间崛起和不断扩张的阿拉伯帝国在很长一段时间内

·欧·亚·历·史·文·化·文·库·

一直是欧洲基督教世界最大的敌人。从11世纪开始,欧洲人在穆斯林占据的西班牙、西西里和巴勒斯坦等地方开展了一系列征服运动。在这一系列新的征服运动中,教会和封建地主结成了紧密联盟,意大利城市居民也加入了这一行列。这是一个教会改革和宗教复兴的时代,宗教热情是十字军运动出现的最重要因素。

11世纪下半叶,基督教世界在西班牙和西西里地区逼退了穆斯林的脚步,然而东部地中海地区的情况则完全不同。11世纪大多数拜占庭帝国的皇帝昏庸无能,他们过着东方风格奢侈的宫廷生活,却无法保持足够的军队守卫边境。1071年拜占庭皇帝曼努斯四世轻率地向突厥人发动进攻,结果不但皇帝被俘虏,拜占庭帝国也丧失了全部的亚洲领土。这些领土是帝国最富庶的省份,而且为帝国提供宝贵的军队人力资源。在拜占庭皇帝收复失地的请求下,欧洲发起了第一次十字军东征。

虽然罗马教廷跟拜占庭帝国长期不和,但西方仍存在一种感情,认为希腊人是基督教徒的伙伴,而且他们正在与一个共同的敌人作战。罗马方面多多少少知道拜占庭人在前面为他们挡住了伊斯兰势力的进攻,因此他们应该得到支持。1095年11月27日,教皇乌尔班二世在法国东南的克莱蒙演说,鼓励信徒们"走上通往圣陵的道路,从邪恶的种族手中夺取圣陵,使圣陵归自己所有"。这大概是有史以来最有效的一篇演说。"上帝所愿"的战斗口号响遍全国,人们不分贫富贵贱,都受到心灵上的感染。1097年春天,有15万人响应这个号召,会师于君士坦丁堡。这些人大半是法兰克人和诺曼人,还有一些乌合之众。他们都佩戴一个十字军徽章,所以叫作十字军。第一次十字军就这样踏上了冒险的征途。

这场远征从一开始就带有分歧,拜占庭皇帝是想要一支骑士军队帮他收复亚洲的省份,然而教皇乌尔班显然对此不感兴趣,他的计划是进攻叙利亚和巴勒斯坦的突厥人政权,收复这些正统基督教信仰的圣地。当然,教皇并不是一个空想家,虽然他完全不了解小亚细亚、叙利亚和巴勒斯坦的地形、气候,突厥人的作战方法和政治形势,但他并不以为任何人能在上帝的帮助下打败异教徒。他决定派出一支最好的骑兵队，装备精良的西欧骑士团，并且任命了一位主教阿西马尔为领袖。各国的贵族和领主也组成了自己的军队。虽然教皇一度仅希望尽职的、能够武装自己的部队，并且能够筹措充足资金的领主参加远征，但传道者还是把十字徽章授予了身无分文的骑士和敢于冒险的农民。后者所接收的宣传显然不包括教皇的理智认识，而只是宗教狂热。此外，除了那些出于宗教动机和政治目的配上十字徽章的骑士和领主外，比萨、威尼斯和热那亚的商人们也参加了这次远征，显然是为了自己商业上的利益。富于浪漫幻想的人、不安分守己的人、喜爱冒险的人、信仰虔诚的人，他们都找到了一面新的旗帜，而许多犯人则找到了赎罪的方法。至于法兰西、洛林、意大利、西西里的广大群众，他们的经济地位和社会地位十分凄惨，对于他们来说，佩戴十字徽章，与其说是一种牺牲，不如说是一种救济。那些没有补给和钱财的农民十字军沿路抢劫，在匈牙利边境就被击溃。和平通过了匈牙利的人在经过保加利亚时大肆劫掠。最后军队总算到了君士坦丁堡。皇帝阿列克赛看到这样一批半武装无纪律的匪徒，赶紧把他们装上船，运往小亚细亚，他们在那里很快被突厥人击败，一部分人在拜占庭的要塞寻求庇护，等待男爵们的援军到来。

历史学家通常把十字军东征分成确定的几次——7次到9次，实际上十字军川流不息，各十字军之间的分界线相当模糊。我们还可以把十字军东征划分成三个时期，第一次是征服时期，基本上是第一次十字军东征时期，至1144年，这年摩苏尔的阿塔毕·赞吉收复了埃德萨；第二次是穆斯林的反攻时期，从赞吉开始，到萨拉丁的辉煌胜利而达到最高峰；第三次是零星的内战时期，在这个时期，叙利亚—埃及的艾优卜人和埃及的马穆鲁克人大显身手，这个时期到1291年结束，这一年十字军丧失了他们在叙利亚最后的据点。在最后的这个时期中，十字军有一次把矛头指向君士坦丁堡（1202—1204），有两次把矛头指向埃及（1218—1221），还有一次甚至指向突尼斯（1270），但都没有获得什么成果。

出于历史上几乎左右一切重要战争的因素:好运气(而非深谋远虑),十字军选择了一个相当有利的时机进行第一次出征。他们进入阿拉伯帝国阿拔斯王朝的西部边境时,这一地区的穆斯林首领刚摆脱了巴格达算端的控制,彼此之间斗争激烈。小亚细亚的大部分地区属于鲁木的算端,还有一些小王公统治阿勒颇、安条克和大马士革。第一次十字军东征的路线,是从他们的集合地君士坦丁堡出发,穿过小亚细亚。这个地方当时属于鲁木塞尔柱算端。十字军第一次与穆斯林交锋,就是跟这位算端的军队。鲁木的塞尔柱王朝首都尼西亚,经过一个月的围攻后,于1097年6月被十字军攻破。除这次战役外,十字军参加过的唯一的酣战是多利莱阿木(埃斯基谢希尔)战役。7月1日,他们在这里打败鲁木算端的部队。此次胜利的进军,替皇帝收复了半岛西部的领土,而且把突厥人对欧洲的进攻推迟了250年。

十字军的一个分遣队在布洛涅伯爵的儿子鲍德温的率领下,越过陶鲁斯山脉,在埃德萨附近为自己开辟了第一个拉丁殖民地,建立了第一个拉丁国家。鲍德温变成了这个国家的君主。在那期间,主力部队到达安条克。经过几个月艰苦的围攻,北部叙利亚的都会陷落在博希蒙德的手里,这是由于有一个亚美尼亚籍的碉堡指挥官叛变的结果。博希蒙德通过贿赂这位指挥官,为十字军取胜立下了大功,因此他宣称该城属于他,并且抢到了安条克亲王的封号。他们刚刚进城,摩苏尔的埃米尔就带着援军从他的首都赶来救援。被围攻的基督教徒在安条克的教堂里发掘出当年耶稣吊在十字架上的时候,敌人插入他胁下的那支"圣矛",因此军心大振,他们勇猛地突围而出,把穆斯林军队几乎全部歼灭。这座城交给博希蒙德防守,而且变成第二个公国的首都。安条克留在基督教徒的手中达175年之久。

图卢兹的雷蒙不以安条克为满足,率军继续向南挺进。1099年6月他们到达耶路撒冷,城内埃及的守军约计1000人。一个月围攻后,围攻者猛扑进城,不分男女老幼见人就杀,"成堆的头颅和手脚,在城里大街小巷和广场上,到处可见",在所罗门圣殿据记载有10000人被杀,殿内血深及踝。一个月后,在阿斯兰附近又大败埃及人,这个重要的胜利,使耶路撒冷的基督徒的处境更加安全了。第三个拉丁国家,也是最重要的拉丁国家,就这样建立起来。传说王位要交给雷蒙,但他拒绝了,因为耶稣曾在这座城里戴过荆棘的冠冕,而他不愿在这里戴黄金的冠冕。实际上从安条克开始,雷蒙就不断地和博希蒙德发生争执,彼此都不愿见对方登上王位。唯一的中立者戈弗雷被选为国王,他的头衔是"伯爵兼圣陵的保卫者"。雷蒙获得了的黎波里。许多十字军人和基地巡礼者认为自己的誓愿已获得实现,便坐船返回故乡去了。戈弗雷不到一年就去世了,他的弟弟埃德萨的鲍德温继承了王位,他征服了十字军行军至耶路撒冷沿途所有的沿海城镇,成为耶路撒冷拉丁王国真正的创始人。

　　十字军新建的国家:埃德萨、安条克、的黎波里和耶路撒冷,前两者都是耶路撒冷的封地,后者也属于耶路撒冷王国的版图,但耶路撒冷王国和叙利亚的这三个十字军国家之间从未建立明确的从属关系。这四个国家是建立在穆斯林领土内绝无仅有的拉丁国家。他们的控制只限于叙利亚北部,只限于沿海又窄又小的基督教徒所居住的地区,在他们周围的是伊斯兰教辽阔而且阴暗的背景。没有一个城市与敌人相距一天以上路程,即使在他们的国家里,拉丁人口也是稀疏地分布在各城区里面的。阿勒颇、哈马、希姆斯、巴勒贝克、大马士革等内地城市,虽然时时进贡,但是从来没有被征服过。因此王国的守备军队成为一个最为重要的部分,包括圣殿骑士团和耶路撒冷的圣约翰医院骑士团。几年之后,条顿骑士团也建立起来,成为中世纪欧洲的骑士精神之花。骑士团从耶路撒冷国王手中得到大片土地,大多在最前沿地区。他们修建了驻有强大驻军的堡垒,包括位于突厥王国和的黎波里之间著名的骑士城堡。

　　此外意大利各城市的海上舰队也是拉丁王国的重要助力,他们掌握着制海权,把穆斯林舰队一直限制在海湾中。第一次东征的军队向耶路撒冷进军途中所需的补给都来自一支意大利舰队。没有海上援助,鲍德温一世也不可能征服沿海城镇。十字军国家是需要欧洲源源不断援助的前沿阵地,而对其存续至关重要的交通则是由意大利城镇来维护的。

基督教徒到圣地来的时候,其实对穆斯林毫不了解,他们甚至认为穆斯林是多神教徒。一旦接触之后,他们才恍然大悟。至于他们给穆斯林们留下的印象,有人描绘说,"他们只是一群骁勇善战的畜生,如此而已,岂有他哉"。王国一旦建立,两个民族之间的和平时期比战争时期更长。在和平时期不得已的交际,造成了相互感情上根本的改变,亲切的睦邻关系建立起来了。法兰克人雇用了许多忠实的本地工人和农民。他们所传入的封建制度,也逐渐适用于本地的土地占有。他们学会了养马、养鹰、养狗,不久,双方就达成协议,保证狩猎队不受攻击。双方常常保证对方旅客和商贩的安全,而且通常还相互尊重。法兰克人抛弃了他们的欧洲服装,穿上了更舒适、更合适的本地服装。在食品方面,他们养成了新的嗜好,他们特别喜欢用大量的糖和香料制成的各式各样的食品。他们认为东方的住宅比西方的优越,不但有宽敞的院落,还把流水引到家里来。有些人跟本地人通婚,由本地的妈妈生出来了欧亚混血儿。他们在某些情况下甚至同样尊敬穆斯林和犹太教徒所尊敬的圣地。在他们内部断断续续的争吵中,拉丁人往往欢迎来自"异教徒"的帮助,在漫长的东征浪潮中,新来的十字军常常引起麻烦,并不都有助于政权的稳固。穆斯林们也常常与拉丁人订立盟约,借他们的力量来对付自己的穆斯林弟兄,对他们来说,在巴勒斯坦长期居住的法兰克十字军更容易相处,他们已经能够宽容穆斯林的宗教,并且懂得东方的方式。这样的感情甚至为百余年之后基督徒和穆斯林携手应对蒙古骑兵打下了基础。

伊马杜丁(意为宗教的支柱)赞吉,是摩苏尔的蓝眼睛阿塔毕(1127—1146),他的崛起标志着形势向有利于伊斯兰教的方向变化。赞吉是反十字军的许多英雄人物中的先驱,萨拉丁则是登峰造极的英雄。赞吉是马里克沙的一个突厥奴隶的儿子,他为自己开拓了一个公国,包括阿勒颇、哈兰、摩苏尔三大城市,他在摩苏尔建立了赞吉王朝(1127—1262),那是阿塔毕们所建立的许多王朝中最强大的一个。在他几次铁锤般的打击下,十字军诸国终于崩溃。第一锤落在埃德萨公国。这座城接近巴格达,而且控制着美索不达米亚和地中海之间主要的道路,在 50 年间成为叙利亚的诸拉丁王国的屏障。赞吉于 1144 年围攻这座城四周之后占领了它。这座城市是首先建立和首先沦陷的十字军国家,虽然它具有坚固的堡垒,却没有坚强的抵抗。这座城市的攻陷,意味着拔除了插在叙利亚和伊拉克这两个伊斯兰国家之间的楔子。就欧洲来说,这个城市的陷落,成为第二次十字军东征的信号,这次十字军是在 1147—1149 年间,由德意志的康拉德三世和法兰西路易七世所率领。组成第二次十字军的军队是法兰西和德意志的武士、圣殿骑士团、医院骑士团和耶路撒冷王国所提供的部队。第二次东征挫折重重。起先他们拒绝了西西里国王乘船前往的建议,决定循陆路前进,但离开尼西亚不久就遭到了突厥人的屠杀。当他们乘船来到安条克,又和当地军队出现分歧。最后这支军队决定围攻大马士革,开始很顺利,但后来两位国王激烈地争执起来,康拉德放弃战斗,回国去了,路易也无法单独坚持下去。于是这次东征毫无成就。

穆斯林的英雄萨拉丁于 12 世纪末中期推翻了埃及的法蒂玛王朝,完成了他的第一个愿望:在埃及以逊尼派代替什叶派。他的第二大愿望是推进对法兰克人的圣战。为此他先夺取了叙利亚,这样十字军国家就要在两端边界面对同一个政权。

萨拉丁在北部叙利亚指挥作战的期间,阿萨辛人因受萨拉丁的穆斯林敌人的嗾使,曾对他进行两次暗杀。这个可怕的教团当时在叙利亚非常活跃,很多基督教徒被他们暗杀了,其中最著名的有的黎波里的雷蒙二世(约 1152)和新被拥戴为耶路撒冷王的蒙斐拉人康拉德(1192)。萨拉丁于 1176 年围攻该教团在叙利亚的大本营麦斯雅德,即山中老人拉施德丁·息南的大本营,但是,他接到以后不再进行暗杀的保证时,就解除了包围。

亦思马因派,又被称为阿萨辛派,这是一个以培养杀手著称的教团,英文的杀手一词即来自这个教团的名字,后文还会多次提到他们。息南控制了一批精干的特务,并且建立了一种传书鸽邮政,据说他能够凭借神奇的方法获得各方面的情报。他的杀手以制造和使用毒匕首见长。相传当耶路撒冷有名无实的国王香巴尼人亨利于1194年访问这位大王的时候,他为了使客人对于他的忠实从者如何盲从他的命令获得一个深刻的印象,就对两个站在堡垒塔顶上的从者做了一个手势,他们两个立刻从塔顶跳下去,摔得粉身碎骨。

暗杀的威胁解除之后,萨拉丁就可以放手致力于进攻法兰克人了。他接连取胜。在著名的海廷战役中,所有被俘的圣殿骑士团和医院骑士团的骑士都被公开处死了。海廷战役的胜利决定了法兰克人事业的命运。耶路撒冷的军事力量在这一战中被完全摧毁,因此在一个星期的围攻之后,这座城市于1187年10月被攻陷了。在艾格萨清真寺里,宣礼员的呼声代替了基督教的锣声,磐石上圆顶寺的屋顶上的金质十字架也被萨拉丁的部下拆除了。

夺得拉丁王国的首都后,萨拉丁获得了法兰克人原来在叙利亚和巴勒斯坦所占据的大多数城市。在他所进行的一系列辉煌的军事行动中,剩余的要塞大半被占领了,没有一个要塞能够抵抗,因为这些要塞最好的保卫者已经在海廷战役中被歼灭了。只有安条克、的黎波里、提尔以及其他较小的城镇和要塞仍然留在拉丁人的手中。

圣城的陷落使欧洲大为震动,欧洲的统治者变得同仇敌忾。这是新的一次十字军运动的起因。日耳曼皇帝腓特烈一世、英格兰国王亨利二世、法兰西国王腓力·奥古斯都,这三位西欧最强大的君主都参加了十字军。就人数来说,这是最强大的十字军。但法兰西和英格兰国王却热衷于争吵,没有马上动身。腓特烈等不及他们,于是首先出发了,他由陆路挺进,驾轻就熟。腓特烈是一位天才将领,他手下有出色的步兵和弓箭手,他们的弓箭射程比突厥人更远,他在指挥骑兵方面也特别老练。突厥人一次又一次攻打他的军队,但总是被打得丢盔卸甲,溃不成军。他抵达鲁木算端的首府伊康尼姆,发动猛攻,占领了这座城市,在这里得到了充分的补给。算端许诺只要他快速离开,他允许他自由通过自己的领土。但发生了不幸的事,腓特烈在小亚细亚横渡西里西亚的一条河时淹死在河里。他的部队虽然安全抵达安条克,但大半返回祖国。亨利二世还没能做完东征的准备工作就死了,他的继承者是著名的狮心王理查一世。他和腓力·奥古斯都于1190年夏天出发,他们的军队和腓特烈军队的余部加入了耶稣撒冷王国残余的基督教军队,这支联军包围了阿克里,这场围攻持续了两年之久,但欧洲联军在围城战中仍然争吵不休,幸而经过长时间的包围,守军因为缺粮而投降了。不久腓力回国,理查一世继续进军,在巴勒斯坦南部建立了一个坚固的堡垒。现在,阿克里代替了耶路撒冷的领导地位。在很长一段时间内,交战双方进行和平谈判,几乎没有中断过。富于浪漫思想的理查一世建议他的妹妹跟萨拉丁的弟弟蔑力·阿迪勒结婚,把耶路撒冷作为结婚的礼品,赠给新郎和新娘,这样来结束基督教徒和穆斯林之间的战争。他还给阿迪勒的儿子蔑力·卡米勒隆重地举行了授爵士位典礼。最终他和萨拉丁达成休战协议,和约的总原则是,海岸归拉丁人,内地归穆斯林,基督教朝圣者被允许自由进入耶路撒冷。这对于三国联军的力量而言,实在是微不足道的成就。和约缔结没有几个月,萨拉丁就逝世了,但和平在他的弟弟阿迪勒统治期间持续了下去。阿迪勒在拉丁语编年史中,叫作萨法丁,他是1192年参加和平谈判的首席代表,在他统治的时代,一直奉行促进与法兰克人各殖民地贸易往来的和平政策。他准许威尼斯人在亚历山大港建立有客栈的特殊市场,准许比萨人在那里设立领事。

之后双方都陷入了长久的争吵和内讧。1204年,教皇英诺森三世组织了一支军队,乘坐一支威尼斯舰队进行东征。然而威尼斯对自己的商业利益比对收复圣地更感兴趣。如前所述,只要有充足的利润,威尼斯商人并不在乎是跟基督徒还是跟穆斯林做生意。威尼斯人要保护他们在与君士坦丁堡贸易中的垄断地位。起初,他们劝说欠自己很多钱的十字军战士为了威尼斯去占领达尔马提亚沿海的城市扎拉。英诺森三世开除了进攻这座城市的全部军队的教籍,不过允许他们继续向圣地前进。威尼斯人另有打算,有两位候选人之间爆发了为了拜占庭皇帝之位的战争。威尼斯人支持其中一位候选人,因为后者支付了大额黄金作为贿赂。于是天才的威尼斯人把十字军送去帮他们支持的候选人打仗。可是命运出人意料,战争虽然胜利,但城中的市民发生了暴动,反抗强行征税的统治者。于是十字军占领了这座城市,并且大肆抢掠,纵情狂欢。于是,十字军东征的重要后果之一就是使几个世纪以来对抗穆斯林进攻、保卫欧洲东部通道的拜占庭帝国土崩瓦解。一个君士坦丁堡的十字军拉丁帝国因此建立起来,弗兰德斯的鲍德温伯爵取代了皇帝。不过他直接控制的只有君士坦丁堡和阿德里安堡,以及两个城市之间的土地和邻近的沿海地区。威尼斯商人总是有赚无赔,他们得到了君士坦丁堡的大片土地,还有一些很有价值的港口。此外还允许威尼斯贵族建立一些岛国,作为总督的采邑。马可·波罗的父亲和叔父第一次从威尼斯出发时,正是处于这个拉丁国家存在的末期,他们在游记中说:"在鲍德温为君士坦丁堡皇帝,我主基督降生后的第1250年,两位威尼斯的可敬和谨慎的贵族,即马可阁下的父亲尼古拉·波罗阁下和尼古拉阁下的兄弟马飞·波罗阁下,从威尼斯的港口,决定驾一艘他们满载着各种珍宝和货物的船,驶入深海,随着顺风,在上帝的指引下来到了君士坦丁堡。"这时候统治拉丁王国的是它的最后一任国王鲍德温二世。一些拜占庭王公在十字军未及之地建立了一些公国。两个科穆宁王公建立了特拉布宗帝国,由黑海南部沿海地区组成。很多旅行者开始他们往东的旅程时都会经过这里。英诺森三世所率领的十字军一直坚持在圣地作战。不过最后他对君士坦丁堡建立的拉丁帝国表示欢迎,认为这是上帝显灵。这次东征为基督教世界又增加了一个王国,虽然建立在凶残的抢劫之上。

十字军东征对欧洲重要的影响之一是意大利城市掌握了地中海的控制权,因此出现了如此之多的意大利旅行者跨过欧亚大陆。此外,西欧的基督徒们为走出自己的世界做出了巨大的努力。虽然与蒙古的辽阔帝国相比可谓微不足道,但十字军无疑把东方的知识和物产带回了本国。十字军东征是中世纪文明的生命力和扩张能力的表现,他们在东征过程中的一切争吵、抢掠、屠杀与阿拉伯骑兵和蒙古骑兵其实没有本质区别,但他们的成就完全被后者掩盖了光芒。

萨拉丁死后,法兰克人和穆斯林之间的几次重大的战争都发生在卡米勒统治(1218—1238)的埃及土地上。卡米勒是阿迪勒的儿子,他

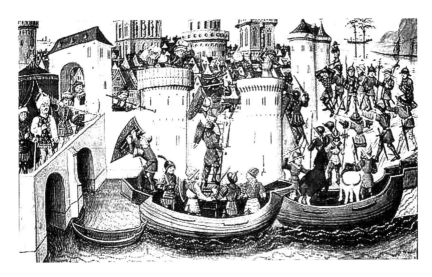

图 1 - 6　1204 年的十字军东征

继承了埃及领土,在名义上接受叙利亚的臣服。卡米勒像他父亲一样,
对生产和贸易的发展比对战争更感兴趣,他同欧洲各国签订了几个贸
易协定,对他的基督教人民也颇有好感,以至科卜特教派直到现在还
承认他是他们从来没有过的最仁慈的国王。他登基的次年,意大利阿
西西的圣法兰西斯访问了他的宫廷,同他讨论了宗教问题。他曾亲自
去访问开罗阿拉伯诗人欧麦尔·伊本·法立德,据说后者拒绝接待这
位贵客。卡米勒原是理查的好友,他又跟 1227 年煽动十字军战争的腓
特烈二世建立了友谊关系,1229 年曾缔结了一个不体面的条约,把耶
路撒冷以及连接耶路撒冷和阿克里的走廊都让给了腓特烈,交换条件
是腓特烈帮助卡米勒对付他的敌人。这件事在前面讲到腓特烈二世
时也曾提到,被欧洲史家认为是第六次十字军东征。在奥斯曼人之前,
一个基督教国家和一个伊斯兰国家之间签订条约,这要算是绝无仅有
的了。耶路撒冷一直留在法兰克人的手中,直到 1244 年,卡米勒的第
二个继任者蔑力·撒列哈·奈只木丁·艾优卜(1240—1249)邀请花
拉子模突厥人的一支分遣队,才替伊斯兰教光复了耶路撒冷,这些突
厥人就是被成吉思汗从中亚细亚赶出来的那些。

　　法兰西国王路易九世领导了第七次十字军东征,这位虔诚的国王
受了蒙古驻波斯将领额勒只吉歹的骗。教皇英诺森四世派往东方的

使者中有一位约翰·柏朗嘉宾,见到了大汗,并且带回了详细的关于蒙古的报告。他的报告写成一本书叫作《柏朗嘉宾行纪》。现在,欧洲教廷已经不再把蒙古人看作上帝用来毁灭世界的"上帝之锤",而是看作外来入侵者。欧洲人决定向圣地再次发起十字军东征,年轻而虔诚的法兰克国王路易九世领导这场战争。决定出征之后,国王和他的妻子玛格丽特皇后一起航行前往塞浦路斯——这里一直是失败的十字军战士的避难所,也是十字军国家和欧洲世界的联络站。他用了 3 年时间进行准备,而且深谋远虑地带着很多曾经去过中东、经验丰富的随从,包括曾前往波斯的使者,安德·龙如美。

法兰克国王离开之后,欧洲不仅仅因为内部斗争而分裂,而且还在祈祷蒙古人的进攻无限缓期。然而他并不知道,在他航行即将到达的那片大陆上,一个新的强有力的军事力量正在诞生。路易在莱梅索斯建立了第一个根据地,但他还没有开始部署军队,就见到了两个来自额勒只吉歹的使者。额勒只吉歹就是新派来的北波斯地区蒙古军事将领,他派来的两位使者是两个老练的聂斯托利派教徒,名叫大卫和马克,其中一位在安德先前经过格鲁吉亚的时候曾经相识。他们带来了一封额勒只吉歹的信,宣称他受大汗之命前来保护所有的西亚基督徒,重建他们的教堂,并且为路易十字军东征的胜利而祈祷。这封信还宣称大汗最近刚刚受洗,而且额勒只吉歹也跟随大汗皈依了基督教。使者还给路易送来一个秘密消息,他们说额勒只吉歹不敢把这件事写在纸上——蒙古想和路易结成军事联盟。

根据大卫和马克所说,额勒只吉歹准备在冬天出兵进攻巴格达。如果法兰克国王能够配合他的行动,同时出兵进攻埃及,那么这两大伊斯兰势力就无法相互救援,于是蒙古大汗和伟大教皇的野心都无疑能够成功。额勒只吉歹还进一步提议,这个提议如此诱人,正中红心,他说他们彼此的军队最后应该在中点汇合,一同解放圣地。

对于年轻的法兰克国王来说,这可是个激动人心的消息。额勒只吉歹的消息证实了柏朗嘉宾的乐观预测——蒙古大汗很有可能皈依基督教,而且近期越来越多的报告宣称整个蒙古宫廷都将会皈依基督教。很快,路易的宫廷充满了热情。他迅速给教皇送信,然后给蒙古将军起草了一份合适的答复。他分别给贵由汗和额勒只吉歹写信,赞扬他们皈依基督教以及愿意为对抗伊斯兰教出一份力的行为。然后他给贵由汗准备了一份了不起的礼物,一座可移动的、精心装潢的小礼拜堂,其中包括一切弥撒需要的物品,还有圣物十字架上的一小块碎片。这座礼拜堂完工之后,路易派安德·龙如美前往额勒只吉歹的营帐,带去复信、礼物,以及关于即将进行的战争的密函。

路易对大卫和马克带来信息所进行的回复多少有些天真,他们相信蒙古人的皈依,很明显是受到关于强有力的东方基督教国家和长老约翰的古老传说之影响。基督徒在蒙古宫廷的确颇有影响,当时的蒙古大汗贵由受洗也是有可能的,然而可以百分之百地肯定,无论是贵由本人还是蒙古宫廷都不可能真的忠于基督教,最起码不会忠于那个欧洲教廷和国王心目中的基督教。

蒙古人之所以能够一直保持胜利的一个方面就是他们非常注重收集和利用第一手信息。当另一位教皇的使者阿思凌一行人在之前的蒙古驻波斯军事将领拜住的营帐中被拘禁时,由于汗位更替,额勒只吉歹到达波斯接任拜住的位置。根据使团中一位修士的描述,在被释放前,阿思凌受到了详细的询问,被问及欧洲人准备发起一场新的为了重新征服耶路撒冷的战争的相关传说。很明显,一个像额勒只吉歹这样有才干的人,能够充分利用蒙古—欧洲联盟的好处。这个计划非常简单,但非常聪明。巴格达的哈里发是蒙古人征服波斯的最后障碍,但是如果对其发起战争,很可能会导致伊斯兰世界结成联盟共同对抗。如果能够保证埃及算端在这时候深陷战争动弹不得,那么胜利的希望就大大增加了。蒙古人其实根本不准备攻打耶路撒冷。

安德和其他 6 位修士于 1249 年 1 月末出发运送这座小礼拜堂。在他们于春天到达额勒只吉歹的营帐时,路易的军队已经如所承诺的那样在埃及着陆了。额勒只吉歹没有进攻巴格达,他根本就没动窝,在过去半年中,哈剌和林的势力平衡正在改变。贵由汗在进攻拔都的路上去世了,他的寡妇斡兀立-海迷失在下一次忽里勒台召开前摄政,

37

她也像贵由的母亲脱列哥那皇后一样,开始阴谋策划让自己的儿子失烈门当选下一任大汗。然而拖雷的寡妇唆鲁和帖尼别吉,在拔都以及大部分其他王公的支持下,支持她的儿子蒙哥争夺汗位。额勒只吉歹不能在这个时候出征,他需要静等哈剌和林的最终消息。为了拖延时间,他派安德带着可移动的礼拜堂前往海迷失的帐篷,位于塔尔巴哈台。大概9个月后,他们终于到了这位摄政者的营帐,这件送给她的亡夫的礼物被认为是基督教西方的贡品,因此成了他们归顺蒙古帝国的证据。可怜的安德被委托给国王路易递送回信,让他每年送来金银作为贡品,如果他不这样做,就会遭到毁灭。安德和他的同伴天真地希望在一个基督教国家得到热烈欢迎,并被当作盟友对待。然而并非如此,路易的使者被催促赶紧上路,因为他们只不过是一个附属领主的信使。

当多明我会士安德徒劳无功地进行这场穿越亚洲大陆前往蒙古宫廷的长途跋涉时,可怜的国王路易九世已经成了俘虏。他的军队于1249年6月登陆埃及,他们很快拿下了杜牧亚特,没有遇到敌手,然后他们进发开罗,并且坚信此时额勒只吉歹的军队已经包围了巴格达。法兰西军队向开罗进军的时候,到达一个沟渠错综复杂的地区,适值尼罗河泛滥,瘟疫在队伍中流行,路易的军队被一支由名叫拜巴尔斯的年轻马穆鲁克将领所率领的算端联军拦下。马穆鲁克即突厥奴隶士兵,他们进入埃及为算端服务的历史可以追溯到1238年,实际上他们就是最初在蒙古进攻东欧的过程中,被拔都的儿子别儿哥抓获的俘虏,然后别儿哥把他们卖给埃及算端,换取拔都战争所需要的资金。从那时算起20年之后,马穆鲁克在埃及不仅是军队中的一个独立部分,而且是一支在宫廷中举足轻重的力量。

1250年4月,路易九世全军都被歼灭了。路易和他的大部分贵族都当了战俘。路易和他的侍从被俘一个月后,以交付高达100万金拜占庭币的赎金和归还杜牧亚特为条件,获得了释放。他带着6万人出征,但此时和他一起航行回到阿克里的只有1.2万人,然后他把阿克里作为基地,并在那里度过了4年。从1250年到1254年,他一直忙于建筑阿克里、海法、盖撒里叶、西顿等港口的防御工事。没有比命运之手

图 1-7　路易九世

的翻覆更让人心酸的了。路易和他残存的军队一离开埃及,马穆鲁克就叛乱了,他们杀了算端的后嗣,而算端本人在一年前就已经死了,叛乱之后,算端的寡妇沙扎拉杜尔和马穆鲁克的首席军官艾伯克结婚了。一个新的伊斯兰政权就此诞生,这个政权使得伊斯兰世界的分裂更为严重,并且在接下来的数年中不断地进行阴谋和战争。如果想要发起对伊斯兰世界的战争,没有比这更好的时机了,但路易已经没有足够的力量去做这件事了。十字军的好运气基本到此为止,之后再也难以为继。拉丁国王之所以能够坚持这么长时间,很大程度上是因为蒙古人给伊斯兰世界造成的重创。但当埃及人阻挡了蒙古人前进的脚步后,拉丁国家的要塞就一个又一个地沦陷了。

　　1270 年路易九世又率领另一支无用的十字军去侵略突尼斯,结果病死在那里。在所有的十字军将领当中,他是最虔诚最高贵的,远非其他将领所能比拟,但他的运气之差在所有出征的将领中也相当突出。欧洲史家写道:他的"毕生是一次祈祷,他的高贵的目的是照上帝的意思办事"。

在第六次十字军东征时击败路易九世的蔑力·扎希尔·拜巴尔斯是马穆鲁克王朝的第四位算端,以他为首的一系列算端给十字军的事业以最后的打击。拜巴尔斯在他的前任算端统治时代,曾以大将的身份,于1260年9月3日大败蒙古军于耶路撒冷北的艾因·贾鲁特,因此著称于世。当时蒙古骑兵已经把阿拉伯帝国逼到悬崖边缘。蒙古人的铁蹄即将踏平埃及这个角落里最后的伊斯兰政权,然而蒙哥汗在此时死于征宋战场之上,旭烈兀因此返回东方,留下大将乞台不花驻守叙利亚。乞台不花过于傲慢,他同时与十字军国家和埃及、叙利亚的穆斯林为敌,导致对方结成了不可想象的联盟。十字军王国并没有直接参战,但他们允许穆斯林的骑兵自由通过他们的领地,并且为对方提供马匹和补给。双方军队在艾因·贾鲁特相遇,都拼死作战,当马穆鲁克军显出败象时,拜巴尔斯扔掉了他的头盔,恳求军队重新集结起来并且再次冲击。他大声疾呼,说他们的战争不仅仅为了自己的生存,还关乎伊斯兰教的存亡。在他的激励下,马穆鲁克军队重新排成队列,再次冲向蒙古大军。这个时候,蒙古将领乞台不花在战斗中落马,这对马穆鲁克军队来说实在太幸运了。有一种说法是乞台不花战死,《史集》则说他被俘,他请人转告他的主人:"让大汗不要为失去的蒙古军队哀伤。请他就当是士兵的妻子一年没有怀孕,他的牲畜一年没有生崽。"他用荷马史诗般的语言讽刺了他的敌人,在他被杀之前,他用自己对大汗的忠诚来对比马穆鲁克靠弑君而兴起的行径。

蒙古战败了,这次胜利是文明史上一件难忘的事件,是世界历史上最重要的战争之一,这一战打破了蒙古不败的神话,结束了蒙古人征服世界的进程。对穆斯林来说,伊斯兰的事业保住了,除此之外还消除了对叙利亚和埃及的威胁,为两个邻国的重新合并开辟了道路。这次的再合并,在马穆鲁克王朝的统治之下,继续250年之久,直到奥斯曼人征服这两个国家的时候为止。

拜巴尔斯的雄心壮志,是要在进攻十字军城市的圣战中做第二个萨拉丁。当他发现那些城市跟旭烈兀在波斯建立的伊尔汗国互相提携的时候,他特别受刺激。忽必烈汗即位之后,伊利汗国取得了相当程度的独立,并且开始热衷于对基督教和欧洲世界表示好感,目的当然是对抗他们的宿敌马穆鲁克王朝。在 1263 年到 1271 年期间,拜巴尔斯几乎每年进攻那些拉丁人所占领的城市一次。十字军在抵抗时始终都很懦弱,以至在战场上几乎没有发生什么重要的战斗。

1263 年,拜巴尔斯占领了卡拉克,并且毁坏了拿撒勒古老神圣的教堂。1265 年,他突然夺取凯撒里亚,围攻 40 天后,医院骑士团投降了。1266 年 7 月,萨法德的圣殿骑士团守军有条件地投降了,他们的条件是不杀害 2000 名骑士的生命。虽然答应过赦免,但这位算端毫不迟延地下令在附近的一座小山上把他们全体都屠杀了。"当代的亚历山大大帝和宗教栋梁"的这次胜利故事,仍然刻在萨法德的城墙上。1268 年,雅法毫无抵抗地被夺取了。与蒙古人保持着友谊关系的安条克于 5 月投降了。安条克的守军和其他的军队,总计 1.6 万人,都被屠杀了,俘获在埃及的市场上被当作奴隶出卖。这座城连同它的城堡和世界著名的几所教堂全被焚毁了。安条克陷落后,附近几个较小的拉丁人根据地都被放弃了。1271 年,希斯尼·艾克拉德经过半个月围攻后终于投降了,这个堡垒是医院骑士团主要的避难所,大概是中世纪时代最美丽的军事建筑物。当时,阿萨辛人与医院骑士团联盟,而且经常向他们缴纳贡税,这些阿萨辛人据有的互相连接要塞也都被攻克了。

拜巴尔斯有一个毫无愧色的继任者盖拉温,他几乎是一个同样精力充沛和同样可怕的反十字军者。他继承拜巴尔斯的事业,和十字军的骑士团签订条约,同时围攻他们的城市。13 世纪伟大的阿拉伯地理学家阿布勒·菲达记载了这些战争,因为他本人就在围攻那些要塞的军队中。

阿克里是最后一个重要的十字军军事根据地。盖拉温在准备对阿克里作战的过程中去世了,他的儿子艾什赖弗继承了王位(1290—1293),完成了父亲未竟的战功。他用 92 架弩炮攻击阿克里的壁垒,经过一个多月的围攻,拉丁人在东方这座最后的堡垒于 1291 年 5 月被攻破。阿克里长期英勇的抵抗,使大多数基督徒得以逃亡塞浦路斯。巴勒斯坦圣殿骑士团的军队在阿克里全军覆灭,一群强悍的医院骑士撤往塞浦路斯。几年后他们把基地转移到罗德岛,在那里继续作为一支西方基督教世界强悍好战的前哨部队,直到被苏莱曼大帝统治下的奥斯曼土耳其于 1522 年击溃,被迫撤退到马耳他为止。

阿克里的陷落,使仍然保留在沿岸的 6 座城市的命运就此完结,这些城市没有一座能抵挡住胜利的敌人的进攻。在叙利亚历史上最富于戏剧性的一章从此就结束了。其实对于穆斯林而言,无论塞尔柱人或阿拔斯人,对于远方的事务都并不感兴趣。对于伊斯兰教社会中大部分的人来说,十字军战役只是一个无关紧要的插曲罢了。1099 年耶路撒冷陷落时,一个穆斯林代表团到巴格达去,请求援助反抗基督教徒的战争,有不少的人挥泪,表示深切的同情,但是没有采取任何行动。1108 年,又有人从十字军围困的黎波里来请愿,这个代表团是被围城市的首领所领导的,但是代表团的请愿,像第一个代表团一样,没有什么结果。3 年之后,法兰克人劫掠了从埃及开出的几艘船只,这些船只是运货给阿勒颇的商人的,因而阿勒颇派了一个代表团到巴格达去请愿。他们找到算端做礼拜的那座清真寺,向他提出迫切的恳求,而且捣毁了清真寺里的讲台,妨碍了聚礼的进行。哈里发这才奋发起来,派出一支小军队去支援抗战,当然并没有完成什么任务。当基督教和伊斯兰教关系史上最惊人的戏剧正在上演的时候,"信士们的长官"和他的塞尔柱族的算端就这样袖手旁观。

在第四次十字军东征中被毁灭的拜占庭帝国于 1261 年重建,一位名叫米哈伊尔·帕里奥洛加斯的希腊将军成功地重新占领了君士坦丁堡。就在前一年,马可·波罗的父亲和叔父刚刚离开那里。新建的拜占庭帝国残缺不全,皇帝只控制都城本身及其邻近土地。之后拜占庭帝国始终未能复兴,还多次陷入威尼斯和法兰西无休止的争端和阴谋中,最终于 1453 年陷落。

1.2　蒙古人造就的风云际会

1.2.1　骤然崛起的马上牧人

　　在12世纪末,蒙古只是生活在亚洲腹地高原上的诸多小游牧部落之一。在其西边有两座巨大的相互交汇的山脉,阿尔泰山和天山,北方是广阔而寒冷的西伯利亚森林,南方是大片的戈壁沙漠,东方是大兴安岭。虽然从地理位置而言,蒙古高原位于广阔的欧亚大草原上,这片大草原东接满洲,西达匈牙利,但蒙古高原实际上却被周围的山脉、沙漠和森林闭锁,这些自然屏障保护着高原上的居民不被入侵长达数个世纪。

　　蒙古高原海拔约1200米,气候极端。夏天高温高达40℃,冬天却有可能达到 - 40℃。土壤条件各异,有松散的沙土,也有坚硬的黏土,然而在冬天全都被冻硬。从11月开始,一切溪流、河水或湖泊全部结冰,人们只能切割坚冰,把冰块拉到附近的火源处融化获得使用水。4月之前寸草不生。此外这里降雨量极低,因此这片高原非常不适于农耕。然而在夏天,茂盛的青草像毯子一样铺开。即使在冬季,某些被遮蔽的山谷中仍保留着耐寒的植物,为绵羊、山羊、牛和马等牲畜提供必需的食物。在这片草地上,游牧民放养这些牲畜长达千年。

　　蒙古人的生活就是季节性的游牧,从平坦的夏季牧场到封闭的河流山谷中的冬季牧场。这种游牧并不是随意的。每一个部落或氏族都会年复一年地回到他们传统的牧场,要么不断增长的牲口迫使他们寻找新的游牧地,要么迫于其他游牧部落的压力回到世代放牧的地盘上。保住世代相传的牧场和寻找更好的牧场是蒙古部落之间发生冲突的最普遍原因。为牲畜寻找优良牧场是首要任务,因为他们的生存有赖于此。这一点,即使是今天的蒙古牧民在800年后也没什么变化。绵羊是最主要的牲口,它提供肉、奶、奶酪、羊皮和羊毛,可以制作衣服和毛毡,毛毡是制作帐篷的主要材料。牛也可以提供牛肉,不过主要用来负重。秋天,每个蒙古家庭都杀掉大批绵羊,将羊肉风干。羊肉是蛋白质的主要来源,在漫长的冬季,这就是主要食物。人们用大锅把冰块煮沸,放入一大块冰冻的羊肉长时间炖煮。另一种冬季食物是马奶酒,这是一种低度酒,用马奶发酵制成。

今天,大量游牧民生活在国家控制的广阔土地上。每个家庭都能获得自己的牧场,放牧牛羊马匹,既可以用来骑,也可以提供奶水。800年前,蒙古人并不是集体生活,而是松散地分为很多部落或氏族。他们并不共同居住在一个营地里,每个部落都分为很多营地,可能分散在两三个山谷中。这些营地都使用四轮马车,便于大范围的季节性迁徙。为了迁徙,他们都住在便于移动的帐篷中,这种蒙古帐篷用大片厚毛毡铺在细木支柱制成的低矮的半圆支架上。地上铺着朴素的毡子和床,柜子和箱子里放着家里祖传的财物,靠墙摆成圆形。在中间安置着炉火,从屋顶的一个洞排烟。普通的帐篷在一个小时之内就可以收起或重新架好,羊群和马群,连同三四座移动的帐篷穿过浩瀚的草原。

图 1-8　游牧骑手

游牧民族统治草原的关键在于马。自从公元前 2 世纪驯化了这种生物之后,游牧民充分利用了马的速度和耐力。马成为日常生活中的基本元素,它是首要的运输工具、照顾牲口的好帮手和狩猎的最佳坐骑。游牧民都是杰出的猎手,他们主要的武器是弓箭,用牛角和竹子制成,用丝线和树脂黏合。他们能够不用缰绳骑行,因此可以在全速前进时拉弓射箭或使用套索。这些技巧使他们成为亚洲草原腹地的一支伟大军队。

大约公元前 800 年,南方的定居社会就开始遭遇周期性南下的马上游牧民,他们时而袭击和掠夺城镇村庄,然后就消失了。然而蒙古人与祖先不同在于他们有一支特殊的骑兵部队:这是一支高速移动、具有致命力量的马上部队,能够在远距离对敌人发出弓箭袭击。他们成为绝大多数定居社会的灾难,一波又一波马上游牧民从天山和阿尔泰山的山谷中冲出来,进入欧洲和中东,从公元前五六世纪的斯基泰人直到蒙古人。

草原游牧民和定居社会之间的关系错综复杂。游牧部落数百年来生活在旷野之中,周而复始地与恶劣气候和其他部落斗争,根本无力发展技术,无法生产工业制品,甚至无法学习最简单的采矿业,季节性迁徙使得这些都成为不可能。于是游牧社会不得不依赖中东和中国的定居社会为其提供这一切。他们从定居社会获得炼制后的金属以及刀剑、盔甲、丝绸和金银,有时靠交换,有时靠抢掠。即使是交换,也是单方面需求关系,因为游牧民族能够提供的太少,只有马匹、羊毛和兽皮。

尽管如此,游牧骑手从不认为自己在定居民面前低人一等。恰恰相反,2000 年来游牧民在面对世界上最大的农业社会的时候,从不打算吸取其政治和文化经验。实际上,这两个社会面对对方时都颇为傲慢。中国源远流长的传统文明使得其面对其他社会和国家都有一种历史性的优越感。这个古老的名字"中国"暗示她是文明的中心,而且由于其传统文明所具有的弹性,中国人善于吸收和融合其周边文明,或对更远的文明施加深刻影响——只有游牧骑手们例外。

他们并不仅仅拒绝中国的文化和观念,他们根本认为其毫无价值——除了能提供少数金属货物外。在他们眼中,绝大部分中国人一辈子在一小块土地上讨生活。对于游牧骑手而言,农业居民是最被轻视的群体,比一匹马都不如。这种轻视其实是互相的。中国官员在讨论如何对待边境的游牧民时说,跟流离失所、四处漂流的人根本不可能进行正常交流。因此这两种人之间的交往基本上是如此模式:中国人把这种周期性入侵看作一场灾难,和洪水、饥荒等自然灾害没什么不同,当它发生时不得不去应对,却通常采用大规模贿赂使其撤退来避免更多损失;而游牧民方面只不过把中国人看作一个供劫掠的对象。

图 1-9　成吉思汗

12 世纪,出身于孛儿只斤氏的铁木真在部族斗争中逐渐成长起来,在统一了蒙古各部之后,又征服了西方的突厥各部落。他成为成吉思汗之后,继续征服的脚步,相继进攻西夏、金朝和花剌子模,成吉思汗对花剌子模和呼罗珊的征服战在那里留下了可怕的毁灭,同时把当地的政府机构基本都清扫干净了。

在这种无政府状态下,1221 年逃亡德里的花剌子模算端扎兰丁开始逐渐重建自己的权威,试图填补这里的权力真空。扎兰丁是一个战争天才,他之前不断地逃过蒙古人的追捕,使他有了一种史诗般的英雄形象,因此这一次他毫不费力地就获取了大量支持。1224 年他已经夺回了一大片土地,之后他开始向阿塞拜疆扩张,然后很快进入了基督教国家格鲁吉亚。到 1228 年,他实际上已经重新获得了他父亲曾经据有的帝国。在他重新夺回自己应当继承的权力和领土的过程中,他毫不犹豫地发起屠杀,一点不比蒙古人手软。虽然他无疑是个了不起的军事将领,但却缺乏政治手腕,他虽然征服了波斯的大部分地区,却没能把这个帝国联合起来抵御外来威胁。1230 年,蒙古人再次西征了,窝阔台派出一支军队,打算给这位他们试图复位的花剌子模算端来个了结。蒙古军队迅速穿过呼罗珊来到阿塞拜疆,他们把大不里士的守军彻底吓呆了。扎兰丁从这些老对手面前逃跑了,不过这一次他没能找到避难所。蒙古将领绰儿马浑开始了无情的追捕,他追的时间越长,支持扎兰丁的人就越少。他向西北逃往里海以西的穆干草原,穿过了那些他的父亲曾经穿过的地区——10年前他也是这样被蒙古人追。最后,像他父亲一样,扎兰丁失去了一切盟友,在1231年前后死去了。

蒙古将军绰儿马浑继续进行战争,他被任命为他所征服的波斯地区的达鲁花赤,也就是军事长官,他在里海西边的草原上建立了根据地。在之后的10年之中,他几乎征服了高加索地区的所有小国。蒙古人的名声早已响彻这些地区,因此当绰儿马浑带着他的军队来到这里,著名的鲁苏丹女王已经逃亡邻省,格鲁吉亚也成了附属国。另一位达鲁花赤被派来统治东南地区,包括呼罗珊和玛赞达兰,逐渐蒙古人有效控制了西亚。

1235年窝阔台召开的忽里勒台上正式决定进攻欧洲,远征队由术赤的长子拔都率领,每个家族的长子都参与了这次西征,因此又被称为长子出征。这次行动的第一个目标是征服直到伏尔加河岸的地区,也就是说夺取保加尔城。这座城市在伏尔加河和卡马河交汇之处,该城控制这里河流之间和乌拉尔山区域的商业命脉。保加尔人曾经是游牧民,但很久以前就放弃了迁徙的生活,住进了城市,借助皮毛生意聚集了大量财富。他们也相信先知的预言,成了最北边的皈依伊斯兰教的人。在7世纪,那些没有皈依伊斯兰教的人迁移越过了多瑙河,在那里建立了国家,国家的名字保加利亚就来自于他们的族名。除了保加尔人,蒙古人还要征服沿伏尔加河往南地区的游牧部落。这样蒙古人就能够安全地渡过伏尔加河,他们的侧翼和后面就不会受到威胁。

他们快速清理了伏尔加河沿岸的城市和部落后,于1237年冬天渡过了冰冻的伏尔加河,深入俄罗斯的心脏地带,在那里他们兵分两路,北路军征服了俄罗斯诸王公,南路军则前往乌克兰。第一个倒霉的城市是梁赞。在梁赞大公拒绝了蒙古使者的劝降要求后,蒙古人就对这座城市进行了非常著名的木栅围攻战术。梁赞周围有厚密的森林环绕,蒙古人正好可以把这些树砍下来,将木材筑成栅栏在城墙外把城市团团围住。在栅栏之后,蒙古军队的各种攻城器械,包括大炮、投石机、投石弩等就可以向城市投掷各种炮弹而不必担心受到攻击。5天炮击之后梁赞就投降了。

蒙古人从梁赞转移到科洛姆纳,然后到苏兹达利亚,在那里他们攻下了莫斯科。拿下莫斯科后他们转身向东,前往弗拉基米尔,在那里他们再一次使用栅栏战术。一个城市又一个城市被攻陷后,苏兹达尔大公的军队终于被引出来。到2月,蒙古人包围了大公的军队,将其全部歼灭。

南路军队在科泽里斯克只是被稍微阻滞了一下前进的脚步,这座城市付出的代价是全城被屠杀,后来被称为"悲伤之城"。之后两路军队在顿河盆地扎营,休憩了一整年。接下来又顺利地征服了南俄罗斯和北高加索的各游牧部落,并且弄到了大量的俘虏和新兵。

在接下来的战争中,他们很快攻下了基辅,俄罗斯史学家忠实地记录了"鞑靼之云"如何进入了这座城市,他们在书中记载,车如雷鸣,马蹄震天,牛群嘶吼,带来了无比的恐慌和灾难。这座城市曾经是俄罗斯最重要的心脏和中心,是俄罗斯城市之母,但在这一战之后,"多少名胜古迹变成瓦砾",她失去了从前的地位,从此以后俄罗斯的政治中心在东北边发展起来。

蒙古军队穿过俄罗斯边境,在普热梅希尔附近扎营过冬,普热梅希尔是波兰南部第二古老的城市,仅次于克拉科夫。这个城市在9世纪时就已经成为波兰、基辅以及匈牙利争夺的地方。现在它已经落入蒙古人的手中。蒙古军在普热梅希尔驻冬时,制订了征服东欧的计划,匈牙利是他们的首要目标。虽然通常军队会选择在春天发起攻击,但大将速不台建议此次出征最好在深冬时节。此时地面冰冻坚硬,适合马匹行走,而且在冬天出兵会造成出其不意的效果。他们制订了一个疯狂的计划,把本来人数就处于劣势的军队分为几路,分配到一条长达1000米的战线上多点出击。两万人被派往波兰,由两位蒙古王公分别率领四处出击。他们的任务是扫平波兰和立陶宛,清除一切有战斗力的军队,避免他们从北边威胁匈牙利战场。主力军队则穿过喀尔巴阡山直达匈牙利,在这里他们又分三路,北路和南路军队攻破城市,中路军队则由拔都本人率领,他需要引出匈牙利国王贝拉的军队,并且把对方在战场上拖住一段时间,这段时间之内,在波兰的两万军队必须扫平一切障碍,向南开往匈牙利,匈牙利本土的另外两支军队也必须迅速与主力军队会合。为了确保胜利,数支相隔超过1000公里的军队必须随时保持联络,为此他们派出了大批骑手,不断地穿越前线传递信号。

在实际战争中,这种惊人困难的长线作战出了各种漏子,但直到此时腾格里天神仍站在蒙古人这边。匈牙利国王贝拉和他的贵族们之间矛盾重重,贝拉想要保卫领土,贵族们只关心自己的利益,给国王提出各种条件,而且各怀鬼胎,无法同步行动。贵族的军队在劣势中逃跑,贝拉不得不用帐篷和战车把营帐围起来,这导致他们在战争进入劣势后行动受限,根本无法自由改变阵型和战斗场地。虽然最初贝拉的军队具有明显的人数优势,但当速不台的军队终于赶来和拔都会合后,他们立刻包围了贝拉的营地,然后架起了投石机,向帐篷和大车投掷密集的炮弹,营地很快被夷为平地,幸存者也被重骑兵击倒屠杀。

一小队匈牙利人最终逃出了包围圈,他们穿过狭长的山谷逃往佩斯特。一队蒙古轻骑兵快速追击他们,蒙古骑兵的移动性远远高于那些欧洲骑士,最终他们用精准射击的箭了结了这一队人。有人描述说通往佩斯特的路上横尸遍野,"就好像采石场的矿石"。匈牙利军的死亡人数估计在6万人左右。蒙古大军到达佩斯特,在那里放了一把火。然后他们沿着多瑙河,朝河对岸的布达进行了一次威胁性的突袭。到1241年春天,这支从亚洲东部大草原上行进了约1万公里的队伍最终控制了匈牙利平原,在他们和大西洋之间,已经没有任何力量能够阻挡他们的前进。只是因为窝阔台汗的突然去世,才拯救了基督教世界的命运。

蒙古人从东欧突然撤退最初被认为是一个奇迹,虽然也有人认为这只不过是暂时缓刑。在哈剌和林为了大汗人选而争吵期间,欧洲教廷终于迎来了一个理智而又有行动力的教皇英诺森四世。他派出了一批罗马特使,他们带着教皇的书信,有葡萄牙的劳伦斯、阿思凌·伦巴第、安德·龙如美、阿拉贡的多米尼克还有约翰·柏朗嘉宾,他们的任务是把书信交给所遇到的第一位蒙古首领,然后请求他们把这封书信转交给蒙古国王。其中方济各会修士约翰·柏朗嘉宾先设法一路往东到达东俄罗斯,然后又继续他的旅程,最后到了蒙古宫廷,把他的信交给了贵由汗本人。他史诗般的旅行持续了两年半之久,最终于1247年11月18日回到里昂,他带回来的蒙古宫廷的情况和贵由的回信并不乐观。在柏朗嘉宾看来,必须做最坏的准备。唯一幸免的机会,就是他所观察到的贵由和拔都之间的矛盾,他认为这有可能推迟或者转移蒙古人再次发起对欧洲的进攻。

不得不说这位修道士的观察力惊人。贵由汗短暂任职期间只进行了一次针对拔都的出征,但大汗本人在征途上去世,使蒙古帝国又陷入了争夺继承权的混乱。直到蒙哥的即位典礼上,帝国才再次开始实行扩张主义。虽然欧洲在静待命运发展,但这并没有阻止欧洲人与蒙古宫廷的联络。在国王路易的随从中有一个年轻的弗兰德斯人威廉来到了这个最伟大帝国的心脏。这位威廉·鲁布鲁克把自己的见闻写成了一部游记,在当时来说,他的使命并不成功,因为他没有当间谍的天分,没有观察到蒙古人的下一步动向,但他记载了大量蒙古生活的细节,对于19世纪之后的历史学家而言非常珍贵。

蒙哥汗设定了两个远征目标,一个是南宋中国,另一个则是波斯和叙利亚。这是蒙古军队最后一次西征,欧洲人对蒙古骑兵的真正目的极为关心。鲁布鲁克想方设法推迟返程的日期,希望能够观察到蒙古人对欧洲态度如何的更清楚的信号,但他终于待不下去了,于1255年7月离开哈剌和林,而亚美尼亚国王海屯则在8月到达这里。在听说这个伟大的远征计划后,海屯立刻认识到一场针对伊斯兰世界的全力以赴的战争对于亚洲的基督教来说有多么大的好处。他得到了蒙哥的接见,在哈剌和林待了50天。在这段时间里,他说服大汗,如果这场旭烈兀发起的战争类似于基督教的十字军东征的话,那么一定会得到巴勒斯坦的盟友配合攻击。海屯回程时得到了一道圣旨,这道圣旨赋予整个帝国——包括所有尚未征服地区的基督教会自治权。他回到亚美尼亚,开始着手准备加入旭烈兀的队伍。

在这一次西征中,蒙古人摧毁了两大势力——阿萨辛派和巴格达的哈里发——这两件大事我们在后面都会详细讲到。然而蒙哥汗之死阻止了他前进的脚步。接下来,他留在叙利亚的将军乞台不花在艾因·贾鲁特败给了马穆鲁克王朝的拜巴尔斯,给蒙古征服世界的进程画上了一个终止符。

1.2.2 广阔蒙古帝国的分裂

蒙古的统一和征战造就了有史以来最为庞大的帝国。蒙古帝国的疆域,在名义上包括元朝"大汗之国"和各"宗藩之国"——伊利汗国、察合台汗国、钦察汗国和窝阔台汗国的全部统治区——遗憾的是这些地区到蒙哥汗去世之后大部分不再服从大汗的统治。虽然如此,他们在名义上仍属于同一个帝国。1285 年,元世祖忽必烈下诏编撰全国地理图册,主持这件工作的官员上奏说,"如今日头出来处、日头没处都是咱们的",应该把政府收集的西域地图与北方中国、江南各省的地理图"都总做一个图子"。这就是元代著名的《大元一统志》的来由。元代著名文人许有壬为《大元一统志》作序,他在序言中说:元朝疆域极其广阔,一切书籍经典中都没有记载过如此地理广大的国家,从古到今没有归顺的地区,现在全都统一成为一个帝国了。

蒙古人的征服战争几乎把亚洲全部联合起来,开辟了欧亚大陆的通途,使得中国与波斯,以及基督教和远东的接触都极为便利。中国和西方的文化艺术彼此相识并交流。欧洲的基督徒得知了释迦牟尼的名字,北京则有了天主教的主教。格鲁塞的《蒙古帝国史》中说蒙古人的征服活动"是将环绕禁苑的墙垣吹到,并将树木连根拔起的风暴,却将鲜花的种子从一个花园传播到另一个花园"。蒙古人对于文化传播的贡献几乎可以媲美于罗马人的征服战,其对世界的贡献,大概只有好望角的发现和美洲的发现才能与之比拟。这个伟大的世纪产生了无数伟大的旅行家,他们在蒙古人造成的废墟上,通过了蒙古人的道路,跨越欧亚大陆。

成吉思汗开始的征服战争,经过窝阔台时期拔都率领的长子出征,蒙哥时代旭烈兀率领的征服西亚战争,以及忽必烈最终完成的中国征服战,最终把大蒙古国的统治地域西面扩展到多瑙河、小亚细亚和两河流域,东面到朝鲜半岛,南面到西藏地区和南中国海,北面到西伯利亚。元世祖忽必烈以前,大蒙古国全境是统一在大汗的统治之下的。成吉思汗把蒙古的东部地区分封给他的弟弟们,又把阿勒台山迤西分封给他的儿子们,因此形成大蒙古国内的几个宗王封国。大汗直接统治克鲁伦河至阿尔泰山地域,所征服的中原汉地和中亚、波斯地区,分别设置了统治机构,形成由大汗政府管辖的三个大地方行政区,分别是管辖中原汉地的燕京等处行尚书省,管辖畏兀儿地至河中地区的别失八里等处行尚书省和管辖阿姆河以西之地的阿姆河等处行尚书省。除上述三大地方行政区外,蒙哥统治时期还在俄罗斯地区委派了大汗政府的代表,增加到四个行政区。由征服建立起来的如此庞大的帝国,各民族、文化背景各不相同的地区就这样统一起来。

成吉思汗建国后,仿效中原的驿传制度,在境内恢复或新建了一批驿站,供来往使臣等使用。成吉思汗本人的目的其实只是建立一套便于出征军队相互联系以及跟大汗本人联络的通信系统。驿站系统真正全面建立是在窝阔台汗时期。如果要给窝阔台汗一个称号的话,他应该被称为建设者,他在位期间建立了蒙古帝国的都城哈剌和林。哈剌和林是一个凭空出现的城市,就这样突然出现在大草原中的某片空地,成为有史以来最庞大的陆上帝国的观念上的中心。在帝国灭亡之后,那里很快就衰败了,到 16 世纪,那里大部分固定建筑都被拆毁,材料被拿来用作修建一座附近的佛寺。从此哈剌和林的位置也消失在历史中,直到 19 世纪被重新发现,并由俄罗斯在 20 世纪上半叶进行发掘。发掘结果显示,在蒙古帝国之前这里长期被一个佛教团体使用,在成吉思汗时代,这里是一个帐篷聚集的城市,既是军事聚集地,也是贸易中心,商业贸易和手工业都在这里。

从某种意义上来说,这其实是个很奇怪的政府所在地。它并不在蒙古最初的领土中,而是在边缘地区,大概是在窝阔台和拖雷的兀鲁思之间,斡难河谷地带,曾经是乃蛮部的所在地。这里对草原民族来说是个意义重大的地点。这里是传统的多条大路的汇集点,迁移的游牧部落和商队大车几百年间都会经过这里。森林牧民每年在迁徙到南方或者回到北方的途中会经过这里,伊斯兰商人在往返中国的途中也会东西方向经过这个山谷。因为想要利用这些古老的大路,因此把都城建在这个重要地点就有了重大意义。哈剌和林为不断扩张的帝国提供了一个权力中心和一个管理者的办公地点。蒙古人并不重视都城,他们仍然过着四季迁徙的生活。但窝阔台的谋臣耶律楚材不断增强这个都城的权力。财富连同税收和贡赋都储藏在这里,察合台作为执掌大扎撒者,也在这里办公。更重要的是,这里是一切外国使者、商人豪富、得道僧侣前来觐见亚洲最重要的人物之处。这里成为整个大陆一切政治经济生活的中心。

因为这样重要的地位,帝国必须建立起一套交通系统,用来把所有的轮辐都集合到这个中心。这就是伟大的驿站系统。窝阔台大大扩展了设置驿站的范围,建立了贯通整个大蒙古国疆域的驿站系统,并制定了有关站赤——也就是管理驿站者——的管理制度。窝阔台设计的驿站系统是一个他父亲用来跟将领们保持联络的通讯系统的简化版。其精华在于一张用作一切用途的骑士网,他们可以是使臣的护卫,保证他们在辽阔的大草原上安全地行走成千上万公里,这套系统还可以用来运输各种物资,尤其是从中国运过来。它还可以从帝国各地甚至更远的地方搜罗智者。不过驿站最重要的作用还是在整个亚洲大地上把大汗的敕令传送到各个地方。

窝阔台首先在他自己的兀鲁思建立了这套系统。在道路上,每隔 30~50 公里,即一日行程,就建立一个驿站,为使者提供食物、住宿和供换乘的马匹。这些马匹由当地居民提供,但驿站本身则是由军队维持的。使用驿站的使者需要携带中央政府所颁发的身份证明和使用驿站的授权书,早期是牌子,后来细分为铺马圣旨、金字圆符(又称圆牌)、银字圆符,按照使者不同等级派发不同证明,上面写明是谁

图 1-10 驿站牌符

派他们出使。牌子大约 50 厘米长,通常是木质的,不过也有一些表示着更高权力的牌子是银质或者金质的。牌子上常常有装饰,雕刻着老虎或猎鹰,这些雕像也说明了持有者的身份地位。

有时候会有急报使者利用驿站跑过长得惊人的距离。马可·波罗说一天有 300~500 公里。这些特快使者夜以继日地疾驰,从一个驿站跑到另一个,他们系着一圈铃铛,通报自己来了。驿站的管理者听到这种使者到来的信号,需立刻准备鞍辔齐备的马匹。

忽必烈统一全国后,在中原和江南各地遍设驿站,构成了以大都——忽必烈新建的都城——为中心的稠密交通网。驿站以陆站为主,据提供的交通工具不同分成马站、牛站、车站、驿站、狗站等,另有水站、海站等作为补充。两驿站之间的距离,从 30 至 50 公里不等,如相距路程较长,中间往往会设置供使者休息的房舍,被称为“邀驿”。

在驿站承当差役的人称为站户。站户通常选择民户中有一定财产的人家担任。如果是在蒙古各部中,则选择畜产多者应役。一旦成为站户登记入籍后,世代相承,不得改易。站户除按规定提供交通工具外,马站出马夫,水站出船夫,部分站户还要向过往使臣提供食物补给,按照规定包括不同比例的肉、面、米、酒等。这样一套驿站系统能够“通达边情,布宣号令”,是当时最完善、最便利的交通体系。约翰·柏朗嘉宾和马可·波罗在书中写到自己如何得到这套伟大交通体系的帮助,这样一个把整个欧亚大陆连接起来的通讯网为使者往来交流提供了前所未有的便利。

除了对在辽阔的统一帝国和便利的交通体系这两方面的巨大贡献外,蒙古人对商业的重视也成为中西交往发展的有利因素。蒙古贵族很早就与商人结下了不解之缘。这些马上的骑兵瞧不起农业社会的居民和定居文明的智慧,但他们一直看重商人的友谊和建议。成吉思汗南下用兵,据说是受到了一位商贩巨万,往来于山东河北的回鹘商人的煽动。随着蒙古势力的扩张,西域商人在政治、经济等方面的影响越来越大,1215 年成吉思汗派往花剌子模的使团便主要由西域商人组成。忽必烈的商船与伊利汗国保持密切联系,沿途在印度、斯里兰卡、马拉亚和爪哇都建立了重要市场,这些商队一直往西到达波斯湾,为那里的忽鲁模子新港的发展做出了巨大贡献。

实际上,严格意义上统一的蒙古帝国只持续到蒙哥汗时期。蒙哥汗在征宋之战中去世。如前所述,这个消息导致旭烈兀在中东的西征骤然停止。然而蒙哥汗不合时宜的死亡导致了更为严重的后果:这一事件再次激起了关于继承权的混乱和争执。虽然黄金家族的其他分支——窝阔台分支、察合台分支和术赤分支——并没有显示出争夺继承权的意图,但拖雷的儿子们之间关于继承权的纷争变成了暴力相向,最终在亲生兄弟之间爆发了帝国分裂的战争。

当忽必烈得知他哥哥去世的讯息时,他正带领他的军队南下准备配合进攻。他没有返回草原,而是决定继续进行征战。因为之前他的汉化倾向已经引起了哈剌和林众多保守贵族的反对,仅仅因为他和蒙哥汗血浓于水的亲情才使自己免于被大汗处罚。现在他很可能认为,回到哈剌和林也无法得到支持,如果能够取得对南宋作战的胜利,将会有助于他获得继承权。

不幸的是,在他待在鄂州城外的军营中时,蒙古高原却在发生戏剧性的重要变化。在忽必烈和旭烈兀长期与中国和波斯征战期间,他们最年幼的兄弟阿里不哥一直据守蒙古高原的心脏。他成了蒙古传统价值观的代表。按照幼子守灶的蒙古风俗,他也应该得到帝国最大的一份财产。哈剌和林最有势力的贵族都站在阿里不哥一边。他们秘密组织了一支军队,并且派人到上都,也就是开平征兵。

当消息传到忽必烈那里时,他一定在诅咒命运,因为南宋第一个大城市即将陷落,而他必须放弃这场战争,也放弃他已经征服的地方,回到后方去。他和他的谋士秘密商讨保卫开平的下一步行动计划,他们一致同意忽必烈必须尽快建立自己的政权,于是他于1260年5月5日召集了一次忽里勒台,使自己被选为大汗。

这是一个最终获取了一定程度的成功,但无疑并不完满的决定。他把自己放在了一个篡位者的位置上。他的忽里勒台没有在都城召开,也没有任何主要的蒙古贵族参加。这个忽里勒台被认为是非法的,

·欧·亚·历·史·文·化·文·库·

是对哈剌和林的公开决裂,因此接下来就是长达 4 年的国内战争。

为了对抗蒙古高原上的军队,忽必烈的战略是充分利用对方的基础缺陷:他们缺乏各种本土供应的物资,尤其是粮食和工业制品。哈剌和林的建立根本没有内在原因,它只是因为大汗的意愿而存在的。它的生存有赖于定期的源源不断的来自中国北部和其他地区的粮食和物资供应。但这种供应被掐断,哈剌和林就好像海上的孤岛,阿里不哥本来打算依靠中亚的资源,这是一片肥沃土地,由察合台分支控制。因为现在察合台汗国的汗王去世,就出现了与之结盟的可能性。阿里不哥立刻派遣他的一位随从阿鲁忽——正好是察合台汗的孙子——宣布继承这个汗国。阿鲁忽一旦当选,阿里不哥的命令就可以在将近亚洲 1/4 的区域内畅行无阻了。

阿里不哥在最初投入这场战争时充满了乐观主义,但事态发展逐渐显示出他的才智和资源都不足以击败忽必烈。他试图从察合台汗国获得补给的计划失败了,因为他所选中的阿鲁忽是一位不值得信任的盟友。被选为察合台汗之后,这位年轻人的野心立马脱了缰,他利用阿里不哥的弱点,对这位从前的保护人发起了进攻。阿里不哥进入了一场毫无希望的战争,既没有足够的供给,也没有多少人力。当形势发展到这一步,他最忠诚的支持者也消失了。就在阿里不哥设法对付西边这位背信弃义突然发家的邻居时,忽必烈则在东边稳步前进。1264年,这位年轻的汗位竞争者不得不接受失败的现实,试图讲和。

虽然遭受了如此多的敌意,但忽必烈最终成了亚洲最有权势的人,但如果他认为接下来他能召开一次各汗国都参加的忽里勒台,然后公开宣称自己当选为大汗,那么他又错了。虽然在竞选中不会再有任何有竞争力的对手发起挑战,但也不会有什么有影响力的人会来参加他的登基典礼。伟大帝国的连接点在将近 5 年的战争中被拉扯和重压到将近断裂的地步,而且在如此广阔的地域中,分隔过远的各汗国要穿过整个亚洲前来目睹大汗登基,似乎已经不再具有窝阔台或蒙哥时代那样的必要性。因此忽必烈之后的统治就这样多少笼罩了一层不合法的轻烟。

平定了幼弟的反抗,忽必烈从此成为蒙古和中国北部无可争议的主人,为了弥补失去的帝国的其他部分,他以全力进行对南方中国的宋帝国的征服。马可·波罗——大概通过在大都听到的传闻——也记述了这次征服的主要过程。在天才将领伯颜的率领下,这场战争取得了伟大的胜利,最可贵的是杭州城这颗明珠并没有受到任何破坏。不过马可·波罗在游记中把伯颜记载为"一百只眼睛的伯颜将军",还加入了一个传说,说南宋皇帝占卜国运,说国家会亡于百眼之人,因为世上绝无人有 100 只眼,因此南宋皇帝大为安心,不再认真备战导致亡国,只因为他不知道伯颜将军之名的缘故。虽然取得当时世界上最为富庶的一片土地,但这个统治权始终没有在中亚得到承认,这是几届元朝皇帝都最为头痛的事。从忽必烈开始,一个中国——蒙古帝国产生,而蒙古帝国就它原来的意义来说已经消失。

中亚的反抗主要由一位名叫海都的贵族所领导。海都是合失的儿子,合失是窝阔台的第五子。当窝阔台系失败的时候,海都被放逐到自己在海押立的封地,在今天的伊犁地区。海都是一个非常刚毅的人,一个很有能力的军事家和优秀的行政管理者,忽必烈虽然已经这样中国化了,可海都还是继续保持他们游牧祖先的生存状态。基督徒旅行家们经过他的辖境,往往对他加以称赞。成为窝阔台系的领袖和该系在叶密立和塔尔巴哈台地方的世袭封地主人后,他很快地——约在 1267 年至 1269 年之间——使察合台系人和他们的封地也归附于他。于是自 1267 年至 1301 年,他成为中亚事实上的合罕和真正的主人。

在这个时候,他开始和忽必烈斗争。1274 年,他将忽必烈的代理人从喀什噶尔、叶尔羌和和田驱逐走。1276 年,他侵入库车、吐鲁番等地,已经成为他的藩属的察合台汗都哇跟随着他,他想要将统治权强加于畏吾儿的亦都护,后者一直是忽必烈的藩属。帝国的军队及时赴援,畏吾儿王才得解脱。1275 年,忽必烈命他的第四子那木罕赴突厥斯坦。那木罕带着大队人马驻扎在伊犁河谷的阿力麻里城,以割断窝阔台系和察合台系的联系、粉碎他们的联盟。他兵临该处,起先是产生了引人注目的效果。从 1276 年开始,忽必烈的权威在和田、叶尔羌以及喀什噶尔都树立起来了。

王子那木罕驻扎阿力麻里表明忽必烈做了最大的努力,以使西部地区接受他的宗主权,并保持在他君权之下的蒙古帝国在政治上的统一。如果对该地的占领能够保持下去,亚洲历史的发展或将有所不同。然而,自从1250年和1260年的两次政变以来,已将个人野心代替了法权,首先是代替了成吉思汗的遗嘱,其次是代替了忽里勒台的正常作用,从前蒙古人的无政府本性,曾一度被成吉思汗的纪律镇压下去,现在又嚣张起来。1276年,跟随那木罕出军的蒙哥之子昔里吉意欲争夺汗位,秘密劫掳王子那木罕,将他作为人质交给钦察汗忙哥帖木耳。他们引诱察合台之子撒儿班和他们在一起,所有这些人共同和忽必烈的仇敌、窝阔台系的领袖海都汗结成同盟。海都利用帝国方面发生的骚乱挥军驰往蒙古,胜利地进入哈剌和林,在那里,他占有了蒙哥的御帐(1277)。这一事件的发生使人们认识到,忽必烈作为蒙古大汗的权威已经消失,他忙于征服中国,因此失去了西域和中亚。

幸好前一年杭州城已经投降了,伯颜将军带着南宋皇室的大部分成员回到了大都。虽然南宋的局势还远未稳定,但忽必烈立刻派这位他最优秀的将军去收复蒙古。伯颜遇到坚守在鄂尔浑河之上的同盟军。双方经过激战,昔里吉终于被击败而退到也儿的石河的上游,这里是窝阔台系的世袭封地。那些联盟者被击败之后,自相争夺,将蒙古地区又拖回到成吉思汗兴起以前的混乱状态。最终情况又回到最初,海都还是蒙古西部和突厥斯坦的主人,忽必烈则继续占有哈剌和林和蒙古中部。

不到10年,海都又组成一个新的联盟来反抗忽必烈。这次他联络了东部诸王,也就是成吉思汗的弟弟们的后裔,以宗王乃颜为首领。马可·波罗详细记述了这次平叛。时年72岁的忽必烈命伯颜去防守哈剌和林以抵御海都,他自己则亲自出征辽东。乃颜在这里集中了他的军队。这一次战事,据马可·波罗说,是"这个时代最危险、最难决胜负和最艰苦"的战役。结果,乃颜被擒。忽必烈用杀死亲王的方法,"不流血"而置之于死地,即用毛毡将他闷死。

忽必烈死时(1294年2月18日),海都还据有杭爱山以西的蒙古、西域和中亚。忽必烈的继承人,他的孙子铁木耳,在中文史书中被称为元成宗,继续派出将军和部队与之作战。皇帝的女婿阔里吉思——这个名字的另一种译法就是乔治,因为他是一位天主教信徒——曾作为守边大将战败被杀。然后是皇帝的侄子,也是未来的新皇海山,即元武宗,最终击败了海都,海都在这一战之后不久死去了。1303年,察合台汗都哇和窝阔台汗国的新汗海都的儿子察八儿,终于归附元廷。接着,他们又联合遣使到伊利汗、钦察汗王庭。翌年秋,伊利汗完者都在穆干草原会见钦察汗脱脱的使臣,元朝与诸汗国之间的约和至此完成。这次蒙古帝国诸汗国之间的约和对当时的国际形势有很大影响。伊利汗国的完者都汗以此作为自己要求与欧洲基督教王国结盟攻打埃及的马穆鲁克王朝的资本。他在致法兰西国王腓力的信中提到了这次约和,他说:"我辈兄弟因为听信奸臣谗言,以至失和。如今铁木耳合罕、脱脱、察八儿、都哇和我等成吉思汗的后裔,仰赖长生天气力与福荫,结束了长达40年之久的纷争,和好如初。从此东起日出之地,西抵达赖之海(达赖即藏语"海洋"的意思),已经使驿站道路交会为一,各国相互连通。诸王相约:若有离散之心,即为叛者,必共击之。"从这封信看来,诸国约和象征着蒙古帝国重新恢复统一。但已经为时过晚了。在中国的蒙古人几乎变成为中国人,在波斯的变成为波斯人,在察合台汗国的变成为突厥人。各汗国都有了为自己的国家利益而战之观念,共同的蒙古后裔变成了一句外交辞令。因此这些和约无法保住成吉思汗后裔之间的长久和平。此后不久,中亚的两个蒙古汗国察合台汗国与窝阔台汗国又发生了战争,元朝与察合台汗国之间的和平也只持续了10年,在这10年间,元朝政府有意离间窝阔台汗国和察合台汗国的联盟,利用海都死掉的机会,除去割据西北将近半个世纪之久的窝阔台汗国。在元朝和察合台汗国的合力压迫下,窝阔台汗国灭亡了,大部分土地被察合台汗国吞并,邻近元朝西北边境的阿勒泰山西边和南边的土地则为元朝所有。在共同的目标消失后,元朝和察合台汗国再起冲突,这次的战争起因于察合台汗王也先不花汗怀疑元朝与伊利汗国意图联手攻击自己——他的怀疑并非没有道理,于是他于1314年首先发难,但是并没有取得优势,双方敌对的状态持续到1320年。按照惯例,到察合台汗王也先不花死去为止,即位的怯别汗重新修复了与元朝和伊利汗国的关系,道路再次畅通,鄂多立克就是在这段时期来到中国的。怯别是察合台汗国史上最著名的汗王之一,他被称为"公正的怯别",穆斯林史学家创造了很多以他为主角的公正断案的故事。怯别死后不久摩洛哥旅行家伊本·白图泰就来到了这里,他记载说"怯别是异教徒,但他执法公正"。伊本·白图泰在察合台汗国逗留期间,是答儿麻失里汗统治时期,答儿麻失里首次皈依了伊斯兰教并在全国自上而下推广。当然了,这在早已经伊斯兰化的突厥地区是迟早的事儿,就像伊利汗国的阿合马汗所做的那样(他们的命运也很相

图1-11　伊本·白图泰

似,因为反对伊斯兰化的保守贵族叛乱而终结了统治)。伊本·白图泰的游记常常对伊斯兰相关事件和人物仔细描述,因此他怀着极大的热情记载了他所见到的察合台汗王,他说他在清真寺中见到了答儿麻失里,看到他在礼拜寺中礼拜,非常虔诚地遵守祈祷的礼仪。伊本·白

图泰说他穿着一件来自耶路撒冷的绿色长袍,在恢复和平之后,中亚和西亚也重新建立了频繁的商业往来。

1.2.3 伊利汗国

旭烈兀攻下巴格达后很快获得了所有底格里斯河以东大大小小统治者的归顺,然后他占领了叙利亚的大部分,又因为蒙哥汗之死而撤退,导致丢掉了叙利亚。忽必烈当上大汗后,本来旭烈兀还有机会重新西征直到消灭埃及的马穆鲁克王朝,金帐汗国的汗王别儿哥拯救了伊斯兰世界的命运。别儿哥汗本人是个穆斯林,一方面他对于他的侄子旭烈兀带给伊斯兰世界的毁灭极为痛心,另一方面旭烈兀西征所建立的新汗国压缩或者说夺去了一部分本来属于金帐汗国的领土。马穆鲁克人得知别儿哥的意向后,决定设法与这位蒙古汗王结盟。1260年,拜巴尔斯在一次巧妙夺权后成了马穆鲁克新君。他向别儿哥派出密使,催促他加入伊斯兰世界的行动,共同发起对抗旭烈兀的圣战。别儿哥同意了,并且着手召集一支足以进攻旭烈兀的军队。现在不只是在帝国中心地区蒙古人之间发生战争,还出现了一位蒙古首领和非蒙古势力相结合对付另外一个蒙古首领。在这混乱的大漩涡中,旭烈兀暂时把他征服地中海以东的野心放在一边,集中力量对付别儿哥的军队,但不幸战败退兵。这场战争发起的时候,马可·波罗的父亲和叔父正在金帐汗国的首都做生意,大概已经待了一年。他们本来已经打算返回威尼斯,但由于战争的发生,他们无法回西方,只好从不里阿耳向东至不花剌,最后到达中国。

1262 年,旭烈兀给路易九世写信,提议法兰克国王带军队和自己联合对付马穆鲁克。没有国王回复的记录。这段时间正是基督教世界在巴勒斯坦苟延残喘的时段。本来如果能够得到基督教徒的帮助,旭烈兀应该能够扫平叙利亚和巴勒斯坦的马穆鲁克人。但现在蒙古人自己的两个神话已经被打碎了——他们战无不胜的神话已经被埋葬在艾因·贾鲁特的沙砾中,而他们永远团结一致对外的神话则被别儿哥汗和马穆鲁克人的联盟所毁灭。这大大提升了马穆鲁克人的自信心,他们开始逐一扫平地中海沿岸的所有十字军国家。

·欧·亚·历·史·文·化·文·库·

1265 年旭烈兀去世,他的儿子阿八哈汗继续实行其父的政策。他与别儿哥开战,同时写信给梵蒂冈,希望依靠教皇的力量促成基督教世界与蒙古人的联盟,共同对付马穆鲁克。阿八哈无疑相信基督教世界终究会认识到他们有着共同的敌人,但教皇可不是这么轻易能被说服的。无论是巴勒斯坦还是欧洲的基督教社会都对蒙古人的进攻记忆犹新,他们相信,如果他们帮助蒙古人战胜了马穆鲁克,那么之后蒙古人转向对付基督教世界只不过是时间问题——从南宋与蒙古联合攻打金朝的例子来看,欧洲人的想法是正确的。因此阿八哈没能从欧洲得到任何帮助。

阿八哈汗决定集中力量应对别儿哥,这正是马穆鲁克人和金帐汗国结盟的目的。两个汗国都聚集了大量军队,幸好没有出现预期中的大屠杀,因为别儿哥在战场上死了。他的继任者蒙哥铁木儿汗虽然也是个穆斯林,但不愿意继续进行战争。到此为止,蒙古高原上的战争总算告一段落。

之后阿八哈和察合台汗王八剌打了一场大战,这场战争也被马可·波罗记了下来。忽必烈即位后,中亚地区发生了窝阔台汗、察合台汗和钦察汗三王之间的争夺与矛盾,最终他们坐在一起进行了一次大聚会,窝阔台汗王海都和钦察汗王蒙哥铁木儿劝说八剌向伊利汗王阿八哈汗要求呼罗珊地区的所有权,以此弥补自己在阿姆河以北的损失,并且答应会出兵协助。

八剌起先征服了呼罗珊的大片土地,但阿八哈汗最终取得了战争的胜利,八剌在战后不久死去。这场发生于 1270 年夏天的也里之战后,伊朗东部边境一直平安无事。直到完者都汗时期,察合台汗王也先不花和牙撒兀儿再次来袭,不过也先不花死后,牙撒兀儿很快也被"公正的怯别"和完者都汗联手平息。

阿八哈汗留下一位王子秃卜申镇守呼罗珊,自己回到阿塞拜疆。在那里他接见了来自大汗的使者,使者送来了大汗的圣旨,把伊利汗国授予他掌管,于是他按照圣旨,举行了第二次登基典礼。

河中地区在八剌死后始终没有一个有力的统治者,因此陷入混乱和衰弱。阿八哈因此可以报八剌入侵呼罗珊之仇。在 1272—1273 年的战争中,不花剌被洗劫烧毁,其后荒芜长达 7 年。这段时间,马可·波罗一家三口正行走在亚洲大陆上,很可能是因为这个原因,他们没有像之前两位老波罗那样来到中亚,途经不花剌、撒马尔罕进入中国,而是选择南线,从阿富汗来到喀什噶尔、叶尔羌和和田。

阿八哈汗并没有放弃进攻叙利亚,因此他长期与基督教世界联络寻求盟军。他从 1267 年(或者更早)开始回应教皇,1273 年他给教皇和英王爱德华一世都写了信。次年他的使者在里昂大会上,1276 年在意大利,1277 年在英格兰,都重复了他的建议,请求联盟共同对付敌人。但阿八哈没有收到确定的回复,他决定独自行动。1281 年 9 月,他的弟弟忙哥帖木儿带领着大约 4 万人的军队进入叙利亚。跟旭烈兀 20 年前的进攻一样,小亚美尼亚国王,海屯之子里奥三世派来了盟军。10 月 30 日军队和埃及人发生了冲突。埃及史学家记载了战争的详情,但波斯史学家都大多选择忽略这件事。因为忙哥帖木儿过于年轻没有经验,他率领的中央军被埃及人重创溃散。他带领着剩下的军队,那些没有在河里淹死和在沙漠里干渴而死的人随他回到了他母亲在上美索不达米亚的领地。阿八哈对战败的消息非常生气,宣称要在次年夏天举行的忽里勒台上追究责任,并且亲自夺回该地区为死去的战士报仇。但这事儿没成。在那年冬天,一场痛饮之后他去世了,和他的父亲一起葬在乌鲁米耶湖的沙伊岛上。

继任的两位候选人分别是旭烈兀的第七子,也是活着的最大的儿子帖古迭儿和阿八哈的长子阿鲁浑,前者得到更多的支持,后者被劝说暂时退让。因为帖古迭儿皈依了伊斯兰,所以他用了阿合马这个名字作为算端名号。或许与宗教信仰有关,帖古迭儿开始寻求和埃及算端建立友好关系,这是秘密进行的。因为在刚刚结束的忽里勒台上,大部分贵族和将领要求继续对马穆鲁克王朝作战,可是他派出的使者受到冷淡待遇。这一使命在之后数年内进展更糟,使臣和随从都被关进监狱,使臣死在了监狱里。而帖古迭儿很快被废并死去。

阿八哈汗的儿子阿鲁浑回到呼罗珊后——他的父亲把呼罗珊委

欧·亚·历·史·文·化·文·库·

任给他,在那里准备公开反对帖古迭儿。帖古迭儿率军出征,阿鲁浑战败后被囚禁起来。但对帖古迭儿不满的宗王——很可能还是因为宗教原因——把阿鲁浑放了出来,还为他召集了军队,帖古迭儿的支持者全都被除去了。波斯史学家拉施德丁说:"晚上还是阶下囚的阿鲁浑,第二天早晨成了全国的君王。"

关于阿鲁浑这次幸运逆袭的消息传到帖古迭儿那里时,他别无选择,只能顺着呼罗珊大道向西逃亡。他打算从打耳班逃到金帐汗国去,但阿鲁浑的使者带来了抓捕他的消息,斡耳朵的管理者把他囚禁起来。此时一队征召自波斯南部的混血士兵哈剌兀那思——作为一项奇闻,马可·波罗也详细地讲述了这些人——冲进营帐,他们粗暴地把那里洗劫一空,瓦萨夫说"什么也没剩下",拉施德丁则说"只留下了炉灶里的灰"。他们把帖古迭儿带走,交给了阿鲁浑。阿鲁浑本人想表示宽大,但属下提醒他对方也有可能逆袭。于是帖古迭儿被用一种"不流血"的高贵方式处死了。

帖古迭儿,也就是阿合马汗死刑之后阿鲁浑很快就即位了,当然,按照惯例,身处大都的大汗正式认可阿鲁浑为伊利汗的时候,他还会再次举行即位大典。这是诸汗国中唯一伊利汗国还在坚持的仪式,体现出伊利汗国与元朝的密切关系。这次典礼上,阿鲁浑的儿子合赞被委任镇守呼罗珊等地。之前释放阿鲁浑并为他召集军队的不花被任命为瓦齐儿,大概相当于今天的总理。即位大典上,为了表达自己的感激,阿鲁浑命人向不花身上撒钱直到他被埋起来。

随不花一起转而拥戴阿鲁浑的贵族中有一位叫作兀剌台。阿鲁浑晚年一位宠妃去世,妃子遗言要由她本族的蒙古贵族的女儿继为王妃。于是阿鲁浑向元朝派出使团,请大汗忽必烈赐婚。兀剌台就是三位主要的使者之一。忽必烈选定了一位蒙古贵族少女阔阔真要送去伊利汗国,当时西北方战事不休,因此决定从海道送往波斯。这时马可·波罗刚从南洋出使归来,熟悉海上航行,忽必烈就决定让他及其父亲、叔父护送阔阔真到波斯。使团护送阔阔真于1291年初从泉州港出发,至1293年初到达波斯的忽里模子港。但是,就在使团从中国出发的那一年,阿鲁浑汗已经去世,当时在位的是阿鲁浑的弟弟乞合都汗。阔阔真被立为阿鲁浑的儿子合赞的王妃。使团的兀剌台和马可·波罗一同航行,给他讲了很多伊利汗国汗位更替争夺的情况,因此在《马可·波罗游记》中对这些故事记载得格外详细。

阿鲁浑汗在位期间与欧洲的联络达到了顶峰。他向罗马派出过一名非常著名的使者,列班·扫马。此前这位东正教教士从大都沿着朝圣之路来到中东,由于叙利亚战事,他无法进入圣地,于是列班·扫马被阿鲁浑派往欧洲,向欧洲帝王们展示蒙古帝国统治下基督教的繁荣。他在罗马参加神学辩论,主持弥撒,给教皇和当地的枢机主教留下了深刻的印象。

列班·扫马带回了来自法王腓力四世的讯息:"如果伊利汗出军攻打埃及马穆鲁克王朝,我们也会出军援助。"阿鲁浑汗回复道:"我们决定,上天保佑,在虎年(1290)冬天的最后一个月骑马出发,在次年(1291)春天第一个月 15 日到达大马士革。根据我们诚恳的约定,将派出我军,在约定的时间按时到达约定的地点,并且,上天护佑,如果我们征服了那片地区,将会把耶路撒冷给你。"这个计划并未实施,如前所述,阿鲁浑在 1291 年病死了。

继承阿鲁浑汗位的乞合都于 1291 年 6 月登基。在他登基的同时,鲁木的突厥人和希腊人反叛,他为了镇压前往该处,10 个月后回到伊朗,按照惯例于 1292 年 6 月再次登上汗位。1293 年春天到夏天,他一直驻军在阿塞拜疆地区,马可·波罗等人就是在这里见到他,他命使者把阔阔真送给阿鲁浑的儿子合赞。合赞对于乞合都的即位并不满意,他之前想到夏营地见乞合都,但乞合都一直不与他见面,他在返回的路上遇到了这些来自中国的使者。

乞合都挥霍无度,滥行赏赐,国库空虚。主管财政的丞相撒都鲁丁建议仿效元朝,发行纸币以解决财政危机。于是乞合都下令在来自元朝的丞相孛罗的指导下印发纸币,规定凡拒绝用钞者、伪造交钞者、私用金银铸币贸易者,处以死刑。钞法的推行遭到了商人的反对,造成市场瘫痪,行用不久就废除了。这场失败的改革导致国内局势不稳,1295

·欧·亚·历·史·文·化·文·库·

年权臣谋杀乞合都,奉诸王拜都(旭烈兀庶子塔剌海之子)为汗。拜都在哈马丹附近即位,阿鲁浑之子合赞对此非常不满,即日起兵,战胜拜都后于 1296 年 3 月登基。他的君主权得到了元朝当时在位的皇帝元成宗的承认。

　　合赞是伊利汗国历史上最伟大和最著名的汗王之一,在征服波斯近半个世纪后,这里的蒙古人实际上已经越来越少,合赞决定要让桀骜不驯的大众平民站在自己这一边,因此他首先皈依伊斯兰教,然后推行伊斯兰教作为国教,并且实行了一系列改革措施。作为改革者的合赞重建了有效的国家政府,包括税收、司法和宗教文化等功能都得到恢复和加强,定居文明和农耕产业也得到充分的支持和尊重。波斯好像是一个短暂出走的孩子,又回到了传统的怀抱。

图 1 - 12　完者都墓

　　合赞汗的弟弟完者都成为下一任伊利汗,他也接受了穆斯林的信仰并且继续推进改革。他最伟大的功勋被刻在石上:他花费了巨大的人力物力建造和装饰了新都孙丹尼牙,里面的建筑大部分都是建筑史上的杰作,不过最出色的是他为自己建造的坟墓,建于 1313 年。完者都墓是伟大的伊斯兰标志之一,其圆顶高达 75 米,饰以耀眼的绿松石。窗户铸成复杂花纹,内墙上装饰着经典的华丽石雕。它建成之后是当时世界上最大的圆顶建筑,是伊斯兰建筑史上的一座里程碑,突出显示了这里的蒙古贵族在何种程度上接受了伊斯兰文明。

完者都之子不赛因于 1316 年成为首位取了伊斯兰名的伊利汗,他统治下的时期被称为蒙古人统治下最好的时代。经济高速发展,波斯和马穆鲁克王朝达成和谈,为和平和繁荣创造了有利条件。但外族统治最大的问题在不赛因的身上显示出来。现在黄金家族的后裔在伊利汗国已经寥寥无几,不赛因没有子嗣,因此他 1335 年去世之后,旭烈兀家族就此绝后。无人能夺取权力的缰绳,伊利汗的传承就这样骤然中断,国家突然崩溃,蒙古人对波斯的统治就这样终止了,伊利汗国也烟消云散。此后波斯长时间持续分裂状态,没有一个统一有力的政府,直到 30 年后,跛子帖木儿来到这里为止。

1.2.4　拔都和金帐汗国

1235 年的拔都西征,降服了伏尔加河流域的钦察、不里阿耳等部和俄罗斯诸公国,迫使俄罗斯各公国称臣纳贡,并继续向东欧扩张。元太宗窝阔台去世后,拔都回军至伏尔加河,建立钦察汗国,又被称为金帐汗国或者术赤兀鲁思。金帐汗国的统治地域东起伏尔加河,西至俄罗斯各公国,北达今北极圈一带,南越高加索山脉,直至伊朗之地。在这个幅员辽阔的汗国中,存在各种各样的民族和经济形态。花剌子模、伏尔加河流域、克里米亚、高加索山脉以北地区的花剌子模人、不里阿耳人、莫尔多瓦人、阿速人、希腊人和俄罗斯人主要从事农业、工商业。伏尔加河下游的拔都撒莱、别儿哥撒莱,花剌子模的乌尔根奇,克里米亚的速达克、卡法等城是东西贸易的中心。草原上的康里、钦察、突厥蛮(土库曼)诸民族则过着游牧生活。随拔都西迁的蒙古人为数不多,他们居住在草原上,向各地及俄罗斯各公国派出负责征税和镇守的官员。他们逐渐被周围的操突厥语诸部同化。因此与在波斯和中国不同,蒙古人在中亚和俄罗斯扎下了根。

在 1242 年与波兰和匈牙利之战后,拔都汗在伏尔加河下游建筑了根据地,并最终发展为城市撒莱,该城就坐落在阿赫图巴河畔。拔都与贵由汗积怨很深。贵由即位后企图以武力消灭拔都的势力,他亲自率军秘密出征。拔都从拖雷之寡妻唆鲁忽黑塔尼别吉处探知贵由的动向,也率军东行防备。幸而贵由在征途中突然死去,一场大战因此得以避免。拔都与拖雷家族结成联盟,召集忽里台大会推举蒙哥为大汗,并派遣他的弟弟别儿哥率军赶赴漠北拥立蒙哥。蒙哥登基后,为报答拔都拥立之功,双方以塔剌思河为界分治蒙古国。因此金帐汗国成为首个半独立的蒙古汗国。拔都汗与欧洲联系较多,成为当时最为欧洲所熟知的蒙古汗王,他从他的都城撒莱控制俄罗斯诸王公,并且管理从欧洲穿过欧亚草原前往哈剌和林和中国的道路,商人和使臣在这条道路上来来往往。俄罗斯诸公国缴纳高额贡赋,因此金帐汗国非常繁荣富有。威廉·鲁布鲁克经过他的领土,他在自己的书里写道:"这位拔都,与鞑靼所有的宗王比起来,是除了他所必须服从的大汗外最强大的一个。"

　　1256年拔都去世,当时他的儿子撒里答正在大汗蒙哥的汗帐中,他的继位权得到蒙哥的认可,但他在回到金帐汗国的途中死去了。他的继位者是兀剌赤,但后者也在同年去世。最终拔都的弟弟别儿哥于1257年被选为汗王。别儿哥在位期间,蒙古大汗实际上变成了中国的皇帝,于是金帐汗国实际上独立了。别儿哥汗对于伏尔加河流域的城市建设、东南欧贸易活动的扩大和深入投注了大量精力,同时他也发起了对旭烈兀及其后裔的艰苦战争,发展了和马穆鲁克朝埃及的外交关系。别儿哥汗是一位英武而大有作为的汗王,如果不是因为与旭烈兀的战争,他很可能会发起新一轮征服欧洲的战争。有人认为由于别儿哥本人皈依了伊斯兰教,他对于巴格达毁灭的震惊引发了与伊利汗国的大战。实际上更重要的原因是阿塞拜疆丰美的草场。蒙古人喜爱这片草原。伊利汗把他们的都城设在这里,别儿哥汗则以自己的军队参与了征服波斯的战争而要求这片地区作为报酬。这场战争不仅仅消解了金帐汗王对欧洲的野心,还拯救了在开罗新兴的马穆鲁克王朝。

　　下一位金帐汗国大汗蒙哥帖木儿是拔都的儿子,他带领着金帐汗国走向伟大繁荣,并真正掌握了世界霸权。他统治时期内,金帐汗国与伊利汗国停战,他同时也保持着和埃及马穆鲁克王朝的关系。埃及和俄罗斯之间的贸易往来频繁,在拔都在位时期的首都北面建起了一座新城,被称为别儿哥撒莱,城中很多清真寺和宫殿都是由埃及建筑师修建的。

之后的两位大汗脱脱蒙哥(1280—1287)和秃剌不花(1287—1290)被俄罗斯史学家称为"政治上的假象",因为当时执政的权臣那海。秃剌不花在位时期出现了严重的内讧,最后他被杀了,蒙哥帖木儿的儿子脱脱在那海的支持下夺取汗位。脱脱在位10年之后才积蓄了足够的力量与那海开战,最终取得了胜利。那海在控制金帐汗国长达40年之后,终于在1300年被杀了。与那海的战争消耗了国力,脱脱在十分困难的形势下开始执政。脱脱在位时间很长,稳定形势下金帐汗国的经济得到恢复。伊利汗国此时在合赞汗和完者都汗的统治下也繁荣起来,双方关系稳定,长期以来商人和货物无法通行的高加索商道重新开放了。这段时间里伊利汗国也与埃及的马穆鲁克朝缔结了和约,因此当脱脱派遣使者建议埃及算端共同出兵攻打伊利汗国时,对方竟然婉言谢绝了。

脱脱的继任者是月即伯汗,他不是脱脱的儿子而是他的侄子,他本来没有继承汗位的权力,但在当权异密忽都鲁帖木儿的帮助下杀死了脱脱的儿子,夺取了汗位。因此月即伯不得不争取大多数人的支持,在他的统治下,金帐汗国把伊斯兰教作为国教。他强硬地推行伊斯兰教化政策,竭力要在最短期内实现这一政策,整个中东的穆斯林都为此欢欣鼓舞。月即伯正式把都城从拔都撒莱迁到了别儿哥撒莱,这个新都城很快被扩建和美化,伊本·白图泰在1333年路过这里,对它进行了热情的赞扬。

月即伯汗仍然同埃及算端保持了良好的关系。他们甚至商讨双方联姻,由埃及算端蔑力·纳西尔娶一位蒙古公主。在这件事上蒙古人真是让我们认识到了他们出色的经济头脑。月即伯汗为蒙古公主索取巨额聘金,在这个问题上进行了多年谈判,由于聘礼金额太高,埃及算端一度甚至打算放弃联姻。一次,埃及的一个常规使团来到别儿哥撒莱,月即伯汗对使者说,他已经把一切都准备好了,只等着聘礼和婚前的宴席了。使者窘迫不堪,连忙道歉,说此刻并未带来礼物和聘金。月即伯汗立刻建议使者向金帐汗国的商人借贷,使者只好同意了,他借了近3万第纳尔,除了聘金还有筹备宴席的资金。然后一个庞大的婚礼使节团被派往埃及,公主被送进了宫里,算端后来又支付了更多的聘礼。

与此同时金帐汗国还是与基督教西方保持了良好的关系,热那亚人在黑海岸的卡法建立的根据地也增强了。嫁给埃及算端的蒙古公主经过君士坦丁堡的时候,拜占庭皇帝举行了多次盛大宴会招待他们。

月即伯汗统治时期金帐汗国的军事力量达到最高峰,他的政权在他的广阔领地的所有地区都有很高的声望。这时候金帐汗国领土中来往于中亚和东欧的商队不计其数。阿拉伯历史学家说,商队从花剌子模出发,乘坐大车,一路平安无事,毫无惊险和风波,3个月就可以达到克里木。路上既不需要给马匹携带饲料,也不需要为随商队同行的人们携带粮食,商队也不需要向导。因为草原和农业地区有人烟稠密的畜牧业和农业居民点,只需要付出合理的报酬就可以得到一切必需物资。

月即伯汗去世之后,金帐汗国走上了衰颓之路,继承汗位的是月即伯的儿子扎尼别。他继承了金帐汗国的传统,一心要吞并阿塞拜疆。在他这个时代,这已经不是一个很难达到的目标了。因为1335年伊利汗国的不赛因汗去世之后,这个王朝已经陷入了分裂。占领阿塞拜疆的绰班王朝并未得到当地贵族和商人的支持,这些商人们来到扎尼别汗处,请求他把阿塞拜疆政权夺过来。1356年,扎尼别汗在位于阿塞拜疆的大不里士——伊利汗国曾经的首都——建起了铸币厂,可惜他在这里铸造的钱币全都铸造于1356年,这是金帐汗国繁荣和强盛的最后一年。1357年,扎尼别汗被杀了——在他的儿子别儿迪别和权臣脱鲁伯的共同努力之下,别儿迪别还杀了自己的12个兄弟,此后汗国内乱四起。23年间,金帐汗国更替了26个以上相互斗争的汗,万户马麦利用这种混乱的局面掌握了朝政。尤其是到 1359 年时,尤赤—拔都家族最终绝嗣。蒙古人对金帐汗国的稳定统治终结于此。

1.3 站在悬崖上的阿拉伯帝国

1.3.1 阿拉伯帝国的兴起

阿拉伯半岛,又被称为阿拉比亚,这是位于亚洲西南的一个半岛,也是世界地图上最大的半岛。这个半岛的面积为 102.7 万平方英里,人口约有 1400 万。根据地质学家的研究,阿拉伯半岛原来是撒哈拉沙漠以及经过波斯中部和戈壁沙漠而横渡亚洲的沙土地带的天然继续(现在有尼罗河河谷和红海的深罅,把阿拉伯半岛与撒哈拉沙漠分开了)。来自大西洋的西风,现在只能给叙利亚和巴勒斯坦的高地带来雨水,在远古的时代,还未能到达没有干涸的阿拉伯半岛。在冰河时期,冰层没有延长到小亚细亚的崇山峻岭以南,因此阿拉伯半岛在那个时期的某一段时间还是非常适于居住的。半岛上有许多干涸的河床,证明曾经从这些河床中流过的雨水多么丰沛。阿拉伯半岛脊骨是一条山脉,自北至南与西海岸平行。自这条脊骨向东平缓下降,延伸了很长距离;向西面红海的倾斜则非常陡峻,延伸距离很短。半岛南边,海水逐渐后退,海岸逐渐前进,形成了海滨低地。北方的中心高原纳季德,平均海拔 2500 英尺,是瓦哈比教派的故乡。除了这些山岳和高地外,半岛上主要就是分为沙漠,以及各沙丘中间的草原。这个半岛东西两侧的海域都过于狭窄,海水所发出的水蒸气不足以影响亚非两洲常年无雨的大陆性气候。因此这一地区多半是沙漠,只有周围狭隘的边缘地带适于居住和耕作。这些边缘地带都被海水所环绕。人口增加到土地不能容纳的时候,必须寻找新的活动区域。在远古时期,这些多余人口无法向岛内的沙漠中扩张,更不能越过大海向岛外发展,因为在那个时代海洋几乎是不能通过的障碍。过剩的人口中有一部分在半岛西岸寻找出路,向北方发展,经西奈半岛的岔路而移入肥沃的尼罗河流域。就这样,闪族人在大约公元前 3500 年前后,与埃及原来的含族居民相混合,产生了历史上的埃及人。而同一时期另一部分人取道于半岛东岸,向北发展,移入底格里斯河与幼发拉底河流域。他们遇到当地的苏美尔人,苏美尔人是具有高度文明的民族,这两种民族混合,便构成巴比伦人。巴比伦人和埃及人共同打下了人类文明的基础。我们的文明有许多基本的要素,都是他们所发明的。包括用石料建筑房屋,发明太阳历、拱门和拱顶、有轮的车子和度量衡的制度。在之后的几千年中,各种民族在这片土地上来来往往,包括腓尼基人、希伯来人、阿拉马人,他们有的创造了字母,有的创造了一神论,总之发明了很多人类历史上最为重要的东西。

阿拉伯半岛上的居民,为适应土地的双重性,主要分为两个集团:游牧的贝都因人和定居民。像蒙古人一样,阿拉伯半岛上的贝都因人是天生的战士。他们逐水草而居,住在羊毛或者驼毛的帐篷里,养羊、养驼、养马、狩猎和劫掠是他们主要的职业。对沙漠里的贝都因人来说,沙漠不仅是一个可以居住的地方,而且是他们的神圣传统的守护者,是他们的纯粹语言和血统的保卫者,是防范外界侵略的第一条防线。沙漠缺水、天气炎热、道路不明、食物缺乏,这 4 件事,在和平时期都是游牧人的劲敌,在战争时期,却是他们忠实的盟友。游牧的阿拉伯人,在 7 世纪到 8 世纪为何能征服半个亚洲和欧洲也就不足为奇了。

公元 7 世纪时,在伊斯兰的旗帜之下出现了一次新的,也是最后的迁移。穆罕默德所创造的伊斯兰教激励着阿拉伯人征服了大半个世界。在这次迁移的过程中,阿拉伯民族势如潮涌,不仅波斯湾北端与地中海东南角之间这一弧形的新月地区,甚至连埃及、北非、西班牙、波斯和中亚细亚的许多地方,都被那迁移的潮水所淹没了。因此有学者说,阿拉比亚的居民,每隔千年左右,周期性地向外迁移一次。他们认为阿拉比亚就像一个大蓄水池一样,池里的水太满的时候,难免要溢出池外。

就这样,阿拉伯人的先知穆罕默德于公元 610 年在麦加创立伊斯兰教。通常认为,此前的阿拉伯半岛处于"蒙昧"时期,阿拉伯语为"查希里叶"时期。虽然通常翻译为"蒙昧",但其实指的是没有天命、没有获得灵感的先知、没有天启的经典的时代。因为即使在穆罕默德之前,南部阿拉伯人也已经发展起一种具有学术文化的社会,要把这样的社会称为蒙昧社会或野蛮社会,显然是不恰当的。"查希里叶"这个名词,屡次见于《古兰经》。穆罕默德宣传的是一神教,他热望他的人民抛弃伊斯兰以前的一切宗教观念,特别是偶像崇拜的观念。因此,他宣布这个新宗教要把过去的宗教一笔勾销。这个宣言后来被解释成禁绝伊斯兰以前的一切观念和理想。当然,旧观念是很难破除的,绝不是任何人发一道命令就会生效。虽然如此,穆罕默德在短短的一生中通过传播伊斯兰教将阿拉伯半岛上那些散漫的居民——通常被称为阿拉比亚人——团结起来,使他们形成一个强大的民族——阿拉伯族,建立了强大的宗教——伊斯兰教。伊斯兰教兴起后,不仅消灭了当时盛行于阿拉伯半岛的多神教,并取代了当时已在半岛流传的犹太教和基督教。在传教的同时,穆罕默德结束了半岛的部族纷争,把地理上的名称"阿拉比亚"变成一个强大的统一国家。穆罕默德强调尊崇唯一的神"安拉",无疑比其他多神教更有利于团结和统一各游牧部族。同时,他创造了一整套法律、法规和社会制度,马克思因此把穆罕默德创立伊斯兰教称为"穆罕默德的宗教革命"。总之,伊斯兰教从产生之日起,就与许多其他宗教不同,不是一个注重修来世的出世宗教,而是强烈干预社会各个领域的入世宗教。

作为新出现的一神教,伊斯兰教遭到了穆罕默德所在的氏族部落古莱氏贵族们的激烈反对。他们认为穆罕默德所宣传的伊斯兰教是一种异端邪说,与古莱氏族最重要的经济利益相矛盾,因为部落中供奉着很多偶像,是全体阿拉伯人朝觐的中心。随着信徒不断增加,伊斯兰教遭到了很多迫害,被迫迁徙,穆罕默德于 622 年 7 月 16 日深夜率领他的信徒离开麦加,移居到叶斯里布——也就是今天的麦地那,大约 200 名教徒追随他的脚步。从麦加迁移来的穆斯林被称为迁士,麦地那的穆斯林被称为辅士。辅士们为了维持迁士们的生活,曾在新领袖的领导之下,出城截夺一个商队。商队的头目听闻风声,派人到麦加求援。这场战役由先知本人指挥,300 个穆斯林对 1000 以上的麦加

·欧·亚·历·史·文·化·文·库·

图 1-13　穆罕默德像

人,获得了全面胜利。这是伊斯兰教首次获得决定性的军事胜利。这次胜利,被解释成真主对于这个新宗教的批准。伊斯兰教在首次战争中所表现出严守纪律、为道牺牲的圣战精神,在后来更大的战役中被证明完全是伊斯兰教的特征。这个宗教就带着这样的特征开始发展起来。在此之前,伊斯兰只是单纯的一种宗教;在这场战役后,不仅伊斯兰变成一种国教,而且伊斯兰本身变成了国家。从此以后,伊斯兰教变成了一种能够战斗的政体,这是这个宗教极其重要的独有特征,到今天,几乎全世界都不得不承认这一点。

　　穆罕默德在麦地那居留 10 年之后,不堪病痛折磨离开人世。虽然他在伊斯兰教和阿拉伯世界有如此崇高的地位,不过实际上,在他死的时候,伊斯兰教还没有跨出阿拉伯半岛,刚刚才开始向邻近的民族号召和斗争。然而接下来阿拉伯人的出征却成为历史上最为重要的事件之一,这一事件消灭了波斯帝国,而且震动了拜占庭帝国的基础。

阿拉伯人的出征到占领西班牙达到顶峰,成为中世纪开端的里程碑。在公元 7 世纪 40 年代,假若有人敢对人预言说:直到现在还未开化的、默默无闻的阿拉伯半岛上,将会有一股从未听过、从未见过的力量在二三十年后突然出现,猛攻当代的两大世界强国,最终成为其中之一——萨珊帝国的继承者,同时夺取另一个帝国——拜占庭帝国最富饶的几个省区,那他一定会被认为是疯子。但是这个疯子的预言就这样实现了。阿拉伯半岛本来是一个不毛之地,但是在先知去世后不久,这个荒岛好像有了魔术一样,突然变成了英雄的苗圃。那里涌现出大量的战争英雄,在伊拉克、波斯、叙利亚和埃及各战役中所取得辉煌战果,可以跟拿破仑、汉尼拔和亚历山大的战果媲美。

唯一一个重大的危机是继承人问题。穆罕默德在世时,集先知、使者、立法者、宗教领袖、裁判长、司令官和国家元首为一身,但他死前却没有明确指定继承人。当时阿拉伯地区部落酋长的产生还不流行世袭制,而且穆罕默德的几个子女都先他而去,只留下唯一的女儿法蒂玛。法蒂玛的丈夫名叫阿里,从早期就开始追随穆罕默德。他在后来的宗教分裂中起了重要作用,但此时还没有想要争夺继承人之位。现在穆罕默德突然去世了,继承人问题成了穆斯林面临的首要问题。后来各派协商组成联合选举团,决定通过协商推举继承者,并推举早年追随穆罕默德、年高德劭的阿布·伯克尔为第一任哈里发(继承者)。阿布·伯克尔是穆罕默德最早的支持者之一,也是他最忠实的朋友之一,他是穆罕默德的心腹,先知临终害病期间,他领导公众的礼拜。公元 632 年 6 月 8 日,他当选为穆罕默德的继任者,首都麦地那的那些领袖们都参加了这次选举。他承担了先知所有的一切职权,只有预言的职务除外,因为那已随着穆罕默德的去世而停止了。

阿布·伯克尔很明确地指定,当他一旦去世,候补人为欧默儿,因此阿布·伯克尔在生前就任命欧默儿为自己的继任者。欧默儿未死之前曾提名 6 个人,组成一个选举委员会,这 6 个人中包括阿里和奥斯曼。他还规定他的儿子不得当选为他的继任人。他把这个选举委员会叫作"舒拉"(意思是协商),其中包括还在世的、最年高德劭的圣门弟子。由这个组织的名称就可以看出,关于部族领袖的、古代的阿拉伯观念,是超乎世袭的国王之上的。

奥斯曼比阿里年长,故于644年当选为第三任哈里发。奥斯曼是代表伍麦叶贵族的,他的两位前任者,却是代表全体迁士的,这是一个鲜明的对照。这三位哈里发都没有建立王朝。

在前三位哈里发统治时期,穆斯林带着伊斯兰信仰四处征战,在最初两位哈里发阿布·伯克尔和欧默儿的统治下,他们就已经征服了伊拉克、波斯、叙利亚、埃及,还有马格里布的巴尔加、突尼斯、阿尔及利亚、摩洛哥直到直布罗陀海峡。奥斯曼在位期间完全征服了伊朗、阿塞拜疆和亚美尼亚各部。在他的统治下建立了穆斯林的第一支海军,并在655年的船桅之战中击败罗勒由500多艘战舰组成的拜占庭海军。此外他还首次确定了《古兰经》的统一版本,他命令一批虔诚的、最早跟随穆罕默德的信徒抄写了数部定本《古兰经》,分寄各地以取代民间的抄本,形成了伊斯兰世界统一的"奥斯曼定本",一直沿用至今。奥斯曼是一个虔诚的、善良的老人,但是他优柔寡断、懦弱无能,他过于照顾自己氏族的利益,许多重要的官职,都任用伍麦叶人、哈里发的家族同胞来担任。这些行为激起了不满,尤其激发了伍麦叶家族和古莱氏人之间的矛盾。这些矛盾,由于选举委员会中觊觎哈里发职位的阿里、泰勒哈和左拜尔等三个古莱氏人的煽动而变得更加炽烈。阿里的随从者在库法发难,公元656年4月,他们派遣了叛乱者500人到麦地那去,这些叛乱者把那个80岁的哈里发围困在他的住宅里。公元656年6月17日,被穆斯林们亲手杀害的第一位哈里发与世永辞。他死后,选举委员会任命穆罕默德的女婿阿里为第四任哈里发,幸运的是,整个伊斯兰世界都承认了阿里是合法的继任者。这位新哈里发是穆罕默德的亲堂弟,是他亲爱的女儿法蒂玛的丈夫,是他绝无仅有的两个在世的男性后裔哈桑和侯赛因的父亲,是信仰他的第二人或第三人,因此具有无与伦比的威望——虽然这一威望同他本人的能力并不相符。不幸的是,伊斯兰教的统一基本就维持到阿里为止。

表面上安稳即位以后,阿里在他的新首都库法开始建立新的制度,他撤换了奥斯曼所任命的大部分长官,而且要其余的省长宣誓忠顺。这时叙利亚的长官穆阿威叶,即奥斯曼的血族,以殉道的哈里发的复仇者的身份出现了。他竭力煽动穆斯林的情绪,并表示,如果阿里不能交出杀害哈里发的凶手,他就不能对阿里表示效忠,而阿里就应作为同谋罪犯,丧失哈里发的资格。这个问题的实质其实是叙利亚和伊拉克的争端,是大马士革和库法的争端。

接下来出现了历史上最令人称奇的一幕。帝国的统治者和精神领袖,哈里发阿里,带着军队前去讨伐穆阿威叶。两军在幼发拉底河右岸的绥芬平原上对垒了。就在政府军即将取得胜利时,穆阿威叶的指挥官阿慕尔把好几部《古兰经》拴在长矛上,高高地举在空中,表示:我们不要用武力来做决定,而应该由《古兰经》来做决定。

这个提议竟然被国家首领所接受,于是用调停的方式来解决争端。哈里发的调停人和穆阿威叶的调停人(就是这个天才的指挥官阿慕尔)开始商议矛盾如何解决。这两个调停人各自带着全权代表的证书,和400名见证人在艾兹鲁哈地方开会商讨。没人知道这场历史性的会议上发生了什么,但最后得出的结论居然是,两位公断人一致同意,废除两位首长,为未来当选的哈里发扫清道路。也就是说,两人都被废除职务,重新选举哈里发。

这个决定简直让人瞠目结舌。阿里一定没有好好选择他自己那边的调停人,遭受损失的无疑是阿里。阿里是经选举继任的正统哈里发,而且刚打了一场即将得胜的仗,穆阿威叶只是一个省的长官,而且是一个叛乱的、本来马上就要被镇压的省的长官。免除双方职务的调停结果使穆阿威叶获得了与阿里同等的地位,而阿里的身份却降低了,他变成了冒充哈里发的人。公断人的判决,剥夺了阿里真正的职位,但只剥夺了穆阿威叶尚未成为事实的要求——这个要求他此前还从未敢于说出来。实际上,直到661年,即公断的滑稽剧闭幕两年后,穆阿威叶才在耶路撒冷僭称哈里发。

接受调解的原则,对阿里来说绝对是一种灾难性的错误。这件事情使得他的很多追随者不再支持他了——或许他们开始怀疑哈里发的智商。这一事件后出现了一个激进的派别哈瓦立及派（退出同盟者），他们成了阿里的死对头。他们所采用的口号是"除真主的调解外，绝无调解"。阿里率军镇压了他们，几乎将其全歼，但是他们又用各种名义重新武装起来，他们成为哈里发政府腰上的一根刺，直到阿拔斯王朝为止。

公元661年1月24日清晨，阿里返回库法清真寺的时候，中途被人用带毒的军刀刺杀了。行刺的人正是哈瓦立及派的一员。阿里的死在某种程度上是一种幸运，作为一个被公认是圣徒的殉道者，他立即恢复了生前的损失，而且又赚回来不少。他被极其夸张地赞美，成了伊斯兰教杰出的圣徒，变成了真主的朋友和代理人，地位几乎等同于曾经是伊斯兰教先知和真主使者的穆罕默德。死了的阿里比活着的阿里更有力量。人们给他加上了无数他并没有的特征，称他为领袖和政治家，他的宝剑叫"脊柱剑"，这把宝剑上刻下了这样的诗句："除脊柱外无宝剑，除阿里外无豪杰。"

在中世纪时代，阿拉伯的无数宝剑上都刻着这句诗，人们把阿里当作他们的典范。整个伊斯兰教世界都认为阿里是英明的，是英勇的，阿里一派认为他是无辜的，是不会犯错的，他们中的极端派甚至认为他是真主的化身。他那失败的一生被死后的光芒所掩盖，他死后的影响仅次于先知本人。朝觐的群众川流不息地去朝拜纳贾夫的阿里陵墓，以及在附近卡尔巴拉的他的儿子侯赛因——什叶派卓越的圣徒和殉道者——的坟墓。整个什叶派世界，每年都在回历1月10日举行一次苦难节表演。这两件事都证明，对一个弥赛亚来说，死亡可能比生存更有裨益。

如前所述，661年穆阿威叶自称哈里发。他即位后，叙利亚的省会大马士革就变成穆斯林帝国的首都，尽管这个帝国的版图缩小了一些。与此同时，伊拉克宣布阿里和法蒂玛的长子哈桑为阿里的合法继任者，而且麦加和麦地那对于叙利亚方面反应冷淡。然而不幸的是，哈桑觉得闺房比宝座更舒适，他的兴趣不在于管理帝国。不久他就让位给他的更能干的劲敌穆阿威叶，退居于麦地那，去过养尊处优的生活。

他采取这个步骤,是由于穆阿威叶的劝诱。穆阿威叶是一个了不起的政治家,他的政治手腕十分灵活,恐怕比任何哈里发都高明得多。阿拉伯的传记家认为,他最高的美德是容忍,在任何情况下,他总是运用和平的方法解决问题。据说他曾这样声明:"用鞭子就可以的地方,我不用宝剑;用舌头就可以的地方,我不用鞭子。在我和同胞之间,即使只有一根头发在联系着,我也不让它断了。他们拉得紧,我就放松些;他们放松了,我就拉紧些。"当哈桑同意退位的时候,据说穆阿威叶写了下面的信件答复他:"由于血统的关系,我承认你是更适于这个崇高的职位的。假若我相信你的才能足以履行这些任务,那么,我毫不迟疑地对你宣誓忠顺。现在,请提出你的意愿。"穆阿威叶在一张空白纸上盖了印,附在信封里送给哈桑,让他填写他的要求。哈桑的要求非常直接,他想要足够的钱过富足的生活。穆阿威叶后来自己提出数目,支付了一笔特别丰厚的年金归哈桑终身享用,可惜他没能享受太久,才活到45岁就死了——约公元669年,就在穆阿威叶继任哈里发之后没几年。大家认为哈桑可能是被毒死的,因为他的一个老婆与人通奸。可是什叶派把这件毒杀案归咎于穆阿威叶,这使哈桑又变成了一个殉道者。

哈桑的弟弟侯赛因在穆阿威叶任哈里发期间一直在麦地那过隐居的生活。然而穆阿威叶打算要在死后把自己的位置给自己的儿子,这毫无疑问首次打破了选举哈里发的传统。公元679年,穆阿威叶提名他儿子叶齐德做他的继任者,而且从各省招来了许多代表团,到首都来举行宣誓忠顺的典礼。侯赛因拒绝承认穆阿威叶的儿子叶齐德继任哈里发的职位,除了他还有很多人不赞成这次提名,因此伊拉克人选举侯赛因为阿里和哈桑之后合法的继任者。由于伊拉克人急迫地、再三地恳求,侯赛因带着由亲戚(包括他的眷属和忠心的追随者)构成的一个弱小的警卫队,动身到库法去。这一行为并不明智。经过两代没有能力的首领和长期的隐居,侯赛因所代表的家族已经没有多少政治实力了,更不用说他们手下也没有军队。他只有那么一丁点的政治名望作为号召,但这不能够抵挡实权在握者的武力打击。回历61

年1月10日,也就是公元680年10月10日,名将赛耳德的儿子欧默儿率领着4000人的部队,把侯赛因和他微不足道的200名警卫包围在库法西北约25英里的卡尔巴拉地方。反复无常的库法人急迫地恳求侯赛因前来即位,但现在他们一言不发,眼看着侯赛因一群人身陷绝境。作为先知的后人,侯赛因和他的亲属没有放弃骄傲,他们拒绝投降,所以被全部歼灭了。先知的外孙全身负伤,但很长一段时间内没有人敢杀死他。最后他终于被无所畏惧的将领所杀,他的头颅被割下来,送到大马士革。侯赛因的妹妹和儿子跟着他的头颅到了大马士革,叶齐德把头颅还给他们,又带回卡尔巴拉,与遗体合葬在一起。为了纪念侯赛因的殉道,什叶派的穆斯林每年举行一次追悼会,每一年回历正月上旬为哀悼旬。这种纪念最后发展成一种受难表演,着重表演侯赛因的英勇斗争和苦难的情节。这种每年一度的受难表演分两节进行,前节在回历正月初十日,被称为阿舒拉,这是纪念那次战争的,后节于正月初十日以后的40天内,在卡尔巴拉举行,称为"头颅的归来"。

侯赛因的牺牲成为什叶派的起源,在这方面,他父亲的牺牲是比不上的。什叶派是正月初十日诞生的。从此以后,在什叶派的教义中,承认伊玛目必须由阿里的后裔担任这一教条,变得和伊斯兰教教义中承认穆罕默德是先知这一教条同等重要。卡尔巴拉日使什叶派得到一个"为侯赛因报仇"的口号,而这终于成为推翻伍麦叶王朝的原因之一。在另一个阵营,逊尼派证明叶齐德是事实上的统治者。谁要追问他的权力从何而来,谁就成为叛逆,要被处死刑。就这样,伊斯兰教发生了重大的分裂,这种裂痕再也没有被填补起来。

公元632年由阿布·伯克尔开始,到公元661年因阿里去世而告终的这个时期,可以称为哈里发帝国的共和时期。阿拉伯史学家把这个时期的四位哈里发称为四大正统派哈里发。伊斯兰教和阿拉伯帝国在四大哈里发时期发展壮大,穆斯林东征西战,不但成为阿拉伯半岛上的统治民族,还走出半岛,使阿拉伯帝国成了当时世界上最为强大的帝国。然而同时阿拉伯社会中出现了各种矛盾的碰撞和几大力量的较量,最突出的是内部争夺领导权和接班人的矛盾和斗争。这一斗争如此激烈,终于导致了帝国和宗教的分裂。一部分人认为,阿布·伯克尔、欧默儿、奥斯曼和阿里都是穆罕默德的合法继承人,这一派形成后来的逊尼派。另一部分人则认为第四任哈里发阿里及其后裔为穆罕默德的唯一合法继承人,前三任哈里发是篡位者,这派人后来被称为什叶派。这两派的出现在伊斯兰世界的政治和宗教上产生了重要后果,并深刻影响了伊斯兰世界社会的发展及内部关系的演变。

第二个哈里发帝国的奠基人,伍麦叶族的穆阿威叶曾提名他的儿子叶齐德做他的继任者,这样他就变成了一个王朝的开基创业者。世袭原则从此被引入哈里发的继任制度中,以后世代相沿,从来没有被完全取消过,虽然选举的仪式被保留下来。在这个典礼中,民族领袖们真正地或象征性地握住新任哈里发的手,表示臣服之意。

实际上,穆阿威叶的统治并不算差。他在位期间,哈里发帝国各地区不仅统一起来,而且扩大了。向北非扩张就是在这个时期。在东方,穆阿威叶以巴士拉为基地,完成了征服呼罗珊的工作,并且越过阿姆河,侵入辽远的突厥斯坦的布哈拉。因此,穆阿威叶不仅成为一个王朝的开基创业者,而且在欧默儿后成为哈里发帝国的第二个奠基者。

四大哈里发统治的共和时期之后,伍麦叶人的哈里发帝国是伊斯兰教第一个王朝。伍麦叶王朝哈里发帝国(661—750)定都于大马士革,取而代之的是定都于巴格达的阿拔斯王朝哈里发帝国(750—1258)。这个王朝在旭烈兀攻下巴格达的时候灭亡了。除了这两个位于伊斯兰世界中心的王朝外,还有定都于开罗的法蒂玛王朝哈里发帝国(909—1171),是什叶派唯一重要的帝国。另外一个伍麦叶王朝哈里发帝国,定都于西班牙的科尔多瓦,从929年继续到1031年。伊斯兰教最后的哈里发大帝国是非阿拉伯人建立的,即奥斯曼土耳其人定都于君士坦丁堡的奥斯曼土耳其帝国(约1517—1924)。1922年11月安卡拉大国民议会宣布土耳其为共和国,废除了算端兼哈里发穆罕默德六世,推举他的堂弟阿卜杜勒·麦吉德为哈里发,否认他的君主权。1924年3月,连哈里发的职位也被废除了。阿拉伯世界错综复杂的漫长历史是这本小书中无法概览的。我们在这里主要涉及直接与蒙古

·欧·亚·历·史·文·化·文·库·

铁蹄相遇的阿拔斯王朝和埃及的马穆鲁克王朝。

1.3.2　阿拔斯王朝的建立和灭亡

公元 749 年,伍麦叶王朝灭亡了。在伍麦叶王朝统治期间,反对国教的什叶派教徒从未承认过"僭窃的伍麦叶人"的政权,从来没有饶恕过他们对阿里和侯赛因所犯的罪行,到这个王朝走向腐败和衰落的时候,他们比往常更为活跃了。他们对于先知的后裔一心一意的忠诚,使他们获得了大量同情。一切在政治上、经济上、社会管理上、道德情操上对伍麦叶王朝不满的人,有很多都参加了他们的阵营。伊拉克大半的居民此时变成了什叶派,他们原本就觉得自己的国家被剥夺了民族独立。伊拉克在政治上对叙利亚统治的不满,对自己曾经辉煌的怀恋,现在又加上了宗教色彩。逊尼派自己的信徒也反对宫廷里的各种腐化,虔诚的教徒责备哈里发的俗心世欲、对《古兰经》和其他教律的忽视,因此对于那些举着宗教旗帜进行的反抗也获得了这些虔诚的逊尼派教徒的支持和同情。

在这场反抗中最终获利的是阿拔斯人,他们是先知的叔父阿拔斯的后裔。这一支从未放弃过对王位的要求。他们强调先知家族的权力,因而巧妙地与阿里的拥护者协作一致。什叶派认为先知的家族主要是阿里的子孙,但是,阿拔斯人认为他们自己也是古莱氏族哈希姆家族的成员。阿拔斯的后裔利用普遍的不满,以卫道者自居,很快变成了反伍麦叶人运动的战士和领导人。

在这场反抗运动中的另一股客观力量是波斯的穆斯林,他们有充分理由表示不满。他们原来指望获得与阿拉伯穆斯林完全平等的经济地位和社会地位,殊不知不但没有获得这种地位,反而降到顺民的行列里去,甚至在很长的时段内需要缴纳非穆斯林所缴纳的人丁税。使他们更加不满意的是,他们意识到自己代表更高的水平和更古老的文化。这一事实连阿拉伯人自己也不得不承认。伊拉克和伊朗就这样成为什叶派和阿拔斯人散播起义种子的肥沃土壤。伊拉克从阿里在世时就倾向于效忠于阿里及其后裔。什叶派的教义就从这里传布到波斯去,特别是在东北的呼罗珊生根发叶。除此之外还有更深厚的力量在起作用。伊朗就像中国一样,总是能够同化外来的征服者,使对方在文化上被反征服,这次也是一样。在什叶派伊斯兰教的伪装下,伊朗民族主义正逐渐复兴。

什叶派、呼罗珊人和阿拔斯人这三大势力联盟结成后,伍麦叶王朝的国运就接近临危了。领导这个联盟的是先知的叔父阿拔斯的玄孙艾卜勒·阿拔斯。在他的领导下,革命的穆斯林们打着一面伪装的神权政治大旗,许下了一个恢复正统派的诺言,揭竿而起反对现存秩序。革命最先在呼罗珊爆发,穆斯林们攻入省会木鹿,但他们的拥护者大半是伊朗的农民和顺民,而不是阿拉伯人。革命之火很快燎原,连帝国最西边的西班牙也变得分崩离析。当时的哈里发麦尔旺二世是一位了不起的战将,他四处镇压,但为时已晚。伍麦叶人的国运已日薄西山。

政府军战败后,阿拔斯人对伍麦叶家族进行了屠杀。由于伍麦叶人的覆灭,叙利亚的光荣逝去了,它的领导权结束了。伊斯兰教的重心,已经从此移向东边。尽管叙利亚人屡次举行武装斗争来恢复从前的势力,但是都遭到了失败。除此之外,伍麦叶人的覆灭还有更深远的意义。伊斯兰史上纯粹阿拉伯的时代已成过去了,伊斯兰帝国第一个纯粹阿拉伯人的统治迅速地结束了。阿拔斯人把自己的政府叫作"道莱"(意思是新纪元),那的确是一个新纪元。伊拉克人感觉到自己已经摆脱了叙利亚人的保护,什叶派认为自己已经报了仇,顺民们已从奴役中解放出来,在波斯边境上的库法城已经变成新的首都,呼罗珊人变成了哈里发的护卫。波斯人占据了政府中最重要的职位,从哈里发帝国各民族人民中选拔出来的官员代替了原来的阿拉伯贵族,旧的阿拉伯穆斯林与新的外族穆斯林互融合。阿拉伯民族主义覆灭了,但是伊斯兰教继续发展,在国际伊斯兰教的伪装下,伊朗民族主义耀武扬威地前进。

阿拔斯哈里发建立起一个稳固的帝国,这个帝国持续了500多年,最终于13世纪中期被蒙古人摧毁。虽然宗教学家坚持说从伍麦叶王朝到阿拔斯王朝,对于伊斯兰教教义和阿拉伯语来说,并没有掀开崭新的一页,但他们也不得不承认,阿拔斯王朝的建立为伊斯兰教的广泛传播铺平了道路。实际上历史学家通常认为伍麦叶王朝和阿拔斯王朝是两个泾渭分明的时代,后一王朝出现了很多新的特征。一个重要特征就是,阿拔斯王朝的哈里发所统治的区域已经不再与伊斯兰教地区重合。有一些伊斯兰教地区不再承认新王朝的统治者。新王朝从未得到西班牙的承认,除了埃及之外,几乎整个非洲都只是偶尔,而且大部分只是名义上承认阿拔斯哈里发的权威。随着时间的流逝,东部也出现了很多独立的小王国。因此伊斯兰世界被分割成很多部分,不再像从前那样必须依附于哈里发,每个王国有自己的历史。尽管如此,阿拔斯哈里发仍然代表着哈里发国家的权威。位于西班牙南部的科尔多瓦君主虽然也被称为哈里发——因为伊斯兰教的最高统治者某种程度上都可以被认为是先知的继承人,即哈里发,但只有阿拔斯王朝才有合法的哈里发继承权。

新王朝一旦建立起来,阿里派就和阿拔思人分裂了。阿里派发现阿拔斯人完全是为了自己的利益而作战,并且最终夺取了哈里发的宝座。第一任阿拔斯哈里发艾卜勒·阿拔斯(750—754 年在位)在库法城的清真大寺里写了自己的就任演说,在演说中他自称为赛法哈,这也成了他的称号。由于库法城从侯赛因的时代就被证明反复无常、不可信赖,这个城市又是亲阿里派的,因此哈里发认为这个地方不安全。库法城的姊妹城巴士拉也由于同一原因弃之不用,他在库法和希拉之间建筑哈希米叶城,作为都城。公元 762 年,赛法哈的继承人曼苏尔放弃了哈希米叶,奠定了新都巴格达的基础。巴格达就是古老传说《一千零一夜》里加以绘声绘色描写许多传奇冒险事件的地点。这个地方非常古老,原来是萨珊王朝的一个村落,就叫作巴格达,本义是"天赐"。曼苏尔曾踏勘过好几个地方,最后才决定在这里建都。他说:"这个地方是一个优良的营地。此外,这里有底格里斯河,可以把我们和遥远的中国联系起来,可以把各种海产和美索不达米亚、亚美尼亚及其四周的粮食运来给我们。这里有幼发拉底河,可以把叙利亚、赖盖及其四周的物产,运来给我们。"曼苏尔以 4 年工夫,建成他的新都,他从帝国各地招来建筑师、技术工人,征发劳力,花费巨额金币建成了这座城市,不过这一切被证明是值得的。这座都城建成后没几年就兴旺起来,成了重要的商业中心,成了头等重要的国际政治中心。好像命运要曼苏尔的都城继承泰西封、巴比伦、尼尼微等古代东方都城的威望,这个都城的威望和壮丽,是中世纪时代的任何都市所不及的。巴格达成了当时世界上最富有最美丽的大城,直到被蒙古大军攻下为止。

图 1-14 巴格达

曼苏尔把自己的新都叫作和平城,这是这座城的正式名称。和平城位于底格里斯河右岸,在这个河谷中曾建筑过古代世界的几座最强大的都城。这座新城是圆形的,故有团城之称,内城和外城都是用砖砌成,外城四周有一条深壕,内城里还有宫城,城高 90 英尺,环绕在中心区的周围。这三重城墙各有等距离的四道门,有四条大街,从中心区辐射出来,像车轮的辐条一样射向帝国的四方。这些城墙构成三个同心圆,以哈里发的宫殿为圆心,宫殿叫作“金门宫”,这是因镀金的宫门而得名,又叫作“绿圆顶宫”。宫殿旁边有清真大寺。引见殿的圆顶高达 130 英尺,这是“绿圆顶宫”之名的由来。据后期传说,绿圆顶上有一个骑士雕像,他骑在马上,手持长矛,指向敌人可能来的方向。不过阿拉伯时期还是有一些理智的地理学家,譬如雅古特这样解释这种看似荒谬的说法。他说:雕像必然总是指向某个方向,这只是说明经常有敌人

·欧·亚·历·史·文·化·文·库·

从那个方向威胁着这座城市。穆斯林们是聪明的,他们不至于相信这种捏造的谎言。萨珊王朝故都泰西封的废墟,被当作新都主要的石料和必需的建筑材料来源,城砖在附近烧制。这一带周围不出产石材,《史集》记载说,旭烈兀率军攻打巴格达城的时候,他们的投石机没有足够的炮弹,炮弹必须从三日城之外的地方运来,因此他们把树干砍断作为炮弹。

新都建成之后,东方的思想文化随着东风一起传入。信奉伊斯兰教的阿拉伯人受到了波斯的影响,哈里发职位不过是伊朗专制的复活,与阿拉伯的族长制大相径庭。在那个时代,波斯头衔、波斯酒、波斯女人、波斯歌曲和波斯思想都逐渐占了上风。传说曼苏尔本人首先戴上了波斯式的高帽子,他的臣民自然仿效了他。波斯的影响,挫伤了阿拉伯人原始生活的锋芒,而为一个以发展科学和学术研究为特点的新纪元铺平了道路。阿拉伯人的东西,实际上只有两样保全下来:一是变成国教的伊斯兰教,另一个是变成国语的阿拉伯语。

赛法哈和曼苏尔所创立的巴格达哈里发帝国、阿拔斯王朝,正如其他各朝代一样,建立后不久,就在政治和文化上达到了极灿烂的时代。在从第三位哈里发麦海迪到第九位哈里发瓦西格的这一时期中,特别是在哈伦·赖世德和他儿子麦蒙的时期,达到了全盛时代。有这样一句名言:阿拔斯王朝的哈里发,以曼苏尔为奠基者,以麦蒙为中兴者,以穆耳台迪德(892—902年在位)为结束者。这句话与历史事实大致相合。自瓦西格以后,这个国家就日趋没落,到了第三十七位哈里发穆斯塔辛的时代,就于1258年灭亡于蒙古人的手中。

在这个帝国最为强盛的时期,伟大的哈里发哈伦·赖世德和西方同样伟大的皇帝查理曼建立了密切的友谊关系。这种友谊关系当然建立在共同的利益关系上。查理曼认为哈伦可能成为自己的同盟者,一致反对拜占庭;哈伦也想利用查理曼,去反对自己的死对头西班牙的伍麦叶王朝。不过这不妨碍他们频繁地互派使节和互赠礼品。据一位法兰克作家的记载,这位西方伟大的国王派到东方去的使节,从波斯国王亚伦那里带回来丰富的礼物,包括织造品、香料、一只大象,还有一座错综复杂的时辰钟。这个时钟其实是一种用水来计时的水漏钟。一个幅员辽阔的大帝国确实有益于地理开发、东西交往和旅行者的征途,这的确是毫无疑问的。

历史和传说都显示出,在哈伦·赖世德在位时期,巴格达进入了最辉煌的时代。不到半个世纪,巴格达从一个荒村发展成为惊人的财富中心和国际大都会,只有拜占庭可以和它抗衡。巴格达的豪华随着全国的繁荣而与日俱增,变成"一个举世无双的城市了"。这个城市充满了波斯传统的奢华气息,最壮观的是皇宫里的引见厅及其地毯、帐幔和褥垫,都是东方所能织造的最好的产品。哈里发的妻子要求在她的桌子上,只准摆设金银器皿和用宝石镶嵌的器具。她为时髦人士而创制时装,她是用宝石点缀鞋子的第一人。相传她在某次朝觐天房的时候花费了 300 万第纳尔,其中包括从 25 英里外的源泉,把水引到麦加城的设备费。当时的贵妇人全都追随这种豪奢风尚,哈里发的异母妹妹脑门上有一个疤,为了掩饰这个缺点,她发明了一种用宝石点缀的头带,时髦的妇女都把这种头带当作时装使用。

在举行庆祝仪式的日子,特别是哈里发的登基典礼、王室的婚礼、朝觐天房和接待外国使节的时候,朝廷的富丽堂皇就获得充分显示的机会。哈里发麦蒙于 825 年举行婚礼的时候耗费了难以置信的财富。据说举行婚礼的时候,把 1000 颗极大的珍珠,从一个金托盘里撒在新人身上,他俩站在一床金席子上,那床金席子用珍珠和蓝宝石装饰。一支 200 磅重的龙涎香烛把黑夜照耀成白昼。许许多多的麝香丸被撒给皇亲国戚和高官显贵,每个麝香丸里都有礼券 1 张,上面写明田地 1 份,或者奴隶 1 名,或者别的礼物。哈里发穆格台迪尔于 917 年接见年轻的君士坦丁七世的使节,哈里发的列阵包括骑兵和步兵 16 万人,黑太监和白太监 7000 人,侍从 700 人。在阅兵式中还有狮子 100 只,分列前进。哈里发的宫殿里挂着帐幔 3.8 万幅,其中有 1.25 万幅是绣金的,此外还有地毯 2.2 万条。使节们是如此吃惊和叹赏,以至他们起初把侍从办公厅,随后又把宰相办公厅误认作哈里发的引见厅。给他们印象最深的,是一座陈列着金树和银树的大厅,树枝上歇着金质和银

87

质的小鸟,一按开关,群鸟就啾啾地叫起来。巴格达积累了如此惊人的财富,接连几任慷慨大方的伊斯兰君主像磁石一样,把诗人、才子、乐师、歌手、舞女、猎犬和斗鸡的驯养师以及有一技之长能引起哈里发的兴趣、供他娱乐的各式各样的人物,都吸引到首都来,把这里变成了文化繁荣的大花园。在阿拔斯王朝的内战中——先是麦蒙和他哥哥艾敏,然后是麦蒙和他叔叔易卜拉欣——巴格达城曾有大半变成了废墟,但是没过多久,巴格达城又恢复了商业和文化中心的重要地位。

阿拔斯政府也建立了完善的驿站系统。他们的驿站系统被称为邮政局,邮政局长叫作驿传长。其实早在伍麦叶王朝的首任哈里发穆阿威叶统治时期就已经在全国各地设立邮政局。阿拔斯哈里发哈伦则重新组织和规划了邮政事务。邮政局的首要任务是为国家服务,不过在一定限度内,也替私人寄信。每个省会都设有邮政局。邮路把帝国的首都和全国各大城市联系起来,在邮路上,到处设置驿站,每个驿站上有几百匹驿马。在波斯地区使用骡马运送邮件,在叙利亚和阿拉伯地区,以骆驼代替驿马。驿马还负责把新任命的官吏送到任所去,有时也运送军队和军备物资。总的说来和中国传统的驿站以及蒙元时期著名的驿站系统有相似之处,但阿拉伯帝国的驿站更为平民化,普通人只要能付大量运费,也能利用驿马。相比之下,蒙古帝国的驿站是严格只提供给军队和政府使用的。

由于阿拉伯帝国的驿站还承担平民旅行的事务,因此这个帝国历史上有不少邮政局长编写过地理书籍或旅行指南。巴格达的邮政总局曾编写了许多旅行指南,记载各驿站的名称和各站之间的途程。这些旅行指南对于旅客、商人和朝拜圣地的朝圣者很有用处,而且为后来的地理研究奠定了基础。阿拉伯的地理学家曾利用这种邮政指南作为编纂地理学著作的重要参考资料。最著名的地理学家之一伊本·胡尔达兹比(约912年卒)所著的《道里邦国志》,也翻译为《省道记》,就是以政府档案为依据的,这部书是历史地志的重要资料。胡尔达兹比本人,就在哈里发穆耳台米德时代担任吉巴勒省的邮政局长。

从首都通向各省区的这个修筑得很好的驿道体系,是阿拔斯王朝从较早的波斯帝国继承下来的遗产。这些干线中最著名的是呼罗珊大路，从巴格达向东北延伸，经过哈马丹、雷伊、尼沙布尔、徒思、木鹿、布哈拉、撒马尔罕，把巴格达和锡尔河流域的边疆城市以及中国边境各城市联系起来。以这条干线上的各主要城市为起点，有许多交叉道路，向南北两方伸展出去。直到现在，从德黑兰——就在古代的雷伊城附近——开端的伊朗邮政路线，仍然依照古代的驿道。还有一条主要驿道，以巴格达为起点，沿底格里斯河而下，到达瓦西兑、巴士拉、胡泽斯坦的艾海瓦兹，再到法尔斯的设拉子。有许多支线从这条主要的驿道上向东西两方延伸出去，把沿途各城市和人烟稠密的中心地区联系起来，最后与呼罗珊干线相连接。这些驿道，是朝圣者们经常走的，他们从巴格达起程，经过库法或巴士拉，到达麦加。有许多商队旅馆、朝圣者招待所和蓄水池分布在这些主要的大路上，为中西方的交通和横跨欧亚大陆的旅行者提供方便。

有趣的是，阿拉伯帝国的邮政机关除了管理皇家邮政和监督各地邮政机关外，还负责各种侦查和情报活动。邮政局长的完整身份其实是邮政情报主管人，他们负责监视和侦察各省政府官员们的行为和活动。哈里发还利用商人、小贩和旅行家做侦探。据说麦蒙在巴格达的情报机关中曾雇用 1700 多个老太婆。"罗马人的国土"上，到处布满了阿拔斯王朝的男女间谍，他们都化装成商人、旅行家和医生。

阿拉伯帝国是如此广阔，因此，当它最辉煌的时代过去之后，分裂就几乎是不可避免地出现了。最先是西边的一些小国家，几乎是伴随着阿拔斯王朝的建立而出现的。包括位于西班牙的伍麦叶王朝，位于马格里布（摩洛哥）的伊德里斯王朝——这是有史以来的第一个什叶派的王朝，是在麦地那的阿里派运动被镇压之后建立起来的，这个王国的国祚几乎延续了 200 年（788—974）。这个王朝，夹在埃及的法蒂玛王朝和西班牙的伍麦叶王朝之间，最后在科尔多瓦的伍麦叶王朝哈里发哈克木二世（961—976）派来了一位将军，在他的致命打击下这个什叶派王国终于垮台了。关于阿拔斯哈里发王朝时期的什叶派运动，我们在后面还会屡次提到。北非东部是一个由逊尼派教徒所建立的

·欧·亚·历·史·文·化·文库·

独立王国,起初他是阿拔斯哈里发所任命的埃米尔,但他们甚至不屑于把哈里发的名字铸在钱币上来表示宗教上的藩属关系。他们的首都盖赖旺的前身是古代的迦太基,他们对中部地中海统治达百年之久(800—909)。909 年之后,法蒂玛人在北非接替了他们的位置。

在埃及还有过一个短命的突伦王朝(868—905),这个王朝的创始人艾哈迈德·伊本·突伦是费尔干纳的突厥人。817 年,布哈拉的萨曼省长把他当作一件礼物送给了哈里发麦蒙。868 年,他以埃及省长助理的名义到了埃及,不久就在埃及宣布独立,从此一个独立国家在尼罗河流域诞生,这个新国家在中世纪时代一直保持着自己的主权。埃及丰富的岁入,以前是分作两部分,一部分到巴格达去,一部分装进历任省长的腰包,所谓省长,实际上是赋税包收人。现在这笔岁入留在埃及,用于王朝的建设和运转。在伊本·突伦之前,埃及更换过 100 多个穆斯林省长,他们一个接着一个地剥削埃及人民。在突伦人统治时代,埃及终于得到了喘息的机会,而且进入一个比较繁荣的时期。

没错,埃及就是由一个突厥人建立的独立王朝。10—12 世纪的确可以称得上是突厥人的世纪,他们从奴隶身份起家,到世界各地去当将军、算端和汗王。阿拉伯帝国太大了,呼罗珊地区几乎很难有效处于哈里发的统治之下。在巴格达以东首先创建半独立国的是麦蒙的大将,呼罗珊人塔希尔·伊本·侯赛因。麦蒙为奖励他的汗马功劳,任命他为巴格达迤东所有领土的总督,以呼罗珊为他的政权中心。后来,他把这个地区的首府迁移到马鲁,他在晚年从每周主麻日的祈祷词中删除了哈里发的姓名。他的王朝到 872 年被萨法尔王朝所替代。萨法尔是一个以铜匠业为主业、以强盗业为副业的波斯人,他建立王朝之后几乎把波斯全境包括印度的一部分都加到自己的版图中,甚至威胁到在哈里发穆耳台米德统治下的巴格达。在萨法尔王朝之后是萨曼王朝。在河外地和波斯实行统治(874—999)的萨曼人是萨曼的子孙,原本是巴里黑的一个琐罗亚斯德教贵族。萨曼人起初是塔希尔王朝的副省长,后来逐渐强大起来,在第三位君主奈斯尔二世(913—943)统治时期,他们把自己的版图扩张到最大限度。这个王朝表面上表示效忠于阿拔斯王朝,实际上是独立的。在阿拔斯王朝各位哈里发看来,这个王朝的首领只不过是些埃米尔,即省长,甚至只是些阿米勒,即收税官,但在他们的领土之内,他们拥有绝对权力。在萨曼王朝时期,阿拉伯帝国遭遇了新的危险,那就是北方的突厥游牧民族。萨曼王朝用来充实他们宫廷的那些突厥奴隶,逐渐暗暗夺取权力。萨曼王朝阿姆河以南的领土于994年被突厥人建立的加兹尼王朝所吞并,阿姆河以北的领土也被突厥斯坦游牧骑手们夺去。他们在992年征服布哈拉,然后在7年之后给气息奄奄的萨曼王朝以最后一击,结果了它的性命。这样,中亚的各突厥汗国就第一次——但不是最后一次——在伊斯兰世界事务中占据了重要地位。这些突厥人在世界事务中扮演着越来越重要的角色,最后夺取了巴格达哈里发的大部分权力。

加兹尼王朝的崛起,标志着突厥势力同伊朗势力争夺伊斯兰世界霸权的初次胜利。但政权也是靠武力维系着的,一旦挥动宝剑的强壮手臂放松了,组成政权的各部分就纷纷叛离。东方各省,逐渐脱离高原上的首都,在印度开始出现一系列独立的穆斯林王朝。在北部和西部,突厥斯坦的各汗和波斯的塞尔柱人瓜分了加兹尼王朝的领土。在中部,阿富汗人建立的古里王朝给了它最后一击。阿拔斯王朝东西两端的翅膀就这样被修剪掉了。在什叶派波斯的白益人和继他们而起的逊尼派突厥塞尔柱人统治时代,除首都外,哈里发已经没有多少地盘了,甚至在这很小的领土内,突厥禁卫军又成了最重要的政治力量。阿拔斯王朝的第八位哈里发穆耳台绥木(833—842)是一个突厥女奴所生的,他首先用河外地的突厥新兵做自己的禁卫军。这些突厥人原来是为了对付呼罗珊军人的势力,但每年输入的突厥人又成了对帝国更大的威胁。禁卫军为所欲为,与巴格达市民冲突不断,哈里发不得不于836年把首都向北迁移到距巴格达60英里的萨马腊城,还巴格达以安宁。

突厥禁卫军的出现标志着哈里发权力告终的开端。哈里发住在自己的新都里,几乎等于他们的囚徒。861年12月,他们暗杀了穆台瓦基勒。但这只不过是一系列军事事件的开始,穆台瓦基勒是衰亡时期的头一位哈里发。他之后的哈里发都是由军人自由废立的,禁卫军的将军大半是奴隶,互相倾轧,争夺大权。宫廷妇女凭着自己对于奴隶的影响,也开始扮演重要的政治角色。混乱差不多持续了200年,一些有名无实的哈里发升上宝座,一些死不足惜的哈里发葬入坟墓。大部分哈里发下场悲惨,甚至有哈里发被剜去双目,沿街乞讨。

塞尔柱突厥人的登场,揭开了伊斯兰教史和哈里发帝国史上一个新纪元。他们在11世纪早期从东方出现的时候,哈里发的帝国几乎完全被瓜分了。西班牙的伍麦叶王朝、埃及和北非的法蒂玛王朝,已经根基稳定。北叙利亚和上美索不达米亚在一些强横的阿拉伯首领的控制之下,有些人已成功地建立了王朝。波斯、河外地和东方与南方的地区都被白益王朝和加兹尼王朝瓜分掉,或者落在各式各样的小君主手中。什叶派和逊尼派争斗不休。一个名叫塞尔柱的首领,统率着他的土库曼乌古思人于956年进入这个混乱的王国。他们定居于布哈拉地区,信奉了逊尼派伊斯兰教。塞尔柱的孙子突格里勒结束了混乱的白益王朝,于1055年来到了巴格达的城门口。白益王朝的突厥将军离开了首都,哈里发嘎义木(1031—1075年在位)立刻把这位塞尔柱将军当作一位救星迎入城内。他被授以"算端"的称号,于是哈里发帝国转入一种新的更慈悲的监护之下了。塞尔柱王朝最初的两位算端没有驻在巴格达,但1091年冬,塞尔柱王朝政府迁到了哈里发的首都。哈里发变得比以前更像傀儡了。主麻日祈祷词中,算端的名字与哈里发的名字并列在一起。突厥裔的算端带来了游牧民族的老问题,伟大的塞尔柱算端马里克沙死后,他的几个儿子之间爆发了内战,军事封建制度导致许多半独立国家的建立。波斯的大塞尔柱王朝一直维持着名义上的宗主国地位,一直到1157年为止。王室主要的小王朝有波斯的伊拉克小王朝(1117—1194),鲁木的塞尔柱小王朝,后者在旅行者的游记中被提到,我们还会在后面详细讲述。

继塞尔柱王朝之后统治巴格达的是花剌子模王朝,哈里发纳绥尔怂恿花剌子模王朝的统治者与塞尔柱算端作战并取得胜利,结果就是他又为自己换了一位监护人。花剌子模沙不但用自己算端的名义铸造钱币,而且建议由他掌握巴格达的世俗政权,只把名义上的主权留给哈里发。这一切结束于成吉思汗攻灭花剌子模王朝。蒙古人洗劫了中亚和波斯,哈里发纳绥尔的风烛残年、他儿子扎希尔(1225—1226 年在位)和他孙子穆斯坦绥尔(1226—1242 年在位)的岁月都在不断的恐怖中度过。13—14 世纪是阿拉伯帝国经历巨变的时代。这个建立于 8 世纪的稳固帝国,在 500 年后终于被蒙古人摧毁,最后一位哈里发连同他的亲人被悲惨地处死。虽然蒙古人统治伊拉克和伊朗不到半个世纪之后,伊斯兰教又在这片地区成为皇室和官方支持的正统宗教,但此前阿拉伯帝国的中心不得不迁移到埃及,埃及的马穆鲁克王朝为了保住伊斯兰最后的火种与蒙古人进行了长期战争。

阿拔斯哈里发帝国最后一位哈里发穆斯塔辛(1242—1258 年在位)被称为"避难于安拉者"。这是一位软弱而可怜的君主,缺乏深谋远虑,即使在和平年代,哈里发国家也会葬送在他手上。在他统治期间,野心勃勃的秘书长和宰相争权夺利,而哈里发本人只顾贪图钱物。据说他窃取了克拉克酋长的珍宝,这位酋长无处申冤,只好在麦加向集会朝觐者控诉哈里发的罪行,费尽九牛二虎之力才要回了这些珍宝的一部分。

与此同时,蒙古人似猛虎谋食,正在远东准备向西方的几个富庶地区做最后的致命一击。穆斯塔辛在位第 13 年,旭烈兀西征,准备对亦思马因派用兵——这件事的经过在好几位的旅行者的行纪中都有记载。次年,亦思马因派的毁灭使这位伟大的西征者最后的障碍也被扫除,而巴格达还处于上文所提到的两位官员的敌对状态中。他们互相攻击,武官在暴民的支持下反抗哈里发本人,哈里发迫于压力不仅宣布武官无罪,还允许他接受公开的礼拜。

此时在哈马丹休整的旭烈兀向巴格达发出了最后通牒,要求穆斯塔辛主动拆除巴格达的防卫,并命令哈里发本人或宰相必须亲自前来哈马丹见他,只有这样,蒙古铁骑才能允许穆斯塔辛继续稳坐哈里发的宝座。哈里发派出使者进行了一些含糊其辞的答复,他一边劝说旭烈兀不要试图攻打巴格达,并警告对方曾这样做过的人都遭遇了悲惨的下场,同时又送出礼物试图拖延时间,但拒绝拆毁城墙,旭烈兀唯一的反映就是迅速出击。

本来无计可施的哈里发在宰相的劝说下已经组织了一支求和的使团,但武官和激愤的大众逼迫他写信公然向旭烈兀挑战。蒙古部队从四面包围了巴格达,并且在几天之后就攻破了一座塔楼,从这个缺口涌入古老的城区。此时哈里发才派遣儿子去乞求怜悯,宰相也代表哈里发去请求谈判,不出意外都无功而返。

1.3.3 阿拔斯王朝的什叶派

什叶派势力在推翻伍麦叶王朝时,和阿拔思人、呼罗珊人结成了革命联盟,但在阿拔斯王朝建立起来之后却惊讶地发现新王朝的好处都被阿拔思人夺走了。什叶派宗教运动因此愈加繁荣起来。这一派可以说是在阿拔斯王朝时期定型,而且产生了许多支派,其中有些支派在伊斯兰教和哈里发帝国史上曾起过决定性作用。

什叶派的命运,在阿拔斯王朝并不比在伍麦叶王朝好,尽管他们在推翻伍麦叶王朝、建立阿拔斯王朝的斗争中起了重要作用,但占王朝统治地位的还是逊尼派穆斯林。哈里发麦蒙曾采用什叶派的服色——绿色,作为国家的服色,而且宣告以他们的一位伊玛目阿里·里达为自己的继任者,但他的政策并未持续下去,不久就迎来了哈里发穆台瓦基勒。850 年,他恢复了早期迫害什叶派的惯例,拆毁了纳贾夫的阿里陵墓和卡尔巴拉更受尊崇的侯赛因陵墓,因此引起什叶派无穷尽的憎恨。1029 年,哈里发嘎迪尔,从巴格达清真寺中驱逐了一个什叶派的讲道者,并且任命了一个逊尼派的讲道者代替他。这种普遍的敌对迫使什叶派采用敷衍原则,即在强迫和危害的威胁下,隐藏自己在宗教上的要求。作为伦理学上的一条原则,敷衍的合法性,早已为哈瓦立及派的某些人所承认,但是,什叶派把这条原则当作一条基本教义。他们给这条原则增加了新的内容,即一个信士发现敌人占优势的时候,他不但可以,而且应该在外表上承认流行的那种宗教,作为自卫和掩护教友的措施。

不尊国教的什叶派,虽然是一个被压迫的少数,而且屡次反抗现存的政体都遭到失败,但他们仍然公开地,或在原则的掩护下,坚持不渝地忠于伊玛目,也就是那些从阿里的后裔中选出来,代代相传的,受到什叶派效忠和尊重的精神领袖。什叶派的伊玛目与逊尼派的哈里发不同,他不仅从穆罕默德那里继承了他的世俗的统治权,而且继承了他解释教律的特权。什叶派教徒坚信在这项职务上,他是一位不会错误的导师,由于他的不谬性,他获得了无罪的天恩。与逊尼派和苏菲派的主义相反,什叶派认为,宗教上的确实性,只能从伊玛目的教训中获得,因为伊玛目蒙真主的保佑,不会犯错误,更不会犯罪。他们的第一位伊玛目阿里,先由长子哈桑继承,后由次子侯赛因继承,侯赛因的苗裔更为驰名。十二伊玛目派是什叶派的主体,他们所拥戴的12位伊玛目中最后的9位,都是侯赛因的后裔。在9位当中,据说有4位是陆陆续续地被敌人毒死的。其余几位伊玛目,或者在反抗哈里发政权的战争中战死于沙场,或者被刽子手杀死于法场。第十二位年轻的伊玛目穆罕默德,在萨马腊清真大寺的山洞中失踪了(回历264年,公元878年),他没有后人,所以就变成了"隐蔽的"或"被期待的"伊玛目。因此他被认为是永远不死的,只是处于一种暂时隐蔽的情况下。在适当的时机,他将以马赫迪,也就是得道者的身份出现,光复真正的伊斯兰教,并且征服全世界,带来万物毁灭之前的短暂的1000年。这第十二位伊玛目,虽然是隐蔽的,但是他永远是"时间的主人"。在波斯,十二伊玛目派于1502年被萨法维王朝定为国教,这个王朝的统治者自称是第七位伊玛目穆萨·卡西姆的后裔。自从那个时候起,波斯国王就索性被认作是隐蔽的伊玛目的代理人,而那些高等僧侣、那些研究教义的高级学者们则被认作是他的代言人和他与人民之间的中间人。

关于伊玛目马赫迪的教条就这样变成了什叶派教义中一个不可缺少的部分。甚至在今天,这个教条还是伊斯兰教什叶派和逊尼派之间的主要分界线。逊尼派虽然指望将来有一个人出来复兴伊斯兰教,但是,他们在自己的来世论中并不强调他的重要性,也不把他叫作马赫迪。什叶派已证明是最合适异端滋长的肥沃土壤。在伊拉克和伊朗地区兴盛的什叶派实际上是受到了当地各种宗教包括迷信传说和悠

·欧·亚·历·史·文·化·文·库·

久的文化传统的影响。一切复杂的神秘主义思想都掺和进来,使得伊斯兰教在这里的形态变得无比接近于当地的神秘教团,而且这个支派又产生各种不同分支。依照一个传说,穆罕默德曾说过:"以色列人分裂为 71 派或 72 派,基督教徒也是如此,但是我的教徒将分裂为 73 派。"如果确实如此,那么这些教派中大部分都是什叶派的支派。

十二伊玛目派并不是伊玛目什叶派中唯一的支派。另一个重要的支派是七伊玛目派,他们跟十二伊玛目派一致承认前六位伊玛目的合法性,在第六位伊玛目加法尔的儿子的继承问题上,两派就发生了分歧。他们承认他的长子亦思马因(760 年卒)为第 7 位伊玛目,也是最后一位伊玛目,却不承认他的次子穆萨是合法的伊玛目。这个支派,把可见的伊玛目的数目限于 7 位,所以叫作七伊玛目派。第六位伊玛目加法尔曾选定长子亦思马因为自己的继承人,但是他知道他酗酒的习惯后,改变了自己的决定,改选次子穆萨做继承人。什叶派的大多数默认了这个变更,承认穆萨是可见的 12 位伊玛目世系表中的第七位。有一部分人却主张,伊玛目作为一个无罪的人,饮酒也无损于他的身份,而且伊玛目是不能犯错的,他不能更改自己关于继承人的决定。因此,这一派人仍旧效忠于亦思马因。他比他父亲早死 5 年。这个七伊玛目派,又叫亦思马因派。在他们看来,亦思马因已变成了隐蔽的马赫迪。

在亦思马因派的体系中,正如在古代毕达哥拉斯的体系中一样,"七"这个数字被认为具有神圣的重要性。七伊玛目派,用"七"来把宇宙现象和许多历史事件加以分类或分期。他们的宇宙开辟说,一部分是以新柏拉图主义为基础的,他们认为流出的步骤是 7 个:(1)真主,(2)宇宙精神,(3)宇宙灵魂,(4)原始物质,(5)空间,(6)时间,(7)大地和人的世界。这个世界被恩赐给了 7 位立法的先知:(1)阿丹(亚当),(2)努哈(诺亚),(3)易卜拉欣(亚伯拉罕),(4)穆萨(摩西),(5)伊萨(耶稣),(6)穆罕默德,(7)亦思马因的儿子穆罕默德·塔木。

亦思马因派实施了一种非常有效的政治加宗教的宣传方法。他们从自己的隐蔽地开始派遣传道师,游历伊斯兰世界,宣传他们的所谓"内在的教义"。正统派把这些无组织的教派叫作内学派。依照这些教派的说法，《古兰经》应该用譬喻的方法加以解释，宗教的真理具有内在的意义，但是被表面的形式所掩蔽。换句话说，《古兰经》的文字并不表示先知真正想说的话，也不表示宇宙的真理，真理隐藏在文字背后，没有受过传授的人不能揭开帷幕，探求那种内在的意义。他们谨慎地把这种教义传授给新会员，在传授之前，他必须发誓，对秘教教义保密，其中包括这样一些奥妙的道理，如宇宙从神的本体流出、灵魂的轮回、亦思马因包含神性、期望他以马赫迪的身份早日归来等。

这个秘教组织找到了一个能干的热衷者，叫作阿卜杜拉，他父亲是一个出身不明的眼科医生，起初住在艾海瓦兹，后来迁移到耶路撒冷。刚才所叙述过的亦思马因派的政治—宗教的体系就是由阿卜杜拉完成的。他的总部起初设在巴士拉，后来迁移到叙利亚北部的赛莱木叶，他和他的继任者从自己的总部派遣许多传道师，他们系统地在所谓追随者的心中引起怀疑，以此为传道工作的起点。他们提请他注意，马赫迪不久就要公开出现。当时阿拉伯穆斯林和波斯穆斯林之间的仇恨日益增长，这个波斯眼科医生的儿子利用这种仇恨，想出一个大胆的计划，即要在一种秘密会社中，经过一些秘传阶段，把战败者和战胜者都团结起来，这些人作为自由思想者，会把宗教当作一种手段来摧毁哈里发的政权，而把宝座赠给阿卜杜拉或者他的子孙。这个计划的想法是惊人的，执行是迅速的，甚至还取得了部分成功——因为执行这个计划的结果是，法蒂玛王朝在突尼斯和埃及兴起了。

阿卜杜拉约在874年去世，在这之前，他发现了一个最热心的徒弟和改信者，叫作哈木丹·盖尔麦兑，他是一个伊拉克的小农，曾在星象中看到，伊朗人将要从阿拉伯人的手中夺回自己的江山。哈木丹变成了一个内学派的奠基人，这个教派后来叫作盖尔麦兑派。这个运动，显然是本地农民和阿拉伯人之间宿仇的表现。约在890年，这位奠基人在库法城为自己建筑了一座公馆，叫作"迁士之家"，这座公馆变成了这个新运动的总部。他们在本地的群众中间，特别是在所谓的奈伯特农民和手工业者中间，以及阿拉伯人中间，进行积极的宣传工作，这个

·欧·亚·历·史·文·化·文·库·

新教派的成员增多了。这个组织基本上是一个秘密会社,入会者必须经过秘传。这个新团体靠一种公共基金来维持,基金的来源就是捐献,那种捐献表面上是自愿的,其实是一系列的捐税,而新的项目总是比旧的更繁重。盖尔麦兑甚至规定共产共妻。他们在教义学中使用一种以《古兰经》为依据的寓言式的教义问答,据说是适于一切信仰、一切民族和一切阶级的。盖尔麦兑运动,具有共产主义的性质和革命倾向,曾发展成伊斯兰国家中一种最危险的力量。盖尔麦兑派认为即使是穆斯林,只要是自己的敌人,那么杀害他们也是合法的。他们曾参加了僧祇奴(黑奴)的解放战争,这场战争于 868 年到 883 年之间在巴士拉爆发,震撼了哈里发帝国的根基。899 年,他们在波斯湾西岸上建成了一个独立国家,以哈萨为首都。这个国家不久就变成他们的强大堡垒,也是对巴格达哈里发帝国的威胁。他们从自己的大本营出发,对邻近地区进行了一系列恐怖袭击,他们蹂躏了伊拉克的大部分地区,而且拦路抢劫朝觐天房的朝圣者。他们甚至在 930 年劫掠麦加并且抢走了克而白上玄石。伊斯兰教这种最神圣的遗迹,离开天房 20 多年后,于 951 年,奉法蒂玛王朝哈里发曼苏尔之命,才归还克而白天房。在 10世纪和 11 世纪之间,盖尔麦兑和他的追随者们从赛莱木叶的大本营发号施令,使叙利亚和伊拉克经常浸在血泊之中。由于盖尔麦兑派的活动,连边远的呼罗珊和也门也充满了持久的不满的暴动。

盖尔麦兑派所在的时代我们所要记录的时代距离较远,但他们对后来的伊斯兰世界产生了深远的影响。他们的国家灭亡了,他们的教义却传给了埃及的法蒂玛人,后来又传给阿剌模式和叙利亚的新亦思马因派,又被称为阿萨辛派。阿萨辛派的运动被这个教派的成员叫作新宣传运动,这个运动是由哈桑·伊本·萨巴(1124 年卒)创始的,哈桑以一个雷伊城青年人的身份接受了内学派的教训,他在埃及住过一年半之后,以法蒂玛人的传道师的身份返回故乡。1090 年,他占据了一个坚固的山上堡垒,位于加兹温(在元代被译为可疾云)西北的阿剌模式。这座堡垒位于厄尔布鲁士山的余脉中,海拔 1.02 万英尺,形势险要,富于战略意义,是里海海岸与波斯高地之间险阻的捷径,这座堡垒被称为"鹰巢",成为哈桑·伊本·萨巴和他的继任者头等重要的根据地。

总传道师和他的徒弟们从阿剌模式向四面八方发动奇袭,借此夺取了别的堡垒。他们只问目的,不择手段,滥用匕首,把暗杀变成一种艺术。这个秘密组织,以亦思马因派的前例为基础,发展了一种不可知论,其目的是把新入会者从教义的束缚中解放出来,而且启发他,说历代的先知都是多余的,奖励他什么也不信仰,什么事都敢干,把他培养成一个无法无天的杀手。在总传道师的下面有许多大传道师,每人负责一个地区的工作。在大传道师的下面,有许多普通的宣传员。这个互助会的基层组织由"义侠"组成,他们随时准备着执行总传道师的任何命令,虽牺牲生命也在所不惜。阿剌模式的主人怎样用大麻催眠他的舍身者,被编写成生动的故事——尽管是较晚的、第二手的资料——已经由马可·波罗讲述,传遍了世界各地。后面我们还会详细地提到他如何讲述关于"山中老人"和他的杀手们的故事。马可·波罗很可能是于1272年路过阿剌模式附近时听到了这些传说。他先是描绘了总传道师在阿剌模式所修建的壮丽的楼阁和宫殿,以及四周美丽无比的园林,然后详细说明"山中老人"如何给青年人喝下迷药,让他们误以为自己到达天堂,用进入天堂的许诺来引诱他们成为最危险的杀手。

公元1092年,有一个杀手化装成一个苏菲派托钵僧,对塞尔柱王国著名的大臣木勒克进行暗杀,这是陷伊斯兰世界于恐怖的一系列神秘暗杀的开始。塞尔柱王国的算端马里克沙于同年奋发起来,派兵去讨伐那个堡垒,堡垒里的驻军夜间出击,击退了围攻的敌军。哈里发们和算端们屡次进行清剿,最后都证明是徒劳的。直到1256年,才由摧毁哈里发帝国的蒙古王子旭烈兀拿下了这个堡垒并且清剿了整个亦思马因派。

关于旭烈兀如何最终清除了波斯的亦思马因派,也就是阿萨辛派,后面在讲述旅行者的旅程时,还会特别详细地提到。不过叙利亚和其他地方的阿萨辛派只能在这里做一概述了。远在11世纪末叶,阿萨

·欧·亚·历·史·文·化·文·库·

辛派已在叙利亚站稳了脚跟,而且把塞尔柱王国驻阿勒颇的王子列德旺·伊本·突突什(1113年卒)都变成皈依者。他们到1140年已夺得了叙利亚北部的大批堡垒,他们在叙利亚最著名的导师之一是拉施德丁·息南(1192年卒),常住在麦斯雅德,十字军的编年史家把他称为山中老人。使十字军胆战心惊的正是拉施德丁的支持者。1260年蒙古人夺取麦斯雅德后,埃及马穆鲁克王朝的算端拜巴尔斯于1272年给叙利亚的阿萨辛人以最后的打击。从那时起,阿萨辛人稀疏地分散在北部叙利亚、波斯、阿曼、桑给巴尔和印度,他们在印度的人口特别多,约计15万人,他们的名称是"火者"或者"毛拉",他们都承认孟买的阿哥汗为他们的名义领袖。这位领袖自称为第七代伊玛目亦思马因的苗裔,是阿剌模忒最后一位总传道师的子孙,他接受各地教徒,甚至叙利亚的教徒个人每年收入的1/10以上的捐赠。但他本人却把大把大把的时间都消磨在打猎上,居住在巴黎和伦敦之间。

叙利亚北部的努赛尔派,比黎巴嫩的德鲁兹派还要古老,他们构成现存的亦思马因派各支派之一。他们是穆罕默德·伊本·努赛尔的教徒,所以叫作努赛尔派。努赛尔生于9世纪末,是阿里派第十一位伊玛目哈桑·阿斯凯里(874年卒)的党羽之一。这一派非常奇特,他们是一群直接从异教改宗亦思马因派的伊斯兰教的信徒,因此他们和亦思马因派的主流颇为不同。他们有一套自己的祈祷仪式,而且还继续沿用了几种基督教节日,包括圣诞节和复活节。他们中有人用马太、约翰、海伦一类基督教徒的名字。除了向基督教借用这些东西外,他们对于自己的宗教仪式严守秘密,他们的教条中保存原先异教信仰的若干残余。这个教派的信徒,还有30多万人,大半是农民,现在居住在叙利亚北部和中部的山区,有些散居在辽远的土耳其境内的西里西亚。

努赛尔派、阿萨辛派、盖尔麦兑派和亦思马因派的其他支派都被认为是极端派,甚至连构成什叶派主干的十二伊玛目派也承认他们是极端,这主要是由于他们放弃了真主的超绝性,否认穆罕默德是最后的先知这一信条。极端分子中有一派,甚至宣称天神加百利犯了错误,他初次送启示的时候,把穆罕默德错认为阿里了。

什叶派中还有一个完全站在阿里派另一面的宰德派,他们是侯赛因的孙子宰德的党羽,承认宰德是本教派的奠基人。在什叶派的各支派中,宰德派是逊尼派最亲的血族,就某些方面来说,这个支派是最宽大的。极端分子站在一方,宰德派站在另一方,十二伊玛目派占据着什叶派的中间立场。宰德派与其他什叶派相反,不信仰隐蔽着的伊玛目,不实行临时婚姻制,不准许敷衍。不过,虽然什叶派有这么多的支派,但他们的人数没有超过 6000 万,占全世界穆斯林总人数的 14%。现在最大的什叶派国家是伊朗,还有一部分什叶派教徒住在伊拉克、阿富汗和其他地方。理解什叶派的观念对于 13—14 世纪欧亚大陆上的宗教形势很有帮助,当逊尼派被蒙古铁蹄从这片大陆上逼到悬崖尽头之后,蒙古人在不久之后又开始纷纷皈依伊斯兰教,从金帐汗国开始,然后是察合台汗国和伊利汗国。因此伊斯兰教实际上在这片土地上已经扎根。伊利汗一度把什叶派立为国教,除了因为什叶派的东方特色使得这一教派在东方地区有很深的根基外,什叶派对于血缘的尊重也打动统治伊朗的伊利汗。所有的统治者都想让自己的子孙后代永远坐在皇帝或者大汗的宝座上,因此子孙相承、世袭罔替的故事特别能够打动皇冠下那个人的心。

2　大旅行家波罗氏

由于蒙古人的伟大帝国在事实上连通了欧洲和东亚之间的道路，因此在 13 到 14 世纪出现了很多横跨欧亚大陆的大旅行家。他们来自不同的国家，出于不同的目的，选择不同的路线，跨越这段漫长的旅程，他们彼此之间并不认识，却看到了同样的世界，在旅行记中留下了相似的故事。在这些伟大的旅行家中，波罗家族三位的经历可谓独特。从西方到中国的旅行家中，波罗的父亲和叔父连同波罗本人，经历陆上的北路、南路以及海路三条路线。而马可·波罗本人又在中国居留 17 年之久，他的游记内容之丰富也是独一无二的，除了各地的历史、地理、人物、出产、风俗、轶事外，还有大量他所听闻的蒙古帝国的政治军事史故事。本章会讲讲波罗家族和马可的事迹，还有后人对他的激烈争论——这本身也可以写成一本厚厚的书了。

2.1　马可·波罗和他的家族

马可·波罗来自著名的水城威尼斯，他并不是出身于世家贵族的显赫人物，因此我们对他的生平知之甚少，如果不是因为留下了著名的《马可·波罗游记》，他大概完全不会在历史上留名。

关于马可·波罗的生平，最重要的资料是一个叫赖麦锡的人为他写的传记。由于最初大家都把马可·波罗的游记当作荒诞故事，因此没有人想到要撰述或研究马可·波罗的家族和生平。最早想要给他立传的是 15—16 世纪的学者赖麦锡。赖麦锡是马可·波罗的同乡，生活的年代亦距离马可不太远。他甚至还见到了曾见过波罗家族成员的老人，并向其采访波罗家族的事迹。他收集威尼斯所能找到的波罗一家的文书档案及传闻轶事，于 16 世纪中期编成一本《马可·波罗传

图 2-1　马可·波罗

记》,这是第一部关于马可·波罗本人的书,可惜此书目前没有中译本。这本书中其实有不少错误,但由于赖麦锡本人距马可生活时代不远,因此他所记录和听说的事情大部分还是很有价值的。

赖麦锡的这本传记中首先对马可进行了一番评价。他说:"我所知道的地理学家中,以托勒密最为伟大,他的地理知识何其广博,一直到里海以外的情况都非常熟悉,他甚至知道里海是一个四面环山的大湖,斯特拉波和普利尼生活在罗马帝国最为强盛的时期,罗马帝国疆域辽阔,长期为世界之主,他们俩博学多才,当时无可匹敌,却也不知道有里海。而托勒密对里海周围无所不知,知识之广博可以说是无人可比,然而过里海 15 度外,他就一无所知,仅称其为隐地,南方赤道以南亦称为隐地。最早发现南方隐地的是葡萄牙的船长。而北方及东北方隐地的发现者,就要说是威尼斯贵族马可·波罗了。马可距今已有300 多年,他的事迹都记载于他的游记中。他和他的父亲、叔叔往东北方向远行一直到达蒙古大汗的宫廷,然后又涉东方大海及印度洋等地而归,其途中情形及路程之遥远,使人惊讶眩惑。不仅如此,马可还能

·欧·亚·历·史·文·化·文·库·

将其所见所闻逐一记载,条理清晰,才能出众,与他同时代的人,没有比得上他的。马可一生中大多数时间与野蛮的鞑靼人为伍,没有学过文学,却能记载得如此清晰,真是天赋之资。……虽然近百年来,前往波斯之人,也渐渐知道中国,葡萄牙的航海家经过黄金半岛(编者按:这是一个拉丁语词,托勒密的地图上把马来半岛称为黄金半岛),回来之后提到印度的省区和城市、岛屿名称,多与《马可·波罗游记》所记载的相同。到达中国的人,与当地人交流,也得知有广东,是该国的大城之一,……海岸线转向西北,沿海有三省,一曰蛮子,一曰刺桐(指泉州),一曰行在(指杭州)……由此观之,今人对于世界这一地区的认识,跟马可·波罗的记载亦多有吻合。……我读我的同乡马可·波罗所写的陆地探险记,与哥伦布的海洋探险比较。两者哪个更为奇妙呢?公正地评论,我认为陆地探险比海洋探险艰难太多。陆路旅行,道途遥远,艰苦卓绝,越过沙漠,翻过峻岭。不但行人要带数月干粮,还要为牲畜准备草料,其困苦可知。哥伦布海洋旅行,有西班牙王后作为他的后援,大船巨舰,连接而行,所需之物均可装载。航行三四十日之后遇到顺风,扬帆即可至目的地。而威尼斯人波罗,则需一年以上,才能越过沿途的沙漠江河,其难易苦逸之相差甚多。而且自从波罗三人两次横跨亚洲后,全欧洲之人,没有人敢于再次尝试。而哥伦布发现新世界之翌年,即有众多船舶依其路而行至,至今仍有船舶往来如织,不可胜数。"其实赖麦锡并不知道,在马可·波罗之外,经过陆路而到达中国和蒙古者亦有其人,只不过正如他所说,波罗三人的旅行的确是非常艰苦难能的,即使与发现新世界的哥伦布相比,亦有过之而无不及。

虽然马可·波罗获得了赖麦锡如此之高的评价,但他的出身并不显赫,关于他的祖先,只有一些传说,譬如有一种说法提到威尼斯市的第一任市长保罗是波罗家的始祖,又有说波罗家有人在 11 世纪末当过威尼斯市议会议员,但这些说法都没有可靠的依据。波罗家可靠的历史是从其祖父,圣菲利斯的安德里亚·波罗开始的。圣菲利斯是一个教区,因为波罗家族在 13 世纪初分为两支,一支居住在杰雷米亚教区,一支生活在圣菲利斯教区,马可·波罗家是圣菲利斯教区的一支,因此他的祖父被称为圣菲利斯的安德里亚。安德里亚有三个儿子,马可、尼古拉和马飞。尼古拉就是马可·波罗的父亲。波罗一家起初只是威尼斯市的普通商人,直到马可等三人环游世界归来,才申请授予贵族身份,然后经过议会的讨论,正式决定授予马可贵族称号,波罗氏才成为新兴贵族。赖麦锡在传记中说波罗家族是古老的贵族,实际上并非如此,大概是马可·波罗出名之后的以讹传讹了。

波罗家是传统的威尼斯商人,他家三兄弟经常奔走于地中海东部,进行商业活动。很可能他们在君士坦丁堡有一个交易所,而马可曾在那里经营过一段时间,因为马可于1280年8月27日在威尼斯写的遗嘱中提到"以前在君士坦丁堡"待过"一段不长的时间",1280年前后,波罗家族在克里米亚的索耳得亚港也拥有一个交易所。地中海东部和黑海是他们主要的商业范围。

如《马可·波罗游记》的第一部分《序言》所说,实际上波罗家的成员完成了两次横跨欧亚大陆的旅行,第一次是马可·波罗的父亲尼古拉·波罗和马飞·波罗,第二次才是带着马可的三人之行。关于两位老波罗前往东方的出发日期,学界有不同的看法。根据各种版本的记载,都说"在鲍德温为君士坦丁堡皇帝,我主基督降生后的第1250年,两位威尼斯的可敬和谨慎的贵族兄弟驾船满载着珍宝和货物,在上帝的指引下来到了君士坦丁堡"。然而根据后文的记载,两兄弟从东方返回,到达阿克里的时间是1269年,这一年马可15岁,所以马可应该生于1254年,而根据赖麦锡的传记,马可是在他的父亲尼古拉离开之后出生的,因此尼古拉和马飞离开威尼斯的时间不可能早于1253年,也不能晚于1254年。因此这个1250年的记载就大有问题。之前的学者通常会修改1250这个数字,鲍第将其改为1255,亨利·玉儿和贝内带托将其改为1260,并提出兄弟俩应该是1253年离开威尼斯前往君士坦丁堡,在那里待到1255或1260年,再次离开前往黑海对岸的索耳得亚港。然而伯希和不同意以上看法,作为一个非常严谨的学者,伯希和认为不应该随意修改文本的记载,尤其是所有版本的记载全都一样。他觉得原文应该是1252年,因为原文的年份并非用数字,而是用字母记载,而作为年份的 1250 和"2"位贵族的"2"挨在一起,伯希和认为年份应该是 1252 年,"2"位贵族的"2"则是省略或遗漏了,法文中没有量词,如果是有量词的中文,就不会出现此种歧义了。虽然伯希和提出了这种看法,但如果是 1252 年离开威尼斯,则和马可·波罗的出生年又不符合了,伯希和对此没有做出解释,有人提出也许尼古拉的妻子跟他一起到了君士坦丁堡,但这应该只是一个推测。无论如何,在 13 世纪 50 年代,尼古拉和马飞从威尼斯出发前往君士坦丁堡。

此时,君士坦丁堡正处于一个动荡的时期。1204 年这个伟大的城市经过市民暴动后被第四次东征的十字军攻占,如前所述,威尼斯人为东征十字军提供了船只,为了偿还债务,该城 3/8 的土地划归威尼斯。波罗兄弟到达这里时,如前所述,这里正在拉丁王国最后一位国王鲍德温二世的统治之下,如果兄弟俩如亨利·玉儿等学者的看法,是 1260 年离开君士坦丁堡的话,那么在他们离开的次年,鲍德温二世就被拜占庭帝国佩利奥洛格斯王朝的迈克尔八世联合热那亚的军队所击败,拉丁王国的命运也终止于这一年,拜占庭帝国被重建,再次建都于君士坦丁堡。波罗两兄弟离开君士坦丁堡前往索耳得亚港,有可能是感受到了局势不稳,因此明智地提前离开,也有可能是因为在债务缠身的君士坦丁堡停留多时,生意并不兴旺,因此想要继续东行,寻找商机。

他们经过激烈商讨,决定驶向黑海的彼岸,使他们的商业资本不断增值。怀着这个目的,他们购买了许多稀奇珍贵的珠宝,从君士坦丁堡出发,航行到达一个叫索耳得亚的港口。很可能当他们到达索耳得亚港时或之后一段时间,他们就听说了西方新发生的战乱,发现回去的道路过于危险,于是决定继续东行。因为蒙古人征服的地区,商路和航线的情况比分裂的西方好得多,蒙古人很重视商人的安全,为保证商路的通畅实行了很多措施,在蒙古人的统治之下,丝绸之路成了一条非常安全的商路,往来其间的人们称"妇女可以头顶金托盘无所顾忌地走在这条路上"。

波罗兄弟路过今天的伊拉克时,进入了别儿哥汗统治的金帐汗国。这位君王住在不里阿耳和撒莱这两座城市,由于与欧洲人交流较多,被欧洲人看作蒙古人中最民主最文明的君王。别儿哥汗对波罗兄弟的到来表示十分欢喜,以特别隆重的仪式接待了他们。波罗兄弟为报答他的盛情,特将自己携带的珠宝呈献在别儿哥汗的面前。当他们发觉这位君王十分喜爱这些珠宝时,就毫不犹豫地全部奉上。君王对波罗兄弟的慷慨大方做出了加倍的回报,他按照蒙古人的习惯,不但对所有的珠宝都加倍偿价,而且还回赐了许多珍贵的礼物。

波罗兄弟在金帐汗国住了有一年之久,不难想象在这一年之中他们进行各种商品交易,很可能挣了不少钱。一年之后,他们想返回故乡。但这时别儿哥汗和统治波斯的旭烈兀汗之间突然爆发了战争。双方军队经过激烈的大战后,旭烈兀汗取得了最终胜利。但这场内战导致以前可以安全通行的商路不再有保障,尤其是回程的道路更加危险重重,波罗兄弟已经不能从原路返回君士坦丁堡了。这时有人建议他们沿着别儿哥汗王国领土的边境,向东走一条不常走的路,然后再绕道向西。目前这是到达君士坦丁堡的唯一通道。既然不能后退,只能前行,于是他们听从建议,从不里阿耳出发,向别儿哥汗王国边境的兀迦克城出发。在此处稍事休息后,继续前进,渡过底格里斯河,来到一个荒原。穿越荒原需 17 天,荒原上没有城市、堡寨乃至固定的建筑。波罗兄弟越过荒原后,终于到达了一座城市——不花剌,该城所在的省也叫不花剌。这座城市应该就是今天乌兹别克斯坦的布哈拉,当时则在察合台汗国的控制之下,马可说不花剌是"波斯境内最重要的城市",因为这座城市是当时东西方商人往来的必经之地,非常宏伟繁华。马可在游记中说,当时统治不花剌的君主名叫八剌。

八剌是察合台的次子抹土干第三子也孙脱之子,但他是从 1266 年开始统治察合台汗国的。这就与两位老波罗到达不花剌的时间有所矛盾。波罗兄弟于 1269 年回到阿克里——这个时间是非常可靠的——那么他们离开忽必烈汗廷的时间不会早于 1266 年,他们从不花剌离开的时间应该在 1264 年甚至更早,最晚也不会晚于 1265 年。《马可·波罗游记》记载两位老波罗在不花剌停留三年,那么他们到达的时间不可能晚于 1262 年,因此他们首次到达不花剌时,那里的君主不可能是八剌。

八剌的父亲抹土干是察合台的嫡长子,抹土干很早就战死了,他的儿子合剌旭烈曾被窝阔台汗指定为继承人。然而贵由汗即位后,改立察合台的第五子也速蒙哥为察合台汗国的统治者,因为合剌旭烈与拖雷系诸王结为一党,因此贵由找借口将其废黜。但贵由很快就去世了,大汗之位从窝阔台系转移到拖雷系,蒙哥登基后,合剌旭烈理所当然地再次获得继承权,可惜他在返回西域时死在途中,志费尼在《世界征服者史》中写道:"在归途中,不可避免的时刻阻止他抵达自己的斡耳朵。"于是蒙哥命他的儿子木八剌沙继承汗位,木八剌沙年幼,他的母亲兀鲁忽乃妃子暂时掌握大权。中统年间,阿里不哥和忽必烈争夺大汗之位,同时也相互争夺对察合台汗国的控制权。阿里不哥派遣察合台汗第六子拜答里之子阿鲁忽夺取兀鲁忽乃妃子的权力,成为察合台汗,《瓦萨夫史》记载这一事件,称阿鲁忽于伊斯兰太阴历 658 年,即1260 年登上汗位,"开始了统治者的生涯,并将幸运之旗插在太阳的金帐上"。阿鲁忽是察合台汗国史上最伟大的汗王之一,他在位期间,察合台汗国迅速发展起来,瓦萨夫写道:"他征服了从阿力麻里到肯切克、塔剌思、可失哈儿以及直至阿姆河岸之地,征集了察合台的军队,在短时间内取得巨大的成功和庄严的独立。"察合台汗国在他的统治下成为一个真正的政治实体。实际上波罗兄弟第一次来到不花剌时,在位的应该是阿鲁忽汗。1265 年阿鲁忽去世,兀鲁忽乃妃子和诸位大臣重新立木八剌沙为汗,而忽必烈认为汗国的统治者应该由蒙古帝国的大汗指定,于是他派遣八剌前去即位。八剌到达之后,发现木八剌沙已经建立了统治,于是他隐瞒了自己的目的,暗中笼络军队,伺机而动,不久就夺取了政权。《史集》记载说:"八剌一直在合罕的朝廷效力,受合罕之命来到察合台兀鲁思。八剌到达后,发现木八剌沙和兀鲁忽乃已巩固了统治,处于强有力的地位。他没有出示圣旨。木八剌沙问其来意,他说:'我远离兀鲁思和家庭时日已久,部民四散受苦,我一直在寻求你的批准,以便搜集部属并追随你。'木八剌沙闻言大喜。八剌在那里佯装友善,暗施诡计,将各地的军队集中在自己周围。一位名叫必阇赤的异密和一些握有兵权的将帅倒向他。他们废黜木八剌沙,把他降为驯虎师的总管,八剌自己成为唯一的统治者。"八剌的统治从1266年持续到1271年。两位老波罗于1267年返回西方再次经过不花剌时,八剌正是不花剌的统治者,由于第一次旅途中没有马可,因此他很可能弄错了。

波罗兄弟于1262年或更早到达不花剌时,正是阿里不哥与忽必烈争夺蒙古帝国大汗之位的关键时期。由于阿里不哥占据漠北,军队给养比较困难,他派阿鲁忽统治察合台汗国,是为了让阿鲁忽用察合台汗国的资源为他提供援兵和给养,同时还要他在阿姆河沿岸布防,使旭烈兀不能援助忽必烈。然而阿鲁忽在中亚聚集了大量物资和财富之后,不再服从阿里不哥的命令,他处死了阿里不哥征集物资的使臣,扣留其征集的财物,又杀了忽只儿的镇守者唆罗海,与阿里不哥决裂,打算归附忽必烈,这一系列事件就发生在1262年初。同年5月,阿里不哥派兵至西域进攻阿鲁忽。双方互有胜败,胶着不下,西域陷于战乱,道路不通,波罗兄弟就是因为这个原因,不得不在不花剌逗留了三年之久。

波罗兄弟在不花剌停留期间,遇到了一位名望卓著、富有才华的重要人物。他是旭烈兀汗派去觐见忽必烈大汗的使臣。这个使臣以前从未见过拉丁人,这次能有机会与波罗兄弟相识并且亲切交谈,十分高兴。经过几天的交往,使臣觉得波罗兄弟举止得体、谈吐不俗,就提议他们随自己一同去晋谒大汗。他说大汗从前也同样没有见过任何拉丁人,非常想见一见,所以此次波罗兄弟去的话,他一定非常欢喜。使臣还保证,他们一定会受到隆重的接待和丰厚的赏赐,并且如果跟随使臣前往,一路上都有人照料,绝不用担心安全问题。波罗兄弟此刻别无选择,此时返回威尼斯几乎是不可能的,不如接受使臣的提议,祈求上帝保佑自己一路好运。于是波罗二人整理行装,跟着使臣出发了。一行人最初向北,然后向东,花了整整一年的时间,才到达汗庭。

波罗兄弟觐见忽必烈大汗时,受到了大汗的隆重接待。忽必烈是一个好奇心旺盛的君主,他对世界各地的情况都很感兴趣。他热切地询问西方各国、罗马教皇和其他各基督教君主王公等的情况。他先询问西方的皇帝如何治理国家、保持尊严,如何公平断案,又问及西方人如何进行战争、怎样处理庶务、如何分配爵位和土地等。然后他又问了西方的宗教,包括教皇、教会,以及罗马的种种事迹。

如前所述,此时忽必烈刚刚和阿里不哥争夺汗位成功,而他为这个大汗之位付出了蒙古帝国实质上分裂的代价。为了充分利用富庶的汉地资源作为补偿,忽必烈急于汲取各种先进的政治资源,同时向汉人、西域中亚人、波斯人甚至欧洲人学习不同的政权模式,以应对多民族国家下的多重政治问题。此时他正在着手建立一个与以往草原游牧帝国不同的定居国家和一套全新的政治制度,因此对来自遥远的意大利的波罗兄弟颇为礼敬,对欧洲的政治、法律、军事制度和宗教形态更是充满好奇。

波罗兄弟本来受过良好的教育,商人身份和多年的从商经验使他们见多识广,能说会道,又善于察言观色。他们对忽必烈提出的种种问题对答如流,并且他们举止合乎礼仪,令大汗非常满意。大汗听波罗兄弟讲述了拉丁国家的各种事宜后,十分高兴,准备派他们充任回访教皇的专使,并命豁哈塔勒男爵为其准备行装,作为使者一同前往。波罗二人向大汗发誓,他们将忠心侍奉大汗,就像忠心侍奉自己的国主一样。豁哈塔勒男爵也表示一定全力以赴,不辱使命。

大汗还命人撰写给教皇的书信,要求波罗兄弟和男爵敬呈教皇。信中请教皇派遣100名精通基督教教义和七艺的传教士来——七艺指的是欧洲中世纪学者需要学习的文法、论理学、修辞学、算数、几何学、音乐和天文等7种学问,与我国传统的六艺不同——这些人还必须精于辩论术,他们要与国内的偶像教徒公开辩论,用严密的推论证明基督教徒所宣扬的信仰建立在更为坚实的真理之上,是最为优秀的宗教,而其他宗教皆为伪教,同时要说明蒙古人的神灵和其家中所供奉的木偶是一种恶魔,他们以及东方的普通百姓敬奉恶魔为神,实在是一种错误。如果传教士们能够做到这一点,大汗本人将会随同全体臣民敬奉基督教,成为罗马教会的臣仆。此外,大汗还希望波罗兄弟回来时,能从耶路撒冷耶稣基督圣墓的长明灯中取来一些圣油。波罗兄弟听完大汗的吩咐后,表示愿尽己所能,完成使命。

大汗又赐给波罗兄弟一面金牌,金牌上面写着:凡持有这面金牌的人以及他的全部扈从所经过之地,必须提供其所需之物,亦包括马匹、保卫人员等。这就是蒙古帝国的驿站制度,波罗等人手持这面金牌,在蒙古帝国管辖范围之内可以自由往来。

一行人准备好行装后,马上辞别大汗出发。他们走了一段时间后,同行的嵇哈塔勒男爵患病,不能再走了,他们停在城中修养,但男爵的病越来越重,势必无法继续前行。此时波罗兄弟进退维谷,他们在与同行之人商议,并征得了病人的同意后,决定把嵇哈塔勒留在此地养病。因为他们持有金牌,所以沿途的官吏均提供了十分周到的服务,给了他们极大的帮助,一路上所有费用均由地方负责,并有卫队妥为护送。虽然如此,但由于自然条件恶劣,风霜雪雨、天寒地冻、洪水泛滥常使他们寸步难行,因此行程极为艰难。旅途中花费三年,才到达小亚美尼亚的阿牙思。阿牙思是地中海东部亚历山大湾的一个港口,在当时非常重要,不过现在已经荒废了。

他们从阿牙思港乘船出发,到达阿克里是1269年4月,不幸的是,他们听说了教皇克莱门特四世去世的消息。根据《马可·波罗游记》的记载,他们不知如何是好,于是求见教廷大使梯博,向他汇报了蒙古大汗赋予他们的使命。大使听说此事大喜,因为这是一件对整个基督教世界都非常重要的大事,如果蒙古人能够改信基督教,听从罗马教廷的指挥,那么打败基督教的宿敌阿拉伯帝国就不再是一件难事,这件事一旦成功,自然会为上帝带来无比荣耀。大使劝他们等候新教皇的选举结果,到那时才能履行他们的任务。波罗兄弟别无他法,只能接受这个忠告,他们决定在这段时间内,先回威尼斯老家一趟。于是从阿克里乘船回到了威尼斯。

两兄弟到达阿克里的时间应该没有问题,教皇克莱门特四世去世是在1268年11月29日。然而《马可·波罗游记》说他们去见教廷大使梯博,但根据其他材料的记载,梯博1269年并不在叙利亚的阿克里,他一直待在意大利的布林迪西,他是到1270年4月才得知教皇的死讯,此时他作为爱德华王子的随从,不太可能独自离开,因此在1271年4月底爱德华王子到达阿克里之前,梯博不可能在阿克里出现,并与波罗兄弟见面交谈。实际上在此之后,波罗兄弟从阿克里回到威尼斯,又从威尼斯到阿克里,再从阿克里到耶路撒冷,然后返回阿克里,然后到阿牙思再回去,之后再从阿克里到阿牙思,前后总共四次访问阿克里,其中只有第一次没有马可参加,其后三次都带着尼古拉的儿子马可·波罗,也就是《马可·波罗游记》的作者。波罗兄弟在威尼斯待了两年,然后在1271年夏天离开,在这一年内三次来到阿克里,其中最后一次是在1271年11月的第一个星期,因为梯博被选为教皇并且前往罗马正在此时。很可能1271年马可随波罗兄弟到达阿克里时,梯博给他留下了深刻的印象。梯博向他讲述伦敦的塔,谈到巴黎和他的朋友法兰西国王,并且不久后被选为教皇。因此27年后,当他记载1269年于阿克里向他父亲提出建议的人时,他的脑海中浮现的是教皇大使梯博。而两位老波罗从东方回来,于1269年第一次到达阿克里时,遇见的人应该不是梯博。

两位波罗回到威尼斯后,尼古拉发现自己居然有了一个15岁大的儿子,是他离开威尼斯之后才出生的。他们在威尼斯等待教皇选举的结果,但新教皇迟迟无法选出。两年之后,他们担心久久不去向忽必烈复命会使大汗不快,于是他们经过商议,决定先回到阿克里,向教廷大使梯博报告此种情形,并允许他们前往耶路撒冷的圣墓取灯油,以便尽快前往东方向大汗复命。这一次他们带着17岁的马可一同出发。

他们到阿克里,这次很可能是见到了梯博,征得梯博同意后,到耶路撒冷取了圣油,再次回到阿克里,对大使说:"因为教皇迟迟没能选出,我们想先去大汗处,因为耽搁的时间已经太久了。"大使回答:"你们既然想回去,我觉得这样也好。"于是大使按照波罗等人的请求,命人撰写给忽必烈汗的书信,说明波罗兄弟已经奉大汗之命来到这里,但因为暂时没有教皇,故而未能达成大汗的使命等。波罗三人拿着这封书信,从阿克里出发前往东方,没想到刚到阿牙思,就听说新教皇选出来了,正是之前帮助他们的大使梯博。原来他们动身后不久,大使就接到了意大利红衣主教会议的任命书,宣布他为新一任的教皇,即格里高利十世。新教皇觉得现在自己的地位足以满足蒙古大汗的要求,立刻派人持书信前去晋谒西里西亚的小亚美尼亚国王,通报自己当选之事,并且询问那两位取道该国向大汗朝廷进发的专使是否还在境内,如尚在境内要求他们立即回去。此时,波罗一行恰在该处,于是他们欣然应召返回阿克里,小亚美尼亚国王还特地派遣一艘兵舰护送他们前往,并派去一名公使祝贺新教皇当选。

图 2-2　格里高利十世

　　教皇在三位波罗到达后,用隆重的仪式欢迎他们,并修书一封,选派了两名正在阿克里传教的修道士与他们同去大汗朝廷。这两个传教士是文学家、科学家和渊博的神学家,一个是维琴察的修道士尼古拉,另一个是的黎波里的修道士威廉。教皇给了这两位修道士相当的权柄,使他们以后在那些国家里可以全权行事,任命修道士、主教,赦免或不赦免各种罪恶,代替他行事,还给他们写了任命状和介绍信,委托他们交给大汗他所要送的国书。并且又挑选了许多珍贵的礼物,其中有几只精致的玻璃花瓶,是以他的名义送给大汗的,以表示对大汗的

·欧·亚·历·史·文·化·文·库·

祝福。一切事务都完毕后，波罗兄弟一行拜别了教皇再次回到阿牙思，并向东方前进。

他们到达亚美尼亚后，得到消息，说埃及马穆鲁克王朝的算端统率大军进攻亚美尼亚，并且已经占领了该国的大片疆土。两个修道士听说后惊恐万状，担心自己的生命受到危害，于是决定不再前进，而将教皇委托给他们的书信和礼物交给波罗兄弟，自己则由当地修道院院长保护返回，并且没有告诉格里高利教皇，教皇以为他们仍在旅途。

然而波罗一家却不畏艰难险阻，穿过亚美尼亚的边界，他们经过格鲁吉亚，来到伊利汗国的首都大不里士，然后从卡尚、亚兹德等伊朗中部的城市来到东南边的起儿漫地区。本来他们打算从当时波斯湾最著名的港口忽里模子港乘船过印度洋前往中国，然而在忽里模子港，他们发现当地的船只都没有铁钉，只是用椰绳和胶固定木板。作为著名的威尼斯航海家，他们对这样的船感到很不放心。最后还是决定从陆路东行。于是三人往东北方向再次穿过起儿漫省，经过呼罗珊地区进入阿富汗，经过赫拉特、巴里黑等著名的大城后来到巴答哈伤。在巴答哈伤，因为马可生病，他们停留了一年，然后过帕米尔高原，从喀什喀尔进入了今天的中国，顺着丝绸之路往东前进，路上他们还在甘州居住了一年，马可因此对甘州进行了详细的描述。最后三人终于在1275 年夏天来到大汗所在的上都，全程花费的时间长达三年半。当波罗等人还遥遥在途时，大汗就已得到禀报，特地派遣官员在相距 40 日路程的地方迎接他们，并下令沿途地方官吏小心照应，使远行的旅人得到最大的方便。他们依靠这些帮助和上帝的恩宠，终于平安到达。

有些人对马可·波罗等人到达上都的时间产生了争议，因为在《马可·波罗游记》中，马可宣称他和他的父亲、叔父制造了投石机，并用于攻陷襄阳。但根据中文史料，投石机是一位穆斯林亦思马因制造的，而且是在长达 5 年的围困之后，于 1273 年 3 月 17 日用投石机攻陷襄阳。如果不是马可·波罗或《马可·波罗游记》的书写者鲁斯蒂谦刻意伪造的话，为了解释这个重大矛盾，贝内代托提出：大概波罗并非在中国，而是在波斯帮助发明制造此种器械，而忽必烈从波斯找到了学会此种技术的工匠。然而若《元史》不误，则亦思马因在1271年或1272年初就到达了汗八里，此时波罗商队刚刚离开西里西亚的小亚美尼亚港口阿牙思。中国学者已经发表不少文章证实马可·波罗在其他各个细节的记载上都颇为准确，包括一些非常重要的人名和日期，因此，不管这个错误是有心还是无意，我们都不能因其否定他们到达上都的时间。1275年夏天到达上都，在时间上与1295年回到威尼斯最为契合，期间包括在中国居留的17年和之后水路与陆路回程的3年。

根据《马可·波罗游记》所说，从1275至1291年这17年间，马可·波罗一直在元朝供职。忽必烈汗对马可非常喜爱，经常派他前往各地办事，甚至受命出使外国。马可·波罗曾穿行山西、陕西、四川等省，经过川藏边区少数民族聚居的地区，到云南去执行任务。他的足迹遍于长城内外，大江南北。他还曾在东南方待了三年，后来还奉命出使南洋，到过越南、爪哇、苏门答腊等地。马可·波罗每到一地，总要考察当地的风俗民情、物产状况，回来向大汗报告。波罗家族的这三个人一直受到大汗的信任，然而他们毕竟是威尼斯人，落叶归根，就想返回故里。后来终于找到了一个机会。

1286年，伊利汗阿鲁浑的宠妃去世，遗言要由她本族的蒙古贵族的女儿继为王妃。阿鲁浑即派来一个使团，请大汗忽必烈赐婚。忽必烈选定了一位蒙古贵族少女，名叫阔阔真，要从海道送往波斯，嫁给阿鲁浑。这时马可·波罗刚从南洋出使归来，熟悉海上航行，忽必烈就决定让他及其父亲、叔父护送阔阔真到波斯，然后便道返回故乡。

1291年初，这三个威尼斯人连同随从600余人，护送阔阔真前往波斯。一行人分乘13艘四桅帆船从福建泉州出发。船队经过爪哇、苏门答腊，出印度洋，在印度南部停泊了一段时期等待季风，再继续航行到波斯湾的忽里模子港，历时两年又两个月。马可·波罗一行终于把阔阔真护送到了波斯，完成了大汗所交付的使命。但是，这时阿鲁浑已死，阔阔真被立为阿鲁浑的儿子合赞的王妃。之后，这三个威尼斯人由波斯继续西行，取道两河流域、小亚细亚，经过君士坦丁堡，返回意大利。

　　1294 年末,波罗家族这三个旅行家回到他们在威尼斯的故居。他们离家已经整整 24 年了。赖麦锡为马可·波罗所写的传记中描述了他们回国之后极其戏剧性的场景:"他们到家时,那情况就好像古希腊神话中的尤利西斯,漂游 20 多年后回到伊萨克,由于离家太久,没有一个人认识他们,亲朋好友都以为他们已经去世多年,认为必然葬身异域,不会回来了。此时忽然返回,全都惊讶莫名,半信半疑,不知这三人到底是真是假,是人是鬼。波罗三人长途远行,艰苦万分,再加上常年忧虑,形容憔悴,而且他们多年与鞑靼人生活在一起,沾染了鞑靼人的习俗,连威尼斯方言都忘记了,说话也有鞑靼口音。他们穿着鞑靼人的衣服,粗陋不堪。一到威尼斯,他们就立刻回到圣约翰教堂旁边的故居——这座故居的遗址至今尚存,在当时是一座高大雄伟的房屋,至今人们还称之为'百万宅'——他们到家之后,发现房子已经被亲戚占据了。住在那里的人看到波罗等人衣衫褴褛,容貌大变,不相信他们就是波罗,因此拒绝其进入。他们早先四处探寻波罗等人的踪迹,却消息全无,都认为这三人必然已经葬身异域,与魔鬼为伍,如何能够回来呢。"赖麦锡在书中说,这个故事他从小就听威尼斯的元老院议员马尔皮罗先生讲述,而马尔皮罗是听他的父亲所说,他的父亲又是听他的祖父和邻里的老人所说,他们说:"马可·波罗等人遭到亲朋的怀疑,为了使亲朋邻里承认并敬重他们,于是想出一条计策。他们大摆宴席,将亲戚们全部请来。宴席开始后,波罗三人身穿红缎锦袍从房中出来欢迎客人,衣服华贵绚丽,长摆拖地。仆人们为宾客取水洗手,此时主人们起身更衣,所穿新衣是红锦所制,换下的缎子衣服用刀裁开,分赐给侍者。大家入座后过了一会儿,主人又起身更衣,这次换了红绒衣服,然后又把第二次穿的衣服裁开,赏给侍从。宴席结束后,主人再次更衣,把绒袍裁开赏赐侍者,这次则换上了与当地人所穿相同的衣服。宾客对此都惊叹不已。衣服全都赏赐完毕后,主人命侍者退出,马可起身进入房间,拿出他们当时到家时穿的破衣服,三人用刀子把边缝割开,从衣服里取出珍珠宝石无数,有红宝石、蓝宝石,还有钻石,光彩夺目,璀璨异常。他们把宝石放在桌子上,让宾客观赏。原来他们在元朝汗庭服务时,得到了很多赏赐,大多是黄金。由于他们归途遥远,黄金太重,携带不便,因此变卖之后换成珍珠宝石,缝在衣服里。客人们看过这些宝石,全都羡慕不已,好像做梦一样,仿佛置身于皇宫之中,终于承认他们的确是波罗氏无疑。亲戚亦对其礼敬有加。威尼斯市民听说此事,全都争相来到马可·波罗家,让他们讲述旅行见闻,探听世界各地的奇风异俗,表示仰慕之情。并且推举最年长的马飞为市镇长官——这可算得上是当时最尊之礼。年轻人都愿意与马可结交,询问中国及大汗的情形。马可不厌其烦,详细讲述,来人均满意而归。有人询问大汗的财富,马可总是以'百万'形容,提到大汗每年的税收,动辄就是黄金千万,描述各地的富庶,亦常说百万之计,因此当地人给他起了个绰号叫作'马可百万君',这个名字甚至在威尼斯市的档案中也能看到。他们在圣约翰河畔的住宅,至今人们仍称其为'百万宅'。"

在 13 世纪这 100 年中,威尼斯和他的宿敌热那亚常常为了商业利益而发生战争。这两城邦共和国在商业上有着太多矛盾,他们在各种交易上都进行激烈竞争,包括与印度的香料交易,与克里米亚的粮食、鱼、盐、皮毛,甚至奴隶交易。经过长时间的对抗,威尼斯和热那亚终于签署了一些协议来避免双方发生正面冲突。然而 1291 年,埃及算端阿是拉夫·哈利勒攻占了阿克里。阿克里是威尼斯商人重要的货品中转站,这个城市的沦陷不仅让数千里外的威尼斯人震惊不已,还打破了威尼斯和热那亚的利益平衡。双方的战争再次爆发。这一次,威尼斯与比萨结成同盟,两国均要求年龄在 16 岁至 20 岁的身心健康的公民应征入伍,还要求有钱人出资准备一艘以上战舰。

马可大概厌倦了回国后沉闷的生活,他曾经历过充满冒险精神的岁月,或许很难再次忍受每天处理账目往来的普通威尼斯商人的例行公事。1296 年,热那亚派一支舰队攻打威尼斯,威尼斯也组织了一支舰队应战。43 岁的马可·波罗亦自己出钱装备了一艘战舰,并亲自担任舰长,加入对热那亚的作战。这年 9 月 17 日,这两支舰队在亚德里亚海上激战,结果威尼斯大败,马可·波罗那艘战舰被热那亚人俘获,

·欧·亚·历·史·文·化·文·库·

他本人也被投入热那亚狱中。

作为一个见闻广博的旅行家,马可·波罗在意大利已经有点名望了。当他被关在热那亚狱中时,经常有人要他讲在东方各国的经历。赖麦锡在传记中写道:"全热那亚城的人竞相来狱中探望马可,希望能有机会与他交谈。没有人把他当作战俘,相反却看作是一位值得尊重的绅士。大家都非常喜欢他,所以每天都有人带着生活用品来监狱探访他。"就像在威尼斯一样,马可本人很乐意给大家讲述自己的历险故事,赖麦锡写道:"看到大家对中国蒙古大汗的故事如此感兴趣,于是马可便每天一遍又一遍地讲给他们听。就在这个过程中,有人提议马可把这些故事写下来。"正好马可有一位狱友正适合承担此任,这个人就是鲁斯蒂谦。鲁斯蒂谦是一个比萨人,他出身公证员家庭,本人也具有公证员的从业资格。公证员在比萨具有很高的社会地位,是一种令人敬畏的职业,有权认可各种文书的合法性。罗马帝国灭亡后,公证员主要由教皇任命,他们的威望渗透到整个基督教世界,成为整个法律体系的组成部分。因此鲁斯蒂谦实际上具有证明马可经历真实性的资格。

妙的是,除了习惯于以公证员的身份追求真相之外,鲁斯蒂谦本人又是一个充满浪漫精神的人,他实际上是一位专门撰写亚瑟王传奇故事的作家,并因此深得英王爱德华一世的赏识,他精通法语,在小说中热爱描写激烈的战争、骁勇的武士和离经叛道的女子。鲁斯蒂谦认为马可·波罗的东方见闻的确是难得的故事素材,于是他找到马可,要求两人合作,完成一部游记。马可很喜欢这个提议,为了提供尽可能真实的材料,他甚至专门托人回家去拿过去的笔记。鲁斯蒂谦说:"马可只能记起他能回忆起来的事儿,而他的回忆与他的丰富经历根本无法相比。"幸运的是,马可保留了一部分笔记,在狱中,他派人回家去取这些笔记帮助他回忆往事,而他所讲述的经历就由鲁斯蒂谦用当时欧洲比较通行的法文笔录下来,这便是著名的《马可·波罗游记》。

马可·波罗在热那亚服刑期间,他的父亲尼古拉和叔叔马飞一直在威尼斯想办法,试图把他从狱中赎出来,根据之前的经验,被热那亚人俘虏的威尼斯人，最短也要坐 20 年的牢，而波罗家没有其他的继承人，如果马可不能回来，波罗家的财产就没有人继承了。然而他们的努力一直没有成功，赖麦锡写道："家人看到想把马可从狱中赎出来的计划根本无法实现，于是商议让尼古拉再娶一房。虽然尼古拉年事已高，但身体健康，可以再次结婚。"幸运的是，1299 年 5 月 25 日，热那亚和威尼斯达成了"永久和平"，结束了彼此敌对的状况。三个月后，马可·波罗和鲁斯蒂谦都被释放。出狱后不久，马可·波罗就回到了威尼斯。他的家人立刻张罗给他筹办婚礼，于是他娶了一位威尼斯商人的女儿多娜塔为妻。从此他安心过着传统的威尼斯生活，经营商业，再也没有出去远游了。马可和妻子生了三个女儿，分别叫凡蒂娜、贝莱拉和莫雷塔。关于波罗家的谱系，赖麦锡弄错了不少，但最新的研究已经弥补了他的错误，穆勒和伯希和整理的《世界寰宇记》一书中附有波罗家的树形家谱，清楚地展现了马可诸位亲戚之间的关系。

马可在余下的日子里渐渐适应了威尼斯人的生活，但他仍会给大家讲述自己的经历，并把游记的手稿赠送给有名望的贵族。有一本早期手稿上题字显示出 1307 年 8 月，马可将此书赠送给法国中北部小镇的一位君主迪博爵士，此外，瓦罗亚王朝的查尔斯和阿拉贡国王都曾向马可索要手稿，可以想象他们的要求都得到了满足。

伟大的旅行家死于 1324 年 1 月 8 日，大约 70 岁，而遗嘱签署的日期是 1 月 9 日。很可能是公证人从落日时分开始计算新的一天的开始，这说明马可的遗嘱表现了他最后的意愿，这样我们可以确定他去世的大致时间，应该是 1324 年 1 月 8 日星期日的傍晚。他的名声借其书流传，就是《马可·波罗游记》，也被翻译为《世界寰宇记》。在这本书里他几乎提及了亚洲大陆的各个地方，还有日本、苏门答腊、锡兰、索科特拉岛以及非洲东海岸，向那些震惊又怀疑的读者展示了一个广阔的新世界。人们遵照马可的遗愿，把他埋葬在圣洛伦佐大教堂，可能离他父亲的墓不远。但是后来这座教堂被重建，已经找不到他的墓地的位置了。

马可·波罗的遗嘱显示出其财富虽然不及百万之数，但仍颇可观,他在遗嘱中提到要捐赠 2000 镑威尼斯币给当地的慈善事业,虽然我们对那个时代钱的价值没有准确概念,但当时英格兰一位爵士的薪俸是 20 镑,那么一个可以遗赠 2000 镑用于慈善事业的人,应该是相当富有的。他为他的寡妻留下了 8 镑的养老金(真不是一个大数目),其他的财产都分给了 3 个女儿。奥兰蒂尼教授发布了保存下来被分割的货物清单,其总价值达 306 里拉威尼斯格罗斯。

在这里我们简单地解释一下当时的欧洲货币。7 世纪时欧洲出现了短暂的贸易复兴,这个时期开始铸造银便士,又称为德涅尔币,这种硬币持续使用了 500 多年。它不仅是西欧的代表性硬币,而且实际上是唯一通用的硬币。到 13 世纪,也就是我们的旅行家生活的这个时期,法国开始采用圣马丁修道院在图尔铸造的德涅尔币作为国家货币。第四次十字军东征之后,欧洲货币发生了关键性的变化,格罗斯币登上了历史舞台。东征的十字军需要从海道进军,为他们提供海上交通便利的正是威尼斯人。当时多数来自阿尔卑斯山以北的十字军将士同意为他们的海上交通付给威尼斯人 51000 马克白银,其中多数是支付给造船木工及正在威尼斯兵工厂修造备用船只的工人的工资,还有出发后为船队提供给养及水手的费用。要支付这些工资和满足国内商业贸易的需要,显然需要一个介于德涅尔和价值 2400 个德涅尔的银马克条之间的货币单位。银条适用于远程贸易和大额交易,但对地租、工资等这些当地小额交易却毫无用处,而德涅尔币价值又太小,也无法满足这些小额交易的需要。正是为了支付运送十字军战士的船员的工资,威尼斯总督恩里科·丹达罗于 1201 年下令铸造大额硬币,即格罗斯币,每个格罗斯币值 24 个旧的德涅尔币。此后,欧洲其他地方逐渐开始使用大额银币。安茹的查理的长兄圣路易早在 1266 年就开始为法国铸造重 4 克的硬币,圣路易的图尔格罗斯币起初似乎发行量并不大,它们在意大利比在其本土的用处更大。在中世纪末欧洲的大部分地方,货币具有两种功能。一方面记账货币是一种价值尺度;而另一方面,真正的货币是交易的媒介和储存财富的工具。记账货币的名称来自它的功能。作为一种价值尺度,它几乎只被用于记账,大多数资金交易都首先通过记账货币进行确定和表达,尽管付账是用现金来完成。虽然直到 12 世纪或 13 世纪才出现对记账货币的需求,但记账货币所采取的形式却很早就已出现。随着各地进行的修订,12 个德涅尔币或便士值 1 个苏币或先令的比价,20 个先令值 1 个里弗赫币或镑的比价,这样的记账系统逐渐在整个西欧建立起来。因此在马可的书中常常使用不同的货币单位,有时候用图尔,有时候用里弗,如果不了解当时欧洲的记账货币单位,则无法了解马可提到的物品的真实价值。

2.2 《马可·波罗游记》

《马可·波罗游记》全书分 4 个部分,第一部分记述了马可· 波罗东来沿途所经过的一些国家和地区,包括亚美尼亚、格鲁吉亚、摩苏尔、波斯、中亚、帕米尔高原、蒙古高原,以及中国的新疆、甘肃等地的风土人情。第二部分记载了元朝初年的政事和大汗忽必烈所进行的战争,描述了大汗的朝廷、宫殿、节庆、游猎等事宜和北京、陕西、四川、河南、江浙、福建各地一些著名城市的风俗名胜、繁华景况。第三部分介绍了中国邻近的一些国家和地区的情况,包括日本、缅甸、越南、老挝、爪哇、苏门答腊、印度和斯里兰卡;此外还提到非洲的阿比西尼亚、埃塞俄比亚、桑给巴尔、马达加斯加等。第四部分讲成吉思汗后裔蒙古诸汗国之间的战争和俄罗斯的概况。

《马可·波罗游记》给欧洲的知识界开辟了一个新天地,人们争相传诵,很快就被译成各种欧洲文字。由于当时没有印刷业,《马可·波罗游记》起初都是手抄本。在翻译和传抄的过程中,难免有所损益,所以现在所知的就有 140 多种不同版本。有许多学者对照各种版本进行校勘注释,做了大量的整理研究工作。

《马可·波罗游记》所记载的范围跨越欧亚大陆,它记录了中亚、西亚、东南亚等地区的许多国家的情况,由于马可·波罗在中国居留 17 年之久,因此重点记述中国的情况。马可·波罗在中国停留期间,他的足迹所至遍及西北、华北、西南和华东等地区。他在书中以大量的篇章和热情洋溢的语言,记述了中国无穷无尽的财富、巨大的商业城市、完善的交通设施、华丽的宫殿建筑。以记述中国为主的第二卷,有很多篇幅是关于忽必烈和北京的描述,马可·波罗记述当时北京这个城市,"全城地面规划有如棋盘,其美善之极,未可宣言"。"在京城里,大汗在靠近新城的正中建了一个大宫殿。宫殿各处都是正方形。首先有一堵四面环绕的城墙,每面各为八英里,宫墙之外,是一条很深的护城河。每面正中有一个大门,由各方聚集来的人由大门入内。环城有一英里的空地,军队就驻在那儿。在空地之后,又有一堵每边长六英里的宫墙环绕,正中一面有三个门,另一边也有三个门,中间那个门最大,而且常锁着,仅供大汗进出时用,其他两个门较小,每边一个,常开着,人们都由此入内。宫墙的四角和每面的正中各有一座美丽而宽大的宫殿,因此围绕整个宫墙有八个宫殿,每个宫殿各藏有一种大汗的军需品,比如笼头、鞍子、马镫和其他一些属于马匹用的装备。"今天读到这些关于北京的描写,这座600多年前的古城的面貌便又历历在目。

游记第二卷,还对杭州有详细的记述。书中称杭州为"行在""天城",称苏州为"地城"。"行在"是南宋时代对杭州的一般称呼,指皇帝行幸所在的地方,而"天城""地城",也就是我国谚语"上有天堂,下有苏杭"的一种译称。对于号称天堂的杭州,马可·波罗赞不绝口。他说:"行在城所供给的娱乐,世界诸城无有及之者,人处其中自信为置身天堂。"中国学者对于马可·波罗对于这些历史名城的描述已经有了很多研究,出版了不少文章和著作。本书限于篇幅,就不再重复这些内容。

游记对亚洲其他地方,也有大量篇幅描述。马可·波罗一行东来,主要经过西亚、中亚等地,因此游记里载有不少这些地方的见闻。在中世纪,关于亚洲的知识,之前的旅行家没有一个能比得上马可·波罗那样丰富,约翰·柏朗嘉宾和威廉·鲁布鲁克所行走的路线主要通过金帐汗国,也就是今天的俄罗斯和中亚北部,其他的教皇使者甚至没有越过伊朗。而在马可·波罗之后,旅行家们开始进入波斯地区,但鄂多里克在伊朗的忽鲁模子港就改走海路。伊本·白图泰可以称得上是一位职业旅行家,一生都在行走,但他也没有到过伊朗的西北部和东部,中国的西北、西南和蒙古高原。

16世纪,马可·波罗的同乡赖麦锡编纂游记丛书,其中有《马可·波罗游记》。赖麦锡距离马可·波罗的时代并不算太远,他搜集了威尼斯市流传的马可·波罗的各种传说,将其编写为马可传记,这可以算得上是关于马可·波罗本人的第一本书。

《马可·波罗游记》是中世纪大旅行家马可·波罗从故乡意大利的威尼斯出发,随叔父来到中国旅居17年和途中往返费时7年的回忆录,是他1296年参加威尼斯和热那亚两个城邦为争夺外贸利益而爆发的战争被俘之后,在热那亚监狱中口述,由同狱难友比萨人、传奇小说作家鲁斯蒂谦笔录而成。这部书在意大利叫《百万》,在英国叫《世界寰宇记》,在我国叫《马可·波罗游记》,也译为《马哥孛罗游记》《马可·波罗行纪》等,在日本叫《东方见闻录》,以及其他一些诸如此类的衍生书名。

这部回忆录称为《游记》《行纪》《见闻录》,从字面上看,都好理解,而在意大利本国,这部书叫《百万》,从字面上看,似乎没有什么联系,但它却包含了丰富的内容。这是因为马可·波罗回国后念念不忘他在中国度过的美好岁月,在他应来访者之请,讲述他在中国见闻时,总爱用"百万""几个百万""几十个百万""几百个百万"来描述中国的地大物博、人口众多。这种夸张的词汇给人留下深刻的印象,人们因此就管他叫"百万",管他的住所叫"百万宅"。还有一个重要的原因,就是这部回忆录的内容并不是旅行的故事,而是世界上,特别是亚洲大部分地区的国家和城市万物的珍贵记录,因而也被称为"世界一大奇书"。这部书是中西交通史、中世纪史、亚洲史、地理学史、蒙元史的宝贵史料,早已列入世界学术名著之林,为中外许多学术界人士所重视,为各种学术著作经常引用。这部回忆录在1298年问世以后,辗转传抄,不胫而走,手抄本层出不穷,到了19世纪70年代,学者统计出有抄本80多种,到了20世纪70年代,已找到抄本140多种。随着德国人谷登堡创制的铅合金活字于1450年排印了《四十二行圣经》等书之

·欧·亚·历·史·文·化·文·库·

后,《马可·波罗游记》也于 1477 年首次在德国排印,出版了德文本。此后,各国相继出版铅印翻译本。到 20 世纪 20 年代,光欧洲就印行了 70 多种翻译本,到 70 年代末期译本已出版了 120 种,到 80 年代中期,铅印译本接近于抄本之数。

关于《马可·波罗游记》最初用什么文字笔录的,由于原稿和根据原稿的抄录本都已失传,各家看法不一。首位研究马可·波罗并为其立传的赖麦锡认为最先用拉丁文笔录,马尔斯登则认为用托斯卡纳语,巴尔代利·博尼判定为老法文。以后经各家考证,确认为老法文,拉丁文为第二次所用的文字,托斯卡纳语则为译本。所谓的老法文并非巴黎的标准法语,而是夹杂了意大利语的法兰西—意大利混合语,又被称为罗曼语。之所以采用法文,是因为 13 世纪法国语言文学在西欧流传很广,英国宫廷和牛津大学也都通用法语,而鲁斯蒂谦也是一位用法文写作的通俗小说家。

《马可·波罗游记》众多的手抄本和印刷本如何分类,各家也不相同,有分为两类的,如意大利学者贝内带托,有分为三类的,如我国的冯承钧,有分为四类的,如亨利·玉尔。现简介如下:

贝内带托把《马可·波罗游记》的原本称为 O 本,现在已经失传了,现在的抄本全都来自 O 本,大概可以分成 A、B 两类。A 类包括绝大部分所有已知的各种改订本和印刷本,其中最重要的是法国国立图书馆藏 Fr. 1116 号老法文手抄本,这份手稿被认为是最接近于原本的抄本,因为它使用了和原本一样的语言,不过 20 世纪新发现的 Z 本使我们知道,这个版本已经进行过大量删节,与原稿相距甚远。A 类还有一种用标准法语写成的宫廷法文本,是 1307 年由马可·波罗在威尼斯送给法兰西王子之使臣瑟普瓦领主迪博的修订本,马可·波罗在序言中称之为该书写成之后的第一部抄本——这当然是不可能的,此外还提到这个抄本被迪博带回法国后,由其长子若望呈送法王查理,多次传抄送给友人。A 类本中的托斯卡纳语译本、威尼斯语译本和拉丁语译本都各有特色。托斯卡纳语译本采用了"商人书体"进行修订,主要着眼于原本中对商业的描写,供从事东方贸易的人使用,因此进行了大量删节，原本中关于战争、国家制度、历史等部分细节很多被删掉了。威尼斯语译本中的一种或几种是马可·波罗本人尚在世时就已经翻译抄写而成的，应该也是最接近原本的译本之一。拉丁语译本是从一种威尼斯语译本翻译而来的，其中最重要的一种是 14 世纪早期，波伦亚修士庇庇诺受主教之命翻译和改定的。他在序言中说，他认为马可·波罗用此种俗语撰述此书，造成不懂此种语言的读者阅读不便，而拉丁语为当时欧洲的通用语，因此他将此书译为纯净的语言，并出于宗教目的进行修订："一方面，阅读波罗书中描述的奇迹将会让人更加敬畏上帝的力量和智慧；另一方面，那些虔诚的心将被指引带着福音书前往蒙昧的无信仰之国，在那里收获巨大但愿前去者甚少。"因此他改定后的译本中有大量的宗教特色。譬如在波罗描写吐蕃婚俗的部分，老法文本中的内容是："我告诉你，那里有这样一种婚俗：真的，没人要娶处女……"。在 15 世纪中叶的一个威尼斯抄本中，这个句子前半截变成："那儿有这样一种可爱的婚俗。"而修士庇庇诺改定的拉丁文本中，这句话是："我告诉你的这种婚俗，是一种因蒙昧的偶像崇拜而产生的荒谬可憎的陋习……"虽然如此，拉丁语译本的出现客观上促使《马可·波罗游记》一书在欧洲广泛流传，派生出许多不同抄本。又被译为法语、爱尔兰语、波西米亚语、葡萄牙语、德语等多种语言。

B 类则是与 A 类差别很大的一种抄本，这种抄本也已经失传，但赖麦锡在刊印《马可·波罗游记》时，使用这个抄本。赖麦锡使用的底本是 A 类抄本中的拉丁文本，但据他自己所说，他见到了一个出奇古老的抄本，是一个好朋友借给他的，这个抄本跟 A 类本大不相同，因此他摘抄了很多内容加入了他的刊印本，之后这个出奇古老的抄本由于他的工作间失火而消失了，因此我们在 Z 本发现之前只能根据他的刊印本来考察 B 类本的内容。

Z 本是晚至 20 世纪才发现的一个古老抄本。1924 年，负责整理《马可·波罗游记》的贝内带托教授在米兰的安布罗西亚图书馆发现一份与 A 类抄本截然不同的拉丁语抄本。根据手稿的注解介绍，该本是 1795 年受朱塞佩·图阿多之命根据中世纪的一个托莱多抄本复制的,在注释中,朱塞佩·图阿多特别感谢主教泽拉达借给他这个抄本。因此这个属于主教泽拉达的托莱多抄本被称为泽拉达本(Zelada),简称 Z 本。贝内带托发现的是 18 世纪时 Z 本的复制本,被称为 Zt 本。而 Z 本原本直到 1932 年 12 月 7 日,在热心的大卫爵士的全力资助下,才最终在托莱多的天主教教会图书馆被成功找到。Z 本的内容并不完整,其中 1/3 内容被节略,保留下来的部分与 Fr. 1116 本非常一致。但除此之外,Z 本有 200 段 A 类抄本没有的内容,其中 3/5 在赖麦锡的刊本中可以找到。由此可知赖麦锡在修订《马可·波罗游记》时手边那个出奇古老的抄本很可能是 B 类抄本中的某一个抄本,应当是 Z 的兄弟版本,该兄弟版本应当比 Z 本完整,因为赖麦锡的刊印本中还有很多内容是 A 类本和 Z 本中都无法找到的。

《马可·波罗游记》最初稿本并不分卷,不过大略可以分为两部。第一部叙述个人历史,第二部篇章甚多,长短不一,记述各地情形。修士庇庇诺将其译为拉丁文时将内容分为三卷。法国学者鲍梯(冯承钧将他的名字翻译为颇节)又将其分为四卷,以后集校注释者皆仿其例,我们现在通常所用的校订本、集注本都是分成四卷。近代各国对此书研究甚勤,善本迭出,英文先有马斯敦本,继有玉尔、考狄本校勘译注,皆颇精审。1928 年贝内带托经过长期的搜寻、考订、合校,出版了意大利文本,由于他找到了 Z 本的复制本 Zt 本,因此增入了很多佚文。1938 年英国学者穆勒与法国学者伯希和合作校订了《世界寰宇记》,由于他们在大卫爵士的支持下获得了 Z 本的复制照片,因此这个版本的集校又有了很大进步,其中还包括 143 种版本对照表。

《马可·波罗游记》这部"世界奇异书",记载了当时中国的各个方面区域、民族、政治、经济、军事、文化劳动生产、风俗习惯等,内容比较翔实,所述许多情况都可同我国的史料相印证,有很大的学术价值。它不仅"替欧洲人心目中创造了亚洲",也引起了中国学者的极大注意。它在中国的翻译,开始于清末民初。新中国成立前我国出过繁简不同的五个版本,新中国成立后中华书局重印过沙海昂注、冯承钧译的一个版本。目前北京大学荣新江、党宝海所带领的工作组又开始进行穆勒、伯希和集校本《世界寰宇记》的翻译、校勘、注释,完成之后当是目前最善译本。

关于《马可·波罗游记》的中文译本,已出版的共八种,其中有六种为汉文译本,两种为蒙文译本。汉文译本包括魏易译马尔斯登本《元代客卿马哥博罗游记》、张星烺译贝内带托本之英译本的《马哥孛罗游记》和译玉尔本的《张译马哥孛罗游记》、李季译赖麦锡刊本之通俗英译本的科姆诺夫本《马可·波罗游记》、冯承钧译鲍梯合校的宫廷法文本之沙海昂注释本《马可·波罗行纪》、陈开俊等译科姆诺夫本《马可·波罗游记》、梁生智译科姆诺夫本《马可·波罗游记》。蒙文译本包括赛熙亚东译科姆诺夫本《马可·波罗游记》、葛尔东朝克图译青木一夫本《马可·波罗游记》。

其中最早的中译本是梁启超题字、魏易汉译,正蒙书局 1913 年印行的《元代客卿马哥博罗游记》。此书的单篇译文问世更早,有一部分1909 年连载于汪康年办的《京报》上。译者魏易因和林琴南(林纾)合作译过书而有点名气。林纾不懂外文,由魏易口授,林笔之于文。魏易不懂历史,特别是元史,独立翻译,错误颇多,为学术界所病诟,柳诒征曾指出魏易"自谓择精去冗,为其签注之语,多浅便可笑"。冯承钧也说"审其译文,可以说是一种翻译匠的事业,而不是一种考据家的成绩"。丁谦写了两篇长文逐条订正魏译,并指出其书"未经修饰,颇伤繁猥,注亦多有舛戾"。这些评述和订正对读者阅读这部译作大有裨益,特别是丁谦第二篇长文《马哥博罗游记补注改订》很值得一读。由于马可·波罗不懂汉语,许多人名、地名用的是波斯语,加上历史的变迁,年代久远,很难还原为汉语,因而这部书被许多中外学者认为是最难翻译的著作之一,魏易能知难而进,首次译出,实属不易。这一点也不可忽视。魏易 1871 年所译马尔斯登本其实是赖麦锡刊印本的英译本,选本其实是有一定价值的。

张星烺译亨利·玉尔编订、亨利·考狄增订补注的《张译马哥孛罗游记》,其《导言》一册由中华印刷局于 1923 年印行,其第一册由北美印刷局于1929年印行,两书都由陈垣题签。虽然亨利·玉尔并不知道Z本的存在,在参考赖麦锡刊本时也颇为谨慎,但他的合校本在出版当时是非常好的版本,译文也是上乘,至今仍有很大参考价值,可惜这部书没有译完。该书出版后受到好评,冯承钧评论这部书说"译文虽然有舛误,译人补注亦颇多附会牵合,然而比较旧译,可以说是后来居上。惟原书凡四卷,此本仅译第一卷之强半,迄今尚未续成全帙"。张译之所以能够后来居上,是由于译者已悉心研究该书十余年,"常将西人研究与吾国史书参证,辄觉西人之说有理,询其理而旁证之,时能得有新证据,足以阐明西人之说者。又西人之说,谬误之处,间亦有之,翻译之时,参证中国史书,据实改正,亦时有之"。应该指出,由于学术研究的发展,书中也有一些现在已证实是错误的观点和考证。例如张译增补的第三章《中国史书上之马哥孛罗》,误将我国元朝的枢密副使孛罗认作意大利的波罗。这一点已被中外许多马可·波罗学者,如伯希和、冯承钧等所否定。冯承钧曾指出:"仅据《元史》本纪之文,已足明此种考订之伪。考《元史》至元七年以御史中丞孛罗兼大司农卿,至元十二年以大司农御史中丞孛罗为御史大夫,至元十四年以大司农御史大夫宣慰使兼领侍仪司孛罗为枢密副使,记载此孛罗拜官始末甚详,则不得为至元九年初至上都之波罗,彰彰明矣。……所以我名其人曰马可·波罗,而不名曰马哥孛罗。"除此之外,其实《张译马哥孛罗游记》很可一读。特别是《导言》部分,也是一部研究马可·波罗的巨著,有335页,详细介绍了马可·波罗的生平、家世、笔录者等,这是目前一些介绍马可·波罗的著作和译作所不可企及的。

李季译科姆诺夫《马可·波罗游记》,亚东图书馆1936年初版,1940年第4版。科姆诺夫系以上述马尔斯登本为基础,删去注释,参考上述玉尔本做了一些修改,而不是以上述一些原始抄本为基础,他用的都是第二手材料,没有什么特色。但因其比较简洁、通俗,曾一再重版。李季译的是科姆罗夫本第9版。科姆诺夫是美国作家,而不是史学家。他更多地注意文字的技巧,而很少注意史料的考证。因此这个版本史实错误不少,一般史学家和版本学家都看不上这个本子。译者李季也不是历史学家,而是社会学家,他这译作出了不少专业性的错误和笑话,曾经受到学术界的批评。史学家孟㭊曾在天津《益世报》上发表《评李季译马可罗波游记》一文,指出"在游记本身的译文中,我们看到有些根本上难于确定是中国什么地方。译者把它弄得更加乱七八糟,这是由于译者根本不是研究中国史地的,自然弄不清楚,还可原谅。不过有些错误,是不能原谅的",例如把窝阔台误译成奥克退,把沙洲误译成萨香,把唐古忒误译成坦古慈,把贵由汗误译为库伊汗,把拔都汗误译为巴图伊汗,把蒙哥汗误译为梦果汗,把丞相伯颜误译为钦山伯颜,把刺桐(泉州)误译为赛东等。孟㭊所说极对,但只是举例性质,实际误译远不止这些,比如江苏的瓜洲也被误译为开基,又如哈刺章(云南)误译为堪拉察等。孟㭊的批评文章发表于李译初版第二年,但是直至三年后,李译第4版问世,仍然保留原译的错误,未做丝毫修改。据载,香港在1982年还翻印了这部旧译,流传就更广了。

冯承钧译沙海昂编注《马可·波罗游记》,商务印书馆1936年初版,1947年第3版。新中国成立后又有多家出版社重印出版,流行很广,1999年北京大学的党宝海还为其增加了一些注释。这个译本译文确切,不过采用了半文言形式,今天的普通读者读起来可能会觉得有些拗口。这个版本最早是法国学者鲍梯将几种宫廷法文本相互参考校订而成的,编注者沙海昂原籍法国,清末国籍法颁布,他首先加入中国籍,后任交通部技正,是一位铁道专家,在业余编注这部书。冯承钧评论他这部书是"一种好事者的成绩,而不是一种纯粹考据家的作品,所以也免不了若干舛误,而于材料亦昧于鉴别"。沙海昂编注将鲍梯本转为现代法文书写,并参考了其他一些版本,原文出版于1924至1928年间,当时还没发现Z本,而且这个版本所参考的仅限于宫廷法文本系列,因而价值并不是很高。然而译者冯承钧是元史专家,译著了许多蒙古史书,比如《多桑蒙古史》等,很有翻译经验,他的做法是"此书既然有缺点,所以我的译文取其所长,弃其所短。好的注释一概转录,牵合附会之文则不惜删削"。冯承钧的确纠正了原编注本许多错误,并在沙海昂的注之外又加了不少注释,使这部书的译文和注释达

·欧·亚·历·史·文·化·文·库·

到了较高的水平,成为我国史学工作者爱读和经常引用的一种版本。

张星烺后来又翻译了贝内带托校订本的英译本,名为《马哥孛罗游记》,商务印书馆于 1937 年出版,可以说是当时最新的版本,这个版本实际上包括了赖麦锡刊印本、Z 本和几乎所有重要抄本中有价值的内容,张星烺自己说曾将所翻译的这个本子与玉尔本详细比对,"其中互有损益,大抵新本较之旧本增益者为多。而旧本中所有,新本中所无者,亦为不少。又有同一段事而记载不同者,亦数见之。孰为正确,无从判断。新本较旧本为优,而损益情形如彼,互异者又如此,当可以并行不悖"。实际上这个版本应该是远胜于玉尔合校本的。张译这一版本所据的英译本没有注释,张星烺自己在各地名后略作注释,在西历之下标注中国年代,其注释多来自玉尔的考订或沙海昂的法文本注。最可惜的是印数太少,现在很难找到。应该说,张星烺的学术眼光极佳,选择翻译的玉尔本和英译贝内带托本都是当时最好最有价值的版本,但他的翻译质量逊于冯承钧,因此他的译本没有得到重视,这是很可惜的。

陈开俊和梁生智所翻译的都仍是科姆诺夫本《马可·波罗游记》,前者由福建科学技术出版社 1981 年出版,后者由中国文史出版社 1998 年出版。这两个最新的译本竟然仍是根据李季译本所用的版本,如前所述,这个版本并无多少学术价值,而且一译再译,毫无意义。当然,这两种新译本在文字上有所改进,纠正了旧译不少错误,比如李译"坦古慈",陈译"唐古忒",李译"库伊汗",陈译"贵由汗"等。但陈译也沿袭李译的错误,甚至不如李译的地方,如"窝阔台",李译"奥克退",陈译略加改动为"奥克泰"。梁译也没有多少进步,学术界对这两个译本多有批评。

两种蒙文版《马可·波罗游记》,一种是赛熙亚东译,吉林人民出版社 1977 年出版。这个蒙译本是根据李季的汉译本转译的,因此也是科姆诺夫的底本。这个版本有一优点是加了人名、地名的蒙汉文对照索引,便于查考。另一种是葛尔东朝克图译,由黑龙江人民出版社 1978 年出版。这一蒙译本是根据日本青木一夫译、校仓书房出版的

《东方见闻录》转译的。日译则是根据贝内带托校本的英译本所译的。

版本方面的问题谈了这么多,读者大概已经有些厌烦了。但不得不说,目前我国的《马可·波罗游记》尚没有比较好的译本,真是令人觉得惊讶而又可惜。好在目前北京大学的马可波罗游记工作组所做的工作的确令人期待。可以料想几年之后我们就终于有一个可靠又流畅、内容丰富完整的新译本可以阅读和使用了。

2.3 马可·波罗到过中国吗

我们现在看到的各种译本的《马可·波罗游记》,大多翻译为 *The Travels of Marco Polo* 或者 *The Book of Marco Polo*,但实际上早先更常用的是 *The Tales of Marco Polo*,大概可以翻译成《马可·波罗的传说》或《马可·波罗的荒诞故事》。19 世纪的报刊文章,常常起一个吸引眼球的名字,譬如《马可·波罗荒诞故事中的羚羊果然存在》,内容则是动物学家在某地考察羚羊的经过。马可·波罗荒诞故事差不多是阿拉伯的《天方夜谭》或中国的《山海经》这样的地位。

前面提到过赖麦锡写过一本《马可传记》,他在传记中说马可·波罗的书出版之后,仿印的版本极多,并译成各地方言,数月之间遍布意大利全境云云。实际上根据现代学者的研究,当时《马可·波罗游记》远不如赖麦锡说的这样流行和著名。当时有一位著名的英国勇士孟德维尔写了一部游记,其内容完全是根据其他书籍想象和编造出来的,在 15 世纪即重印了 25 次。而《马可·波罗游记》则仅重印 5 次而已。当时各种学者的书籍和地理著作中提到中国的非常不少,但很少有人引用《马可·波罗游记》中的内容。

古代欧洲人对于世界的观念大致与中国人类似,认为自己是文明世界,一切穆斯林也好、鞑靼也好、偶像教徒也好,多半是野蛮民族。中国人在清代最初听说世界之大,尚且不相信欧洲文明程度能够与中国比肩。当时的欧洲人亦大多难以接受世上有一文明国度,其程度甚至超过欧洲。因此马可·波罗谈到的种种神奇见闻,难以取信于当时的

·欧·亚·历·史·文·化·文·库·

贵族和市民。意大利的伯尼所刊布的《马可·波罗游记》,序文中摘录了一段安布罗西亚图书馆所藏古代写本中一段当时人的记载,提到马可·波罗临死之前,亲友围聚床前,祈求他把书中不合情理之事删除,但马可·波罗却执迷不悟,说书中所记还不及他亲眼所见之一半。总之在当时的威尼斯,大多数人都认为马可·波罗所写的是奇闻逸事,荒诞不经。马可·波罗变成了欧洲说大话吹牛皮的经典形象,他死后多年,威尼斯市的娱乐场所中,还时常有人扮作马可·波罗,演出荒诞故事,博取观众一笑。

长期以来,一直有人认为马可·波罗并没有到过中国,他所说的内容都是根据某些道听途说而编造出来的。从 19 世纪开始,越来越多的学者投入到对《马可·波罗游记》的研究和翻译工作中去,很多国外的著名学者,在研究和翻译过程中,一方面对大量问题提出了合理解释,另一方面也产生了各种怀疑。

19 世纪末英国的马可·波罗研究专家亨利·玉尔在其《马可·波罗游记·导言》中提出,书中对于中国的记载有很多遗漏,他总结出以下明显遗漏:(1)万里长城,(2)茶叶,(3)妇女缠足,(4)用鸬鹚捕鱼,(5)人工孵卵,(6)印刷书籍,(7)中国文字,(8)其他奇技巧术、怪异风俗等。此外还有一些记载明显有误之处,譬如对地名的记载大量使用波斯语词汇;记成吉思汗之死和成吉思汗家族的子孙世系有不少错误;关于攻陷襄阳城的记载明显是编造的;等等。

这些问题,随着英国学者玉尔、波伊勒,法国学者伯希和,我国学者杨志玖和美国学者柯立甫等人的深入研究,其中大部分已得到合理的说明。但是,20 世纪中期以后,仍不断有人对《马可·波罗游记》的真实性提出种种怀疑,如 20 世纪 60 年代德国的傅海波、70 年代美国的海格尔、80 年代英国的克鲁纳斯等都是著名的站在怀疑论立场的学者。对此,国内外一些学者发表文章进行了答复。尽管如此,还是有人执着地坚持怀疑立场。英国的弗朗西斯·伍德博士于 1995 年出版了题为《马可·波罗到过中国吗?》的著作,可谓怀疑派观点的集大成者。

《马可·波罗到过中国吗?》一书分为 15 章,其中提出了很多对

《马可·波罗游记》的内容的怀疑,总结起来大概有以下几种。

2.3.1 《马可·波罗游记》不是一本旅行日记

看过《马可·波罗游记》的读者会发现,这本书与普通的旅行日记不太一样。譬如我们所熟悉的《长春真人西游记》《鲁布鲁克东方行纪》《鄂多立克东游录》《伊本·白图泰游记》等,基本上都是按照旅程经过的路线和时间顺序记载旅行者所经过的地方、遇到的人和事及各种奇闻记载。通过前面提到的这几种游记,我们可以理出一条清晰的行程路线。但弗朗西斯·伍德博士指出,《马可·波罗游记》完全不像一本旅行日记,它只有前面的 18 节是以主人公的口吻讲述经历的事件,之后的叙述则颠三倒四地对各地物产、居民和信仰做出介绍,完全没有记载波罗三人是怎样从一个城市到另一个城市。介绍的城市从中亚往东,忽北忽南,前后跳跃,有的地区又有大段空白。到达沙洲(今天的甘肃敦煌)之后,忽然向北偏离,转至蒙古都城哈剌和林,并持续向北到了某个海洋,接着又折回甘州(今天的甘肃张掖)重新起程,到达东北方向的上都(今天的内蒙古锡林郭勒盟正蓝旗)。在中国境内的旅行也缺少日期记载,对城市的介绍通常按照地区排列,先是大体朝着西南,经过黄河、长江,然后进入吐蕃,吐蕃之后是云南和缅甸,直到孟加拉。然后又开始另外一条路线,即沿着东海岸经过苏州、扬州、杭州直到福建泉州,这条路线的描述又戛然而止,其后就直接进入了印度。从印度之后,旅程跳跃的幅度就更大了。从日本到越南、爪哇、安达曼群岛、锡兰再到印度,然后进入阿拉伯海,描述了索科特拉岛、马达加斯加、桑给巴尔、埃塞俄比亚和亚丁。我们会发现这本书沿着非洲东海岸跳来跳去,从阿拉伯半岛南部的亚丁湾跳到撒哈拉以南的非洲然后再跳回来。这还不算,接着作者回到了伊朗城市忽里模子和起儿漫,接着又来到突厥斯坦……因此,伍德博士认为:与其认为这是一本旅行日记,倒不如认为这是一本导游手册。书中显然没有一条符合逻辑的旅行路线,在波斯往东的地区,想要沿着马可·波罗的足迹来一次旅行,实际上是不可能做到的。不妨就此推测——虽然作者没有明说出来——马可·波罗很可能并没有到过比波斯更远的地方。

2.3.2　马可·波罗不会讲中文

对于《马可·波罗游记》这本书最早是用什么语言写成的,学者们有很多不同意见,有人认为是拉丁文,有人认为一定是托斯卡纳方言,不过多数人仍同意最初的写作语言是一种中古法语——这种语言被认为是一种非常古老又非常粗鲁的法语,因为在这本书完成的年代,法语这种语言还没有获得充分的发展,这种语言或许应该被描述为一种"法意混合语"。随着原稿的流传和各种抄本的出现,许多保存下来的文本中被加入了新的内容,导致书中的语言出现一些不一致的现象,但无论如何,研究者们在书中发现了很多词汇,明显是来自波斯文的拼法。

波斯文拼法的词汇主要是专名、人名和地名。譬如书中把中国的皇帝称为 facfur,这是波斯文中对中国皇帝的通称。把卢沟桥称为 pulisangan,念起来大概是"普里桑干",这个名字可以做两种解释。第一种解释是一个纯波斯文词:石桥。波斯文语法中,被修饰词放在前面,修饰词放在后面,中间有一个元音连接。譬如我们把石头修筑的桥称为"石(的)桥",在波斯语中,按照原文的顺序翻译过来就成了"桥(的)石"。pul 在波斯语中是"桥"的意思,而 sangin 是"石头"的意思。波斯语中,短元音是不写出来的,所以 sangin 和 sangan 的写法是完全一样的。pulisangin 可以认为是"石桥"的意思。另外一种解释则是一个波斯语和汉语的混合语,sangan 可以理解为桑干,即卢沟桥所在的桑干河——卢沟桥建在永定河上,永定河又称卢沟,上游分为二支,其中一支是桑干河,所以也可以理解为卢沟桥建在桑干河上,pulisangan 的意思就是"桑干河的桥"。我们可以推测,马可·波罗注意到了这座非常独特、雕满了姿态各异的小狮子的桥,然后询问这座桥的名字,和他谈话的人很可能是一个会说波斯语的西域人,他告诉马可·波罗,这座桥的名字很有意思,叫作石桥,pulisangin,同时,桥下的河叫作 sangan,所以也可以叫作 pulisangan。于是马可·波罗被这个奇妙的巧合所吸引,以至于在多年之后的狱中,还能回忆起这座桥的名字,并把它记录下来。总之,马可·波罗是用波斯文的 pul 来表示桥,这是毫无疑问的。书中还把云南的金齿拼成 zardandan——匝儿丹丹,这也是一个波斯文的拼法。zar 是波斯文"金色、金子"的意思,而 dandan 则是"牙齿"的意思,因此合起来就成了"金齿"。

书中还有很多这样的地方,用波斯文来拼写各种专名,更常见的是在拼写汉文地名时,使用了波斯语的常用拼法。因为在波斯文中,i 和 y 这两个字母的写法一样,而两个相同的字母连续出现的时候,往往会被合成一个,因此平阳府 pingyangfu 被拼成了 pianfu,太原府 taiyuan-fu 被拼成了 taianfu,这种拼法和其他波斯文史籍中对汉文地名的拼法非常相似。

伍德博士因此认为,马可·波罗在中国生活了 17 年,居然连几个汉语地名或者蒙古地名都不会说,他对他所看到的地方和事物明显感到好奇,但这种好奇心却没有扩大到他从四周听到的各种语言,这是伍德博士质疑马可·波罗到过中国的证据之一。

2.3.3 诸多漏载

大多数认为马可·波罗没有到过中国的学者,其重要证据之一就是《马可·波罗游记》中漏载了很多他们认为不应该漏掉的东西。尤其是一些同时代的欧洲旅行者记载过的东西,马可·波罗不应该不进行记录。譬如著名的传教士鲁布鲁克在描述纸币之后立刻介绍了中国的书法,因为他看到印在纸币上的汉字,于是对中国书法做了简短的描写:"他们用画家所用的那种刷子写字,每写一个汉字都要写出构成一个词的几个字母。"不懂中文的外国人往往难以理解中文没有字母表这件事,笔者遇到不懂中文的国际友人,最常听到的问题就是:"中文的字母表有多少字母?"因此鲁布鲁克提到中文的每一个字都由好几个字母构成,这一点虽然似是而非,不过他提到用刷子写字,说得非常准确。马可·波罗虽然也花了大量篇幅描写纸币这种在欧洲人看来很新奇的东西,却对中国的书法未置一词,对于汉字这种奇特的文字也没有表现出丝毫兴趣。有些学者认为这是不可理解的,他们认为:即使这种文字对他来说无法理解,但没有注意到这种文字,想必很不容易做到,因为连蒙古人自己都被这种文字所吸引,忽必烈自己虽然不懂汉文,但他的一些继位者则越来越擅长汉字的书法。

与汉字类似的还有印刷术,马可·波罗在书中完全没有提到雕版印刷术,也没有提到市场上出售的各种通俗读物和小册子。浙江和福建是宋元时期的出版中心,绝大多数的书籍都是在这里印刷流通的。马可·波罗详细记录了杭州、福州的市场,但没有提到任何书市和书商。

有人提出,因为马可·波罗是商人之子,前往东方为的是经商挣钱,所以注意不到书法、印刷、书籍等文化气息浓厚的事务,也是情有可原的。但怀疑派认为,即便如此,马可·波罗甚至也没有提到中国非常有特色的茶叶、缠足和长城,也是让人难以理解的。马可·波罗在书中提到了美酒、果子汁等各种各样的饮料,但的确没有提到茶。在宋元时期,茶在中国是颇为普及的饮料。马可·波罗到过的云南、福建、杭州、苏州等地,都以出产不同品种的茶叶而闻名遐迩。杭州、苏州这样的城市,满城都有不同档次的茶馆。马可·波罗既然对各种各样的葡萄酒、米酒和甘蔗酒都做了记载,为什么没有记载茶?

《马可·波罗游记》也没有任何一处提到妇女缠足之事。书中描述了各地的妇女,提到福建的妇女非常漂亮,杭州商人的妻子用绫罗绸缎打扮自己,还描写了杭州艺妓招徕顾客的手法,但没有提到妇女缠足。而晚于马可·波罗约半世纪的鄂多立克,则在游记中对中国南方妇女缠足的情况有所记载。

鄂多立克还提到过西方人很感兴趣的鸬鹚捕鱼。渔民在驯服的鸬鹚脖子上套上小项圈,然后驱使它们去湖中捕鱼。鸬鹚无法把捕到的鱼吞入肚内,只好衔着鱼回到竹筏上。鄂多立克说,"鸬鹚捕获大量的鱼,而且它们一旦衔住鱼,就会自动把鱼放进篮子里"。这差不多是最早传到欧洲的,对鸬鹚捕鱼的描述。当然,马可·波罗没有提到这件事。

万里长城被认为是马可·波罗遗漏的最重要的一件东西。伍德博士甚至声称"这项遗漏看起来简直是弥天大罪"。她认为,一个人只要看看今天的中国地图,或者坐着飞机越过中国北方的上空,或者乘

图2-3 鸬鹚捕鱼

坐横穿西伯利亚的火车到达中国北方,只要视力尚可,他就无法不注意到巍峨的长城并为之叹服。在崇山峻岭中蜿蜒数千里的长城,被公认为世界的七大奇迹之一,它的宽度也让人印象深刻,东段的宽度足够4个骑兵策马并排通过。长城是每一个到中国的游客必选的参观景点,英国的第一个访华使团马嘎尔尼使团对长城进行了详细的描述,可见其给他们留下极为深刻的印象:"那些沿着山脊建筑并蜿蜒于高山之巅的筑有防御工事的墙垣,时而向下伸展至深谷之中,时而飞越于设有拱门的河道之上。许多低段的城墙呈现内外双层或三层的结构,以便于把重要的关隘围起来。在我们所见之处,几乎每隔100码就有一座岗楼或高大的堡垒。你站在任何一处所能看到的这些景象使你想到这是一个规模巨大无比的工程。"

实际上正是马嘎尔尼使团的斯坦顿最早提出了马可·波罗为什么没有记载长城这个疑问。他说:"第一个发表有关那个帝国的记述的欧洲人却没有提到长城,他从鞑靼之地出发,通过陆路旅行来到中国的京城,按说必然会在现在的长城沿线的某个点穿过长城。他闭口不谈长城,实在让人怀疑13世纪长城是否真正存在。"

斯坦顿这一点倒没有说错,伍德博士自己也承认,在秦代和明代之间,长城年久失修,以至于差一点就要从地球上消失。这段时期内的正史中,尤其是唐代和宋代的正史中,完全没有提到过建造或者修缮长城。我们今天所见到的蔚为壮观的长城,基本是在明代修筑的,比马可·波罗一行离开中国,最少晚了100多年。虽然如此,伍德博士在书中提出这样的观点:"宋代朝廷常年受到来自北方的阿尔泰民族的威胁,有理由认为宋人应该更多地注意到来自北方的威胁,并为此而加固长城。"并且她相信,1127年北宋灭亡,宋室从开封迁都至杭州,"当时与其说长城是一个有形的屏障,倒不如说它是提供戍边部队使用的交通线和庇护所。注意在长城上保持一支戍卫队,或许可以使宋廷避免南逃"。由于她相信宋代长城仍能发挥一定的御敌作用,所以提出了严厉的质疑,认为"一个从西方旅行至中国的人竟然没有注意到长城,这是十分难解的事。可见《马可·波罗游记》漏掉长城是很能说明问题的"。

漏载是质疑派学者对《马可·波罗游记》一书的真实性产生怀疑最重要的证据之一,还有一些学者提到马可·波罗没有记载筷子,这也让一些学者对他是否真的到过中国产生了怀疑。

2.3.4 一些细节上的错误

在《马可·波罗游记》中还有大量记载细节上的错误,其中有一些错误是非常明显和严重的。最典型的就是马可·波罗自我标榜为蒙古军队攻克襄阳城的功臣。攻占襄阳是蒙宋战争中关键性的一役,元代的史料中对其有诸多记载。根据马可·波罗的描述:"襄阳府是蛮子省的一个大城,在司法上管辖着十二个富庶的大市镇。这里是一个规模宏大的商业重镇……所有种类的猎物都很丰富。凡是一个大城所应有的东西,它都能够充分自给,所以它的抵抗力非常强大,可以抵御围攻达三年之久,甚至于在大汗夺取蛮子省之后,它仍不肯投降。

"这个城市三面环水,仅有北面是陆地。因此,围攻的难题就在于,除了北面,军队简直不能靠近城墙。当人们把这个情况报告给大汗后,他看到在全国其他部分都已降服之后,这里仍独自顽强抵抗,于是心中不胜伤感。

"尼古拉和马飞兄弟当时正好居留在帝廷。他们听到这个消息后,马上觐见皇帝,请求允许他们制造一种西方的机器。这种机器可以投射三百磅的石头。使用它,可以击毁城中的建筑物,并杀死居民。大汗允许了他们的要求并热情赞扬了他们的计划,下令将最优秀的工匠集中起来,让他们兄弟指挥。这些人中有些是聂斯托利派的基督教徒,是一群十分能干的工匠。几天之内,他们按照波罗兄弟的设计,造出了投石机。并且在大汗和他的全体朝臣面前进行了实验,当场表演了用机器投石三百磅的奇迹。然后将它们装船运至军中使用。

"当这种机器在襄阳府前架好后,其中一架投出了第一块石头,打在一座建筑物上,由于其沉重猛烈,以致这个建筑物的大部分都被砸塌。居民对这种攻击感到非常害怕,他们以为这和天雷的效力一样,所以马上决定投降。于是他们派出代表,表示愿意归顺,他们所提的条件和其他投降的各城完全相同。两兄弟的妙计,取得了这样的奇效,使得他们在大汗和其他朝臣的心目中的地位大大提高了。"

根据马可·波罗的记载,是由于他的父亲和叔父献计,带领一批工匠制造了投石机,才得以攻克襄阳。但这与中文史料的记载完全不符,根据《元史》的记载,是西域人阿老丁和亦思马因制作了巨石炮,前来献给朝廷,这种巨石炮只需要用很少的力量就可以将大石击出甚远,因此忽必烈下令把此炮送到襄阳军前使用。此外,襄阳城陷落是在1273年,而马可·波罗一家到达元大都是在1275年,因此尼古拉和马飞两兄弟根本就不可能帮助元军攻打襄阳。

马可·波罗在记述成吉思汗家族时,也犯了不少错误,他在书中记载蒙古大汗世系:成吉思汗之后为贵由汗、第三是拔都汗、第四是阿刺忽汗、第五是蒙哥汗、第六是忽必烈汗,又说:忽必烈汗有22个儿子,长子叫成吉思,是为了追忆鞑靼第一君主成吉思汗而取此名,这个儿子本来应该继承汗位,但由于他早死,因此他的儿子铁木耳在忽必烈死后继承了汗位。我们从《元史》《蒙古秘史》等各种材料可知,成吉思汗死后,继承其位的是窝阔台汗,其后是贵由汗,其后是蒙哥汗,其后是忽必烈汗。拔都是金帐汗国的汗王,并非大汗的继承者。忽必烈早先立其子真金为太子,意欲让他继承汗位,但真金并非忽必烈的长子,而且他的名字是一个汉文名,并非成吉思,也不是为了继承成吉思汗而取的。总之,马可·波罗对蒙古汗王世系的记载出了很多错误。

此外,马可·波罗在描写中国时,往往夸大其词,他增加了卢沟桥的桥柱和石狮子的数量,称其两侧共有600根桥柱以及雕刻的1200只小狮子——实际上只有120根桥柱,以及每根柱子上雕刻的一只小狮子。他还极其夸张地对杭州进行了详细描述——他说杭州有1.2万座桥,市场上出售的梨子,每个有10磅重。此外,他提到杭州市场上每天交易的胡椒数量达到43担,而每一担重223磅,而通常认为,那个时候杭州市一天大概无法消耗掉这么多胡椒。

2.3.5 汉文史料中没有记载

不少学者都提出这样的质疑:既然马可·波罗自称和大汗忽必烈的关系非常密切,忽必烈多次派遣他出使,每次都要详细听取他生动有趣的报告,并且他在元朝宫廷供职多年,为什么汉文史料中没有任何关于波罗一家三人的记载。

之前有一些学者误认为《元史》中的副枢密使孛罗就是马可·波罗,最早是法国学者鲍梯提出了这一观点,然后欧洲不少研究马可·波罗的学者都继承这种观点,中国的翻译者和学者也有不少沿袭这一错误,甚至对其进行更为详细的论证。实际上,孛罗是元代一个非常常见的名字,《元史》中记载了很多位孛罗,但大家很快发现,这些孛罗,尤其是副枢密使孛罗并非马可·波罗。因为此孛罗在中国生活和官职升迁的轨迹非常完整,明显不是从欧洲来到中国的旅行者。

还有学者认为在王恽的文集中发现了马可·波罗的父亲和叔父的踪迹,王恽的《中堂事纪》中有如下记载:"中统二年(1261)辛酉五月七日戊辰,是日发郎国遣人来献卉服诸物,其使自本土达上都已逾三年,说其国在回纥极西徼,常昼不夜,野鼠出穴乃是入夕。人死,众竭诚吁天,间有苏者。蝇纳悉自木出。妇人颇妍美,男子例碧眼黄发。所经涂有二海:一则逾月,一则期月可渡。其船艘大可载五十百人。其所献盏罍,盖海鸟大卵分而为之,酌以凉醋即温,岂世所谓温凉盏者耶。上嘉其远来,回赐金帛甚渥。"

这段话说,1262年5月,发郎国派来使者进献各种物品。这些使者从发郎国来到上都,期间在路上走了三年。他们说他们的国家在非常非常远的西方,常年白昼,没有黑夜,看到野鼠从洞里出来活动,大家就知道夜晚来了。人死之后,大家都虔诚地向上天祷告祈求,有时死者能够因此再活过来。在那里,各种蚊虫都从树木中生出。女性非常美丽,男子通常都金发碧眼。他们在路上两次经过大海。其中第一个在海上航行了一个多月,另外一个一个月即可渡过,他们所乘的船极大,可以乘坐5000人之多。使者进贡了酒杯,看起形状质地,似乎是用海鸟的大鸟蛋壳做成的,如果把凉的酒倒进去,很快就可以变温,这大概就是传说中的温凉盏吧。大汗看到使者远道而来,非常高兴,回赐给他们很多金银布帛。

发郎,亦被译为拂郎、富浪,通常认为是法兰西的音译,在元代往往指代大部分欧洲国家,直到明代仍用来指代西班牙人和葡萄牙人。之前有学者认为王恽所记载的发郎国使者抵达上都的时间与马可·波罗的父亲和叔父来华时间相近,因此认为这里所提到的发郎国使者可能是波罗两兄弟。但根据《马可·波罗游记》的记载,波罗兄弟离开君士坦丁堡的时间晚于1260年,期间他们长途跋涉,还在不花剌城居住三年,因此到达中国的时间晚于王恽所记载的1262年。当时从西方来华的旅行者颇为不少,这里提到的发郎国使者必然不是波罗二兄弟。

总之,陆续有一些学者号称发现了中文材料中对马可·波罗的记载,但这些发现通常很快就被否定,直到现在,还没有在中文史料中发现任何对马可·波罗的记载。

基于以上种种理由,怀疑马可·波罗没有到过中国的学者们通常认为,马可·波罗很可能得到了某些书面材料,包括到东方经商的资料、其他人写的旅行日记等,由于马可·波罗本人精通波斯语,这种材料通常被认为很可能是波斯文的商人指南一类的书籍,或者还包括波斯文的历史著作,其中记载了东方的一些著名战争,以及对几个著名的蒙古汗国和日本的描述。

遗憾的是,这一类的书其实并不多。早期阿拉伯人有一些对中国的记载,譬如有写于公元 851 年的《中国印度见闻录》,在马可·波罗的同时代,比较著名的涉及中国的书有伊利汗国的拉施德丁的《史集》,还有《鄂多立克东游录》和著名的埃及旅行家伊本·白图泰的游记,但这几部书的成书时间都晚于《马可·波罗游记》,其中《伊本·白图泰游记》更比《马可·波罗游记》晚了几十年,马可·波罗根本不可能看到这几部书。不过怀疑派学者坚持认为《马可·波罗游记》的部分内容和这几部书的某些记载非常相似,因为他们觉得,马可·波罗和鄂多立克、伊本·白图泰等人也许是依靠同一种其他的波斯或阿拉伯的中国指南书,导致他们的叙述趋于一致。不过 13 世纪可以称得上是波斯通俗读物的黑暗时代,目前为止还没有人发现这类读物的存在。

弗朗西斯·伍德博士的书于 20 世纪 90 年代出版,影响很大,之后有不少学者对其进行反驳,提出种种新的证据。不过这种对马可·波罗是否来过中国的质疑似乎每过 10 到 20 年就会出现一次新的浪潮。最近,最新的一次怀疑论又在各种媒体上广泛出现了。意大利那不勒斯大学的考古学家丹尼尔·彼得雷拉率领考古队在日本进行挖掘,声称自己在工作过程中,发现了马可·波罗没有到过中国的证据,并将其观点发表在意大利的历史杂志《历史焦点》上。大概由于这一发现符合弗朗西斯·伍德女士的一贯观点,于是英国的《每日电讯》《每日邮报》《卫报》等多家媒体都发表了这则消息。与 1995 年《马可·波罗到过中国吗?》一书出版之后的情形类似,这一次质疑也引起了大量媒体和民众的关注。该报道被世界各国的媒体广泛传播。首先是中国的《环球时报》《青年参考》《参考消息》《三湘都市报》《扬子晚报》等传统媒体登载此则新闻,新浪网、环球网、人民网、新华网,还有各地方新闻网和各大论坛也纷纷发布和转载相关报道和评论,引起了大量普通读者的关注。由于丹尼尔·彼得雷拉和弗朗西斯·伍德都认为马可·波罗没有到过比黑海更远的地方,《马可·波罗游记》一书内容的主要来源是波斯语旅游手册,因此伊朗的电视台和媒体在第一时间播报了这则新闻。美国、澳大利亚、印度、马来西亚、巴基斯坦等各国媒体也纷纷转载。

根据尼克·斯夸尔斯的报道,丹尼尔·彼得雷拉此次提出了以下新的重要证据:

1. 马可·波罗提到 1274 年元军征日时,发生了风暴,而这实际上是 1281 年征日时的事情。丹尼尔·彼得雷拉认为如果马可·波罗到过中国,不应该混淆相隔 7 年之久的两次征日战争。

2. 《马可·波罗游记》中写到元朝的船只有 5 条桅杆,但考古学家发现,存留在日本的船只残骸上只有 3 条桅杆。

3. 马可·波罗在描述元朝舰队时,提到他们使用"chunam"增强船只的防水性,该词在中文和蒙文中均无含义,但在波斯语中是"树胶"的意思。丹尼尔·彼得雷拉还提到,《马可·波罗游记》中用了大量波斯语来指代蒙古和中国地名,如果他来过中国,他怎么会不知道中国名称?

4. 虽然马可·波罗声称自己在忽必烈朝中为官,但中文和蒙文史料中对马可·波罗都没有任何记载。

除了这些"新证据"外,媒体中还提到了弗朗西斯·伍德博士《马可·波罗到过中国吗?》一书中的各项质疑,《每日电讯报》的记者尼克·斯夸尔斯在报道中写道:"意大利考古学家对《马可·波罗游记》的怀疑,有力支持了英国学术界的观点。"这次考古界出马支持历史学界的怀疑派观点,更让很多感兴趣的读者在网络上发起了讨论。下面,让我们来看看,支持马可·波罗到过中国的学者怎么说。

2.4　马可·波罗到过中国

实际上,不管是国内还是国外,认为马可·波罗的确到过中国的学者还是占大多数,支持这一观点的证据也非常丰富。不妨让我们逐条看来。

2.4.1　《永乐大典》中的著名证据

证实马可·波罗的确来过中国的重大转机出现在 20 世纪 40 年代。南开大学的著名史学家杨志玖先生,1939 年进入北京大学文科研究所学习,开始自己的元史研究生生涯。由于杨志玖先生是回族人,他打算选择元代的回回进行研究。需要读者注意的是,元代的回回跟现在的回族是不同的概念,当时把大部分西域的穆斯林都称为回回,甚至把一些其他宗教信仰的西域人也称为回回,譬如犹太人就被称为术忽回回,术忽是波斯文中犹太人一词的音译,因为波斯文中,犹太人被称为 Juhud。总体而言,在元代,回回是西域人的概称。杨志玖先生在广泛收集元代回回人史料时,发现《永乐大典》中有一条史料与《马可·波罗游记》中所记载的事情完全吻合。这是一个前所未有的非常有价值的发现,值得在此向读者详细介绍。

《永乐大典》是明永乐年间编辑的一部百科全书。这部书有 2 万多卷,分装成 1 万多册,全书有 3.7 亿多万字,明代的编辑者尽其所能收集了一切可以找到的文献,按照字韵进行分类,把中国 14 世纪之前的文献尽可能详尽完全地收录了进去。可惜这部巨大的百科全书并没有付梓印刷,而是采用手抄的方式,在永乐年间抄成一部正本,嘉靖年间又抄录一部副本。

图 2－4　永乐大典

随着朝代更迭,几经忧患,正本已经全部亡佚,副本也只剩下 400 多册,大约 800 卷,只有原书的不到 1/20。这保留下来的残卷,已经由中华书局影印出版,印成十巨册,读者如果有兴趣翻开浏览的话,会发现字迹细小,密密麻麻,而且都是前后并不相关,只是附和某个关键词的单条史料,非常不容易阅读,想要读这套书,实在不是一件易事。虽然如此,这剩下的 400 多册《永乐大典》残卷中,仍保存着大量的史料文献,尤其是有一些珍贵的元代文献,除《永乐大典》外,没有通过别的途径流传下来。其中在"站赤"条就保留了很重要的史料,已经有学者根据这些史料对元代的交通进行了突破性的研究。而杨志玖先生所发现的能够证明马可·波罗的确到过中国的重要史料,也来自于《永乐大典·站赤》。

根据马可·波罗的记载，他和他的父亲尼古拉、叔父马飞，在中国待了17年，思乡之情愈浓，多次恳请忽必烈汗让他们回国。但忽必烈非常喜欢马可，希望他能够留在自己身边，不许他们离开。此前，在遥远的伊利汗国，汗王阿鲁浑的妃子卜鲁罕去世了。阿鲁浑汗非常喜爱他的这位妃子，而卜鲁罕临终时留下遗言，除了她本族的女子之外，其他人不得承袭她的位置成为阿鲁浑的妃子。于是阿鲁浑汗派遣三位使者兀剌台、阿不思哈、火者带领使团来到忽必烈大汗的面前，请求他赐一位与卜鲁罕同族的女子为妃。

卜鲁罕妃子是伯岳吾氏，这是一个非常古老的蒙古氏族，在元朝人口也颇为繁盛。忽必烈汗听说使团的来意，热情接待，并召来一位伯岳吾氏的女子名叫阔阔真，赐给阿鲁浑汗为妃。阔阔真年方十七，非常娇美。使者见到之后都很高兴，愿意侍奉她返回伊利汗国。

阿鲁浑汗的王妃去世于1286年，他的使团经过三年来到元朝在大都的朝廷，当时正是1289—1290年间，元朝在与察合台汗国的战争中处于劣势。成吉思汗去世之后，他的第三个儿子窝阔台即位为大汗，二儿子察合台则在今天的新疆中亚一代驻守。随着拖雷之子蒙哥登上汗位，大汗的宝座从三子窝阔台一系转入四子拖雷一系，从此没有变过。而窝阔台的子孙起初对这一转变并非安然接受，而且在蒙哥宣布即位时策划了一场叛乱，察合台与窝阔台交好，其后代也加入了此次叛乱。由于有人告发，蒙哥及时镇压叛乱，并借此机会大肆清洗了察合台、窝阔台两系后王，因此察合台和窝阔台的子孙对于位于中原的大汗政权一直并不完全臣服，双方始终断断续续地相互冲突。1287年起蒙古草原东部和辽东的诸王乃颜、合丹掀起了两次叛乱，导致元朝把战争的重心转向东北，给西部察合台汗国的入侵造就了有利条件。1289年，察合台汗国的海都汗大举入侵漠北，甚至一度占领了蒙古国早期的首都哈剌和林，忽必烈以高龄披挂御驾亲征，才收复了和林。元朝政府为了恢复对漠北西部地区的控制权，在杭爱山一代与海都军队反复较量，打了不少败仗，直到1293年，镇守漠北的伯颜诱敌深入，佯败七次,终于打了一场决定性的胜仗。海都花费五年之久,倾其全力,终于还是未能占领蒙古漠北草原。而元朝也只有依仗当年征服南宋的天才战将伯颜,才最终击溃了海都的大军。

如果单以元朝与察合台汗国的战况来看,对元政府而言,1289—1290年正是最黑暗的时刻。此时阿鲁浑汗请求赐妃,对忽必烈政府而言是巨大的支持和安慰。根据马可·波罗的叙述:"一切起程的准备工作完毕后,大汗为表示对阿鲁浑未来王后的敬重,特地挑选了大批的扈从随行侍卫,并举行盛大的朝会欢送阔阔真一行。使团走了八个月后,因为蒙古诸王之间爆发了战争,阻塞了归程,使他们不能再向前走了。于是他们迫不得已只好返回大汗的朝廷,向大汗叙述路途障碍,不能前进的原因。"此时马可·波罗正好出使印度归来,他向大汗禀报了他所访问各国的风俗习惯和自己航海的情况,他说在那些海中航行十分安全。于是经过讨论,最后决定由三位使者陪阔阔真公主同去觐见大汗,向大汗说明由海路回国是如何方便而安全,同时根据刚从那些海航行归来的马可·波罗的体验,海行比陆行费用少,而且时间短,不如让使团从海路返回伊利汗国。大汗如要接受他们海行的建议,就得让三个老于航海的欧洲人同去,直达阿鲁浑国。因此,大汗听完后,脸上露出极不欢悦的神情,因为他实在不愿让三个威尼斯人离他而去。但是他觉得若不允许,也没有其他办法,只好勉强答应。据马可·波罗的说法:"他如果不是对这件事特别重视又加上时间紧迫的话,是决不会应允三个威尼斯人离开而不再为他服务的。"

如前所述,根据马可·波罗的记载,这三位来自伊利汗国的使臣的名字分别叫兀剌台、阿不思哈、火者。而1940年,北京大学文科研究所年轻的研究生杨志玖,则发现这三位使臣的汉文译名在《永乐大典》卷19418"勘"字韵所引用的元代文献《经世大典·站赤》中也出现了,他们叫:兀鲁歹、阿必失呵、火者。《永乐大典·站赤》所抄录的文书如下:

> 至元二十七年八月十七日,尚书阿难答、都事别不花等奏:平章沙不丁上言:"今年三月奉旨,遣兀鲁歹、阿必失呵、火者取道马

八儿,往阿鲁浑大王位下。同行一百六十人,内九十人已支分例,余七十人,闻是诸王所赠遗及买得者,乞不给分例口粮。"奉旨:"勿与之!"

这是一则关于政府给使团提供补给的公文。沙不丁当时是江淮行省的平章政事,差不多相当于副省长,由于忽必烈派往伊利汗国的使团将从泉州港口出发,而泉州在当时属于江淮行省,因此他们的补给问题由江淮行省官员解决。沙不丁要给使团成员提供补给,但他发现使团中有 70 人不是正式的使团成员,并没有获得补给的资格,因此上奏询问,得到的回答是只需要支付有资格获得补助的 90 人份口粮。

这则公文说明,在至元二十七年,也就是 1290 年,的确有一个使团,由兀鲁歹、阿必失呵、火者三人带领,要经过印度洋,前往伊利汗国的阿鲁浑汗处。这显然就是马可·波罗提到的兀剌台、阿不思哈、火者,只不过在名字的翻译上用字稍有不同。

这件事在波斯文著名史书《史集》合赞汗部分中也有记载:

一个月后,合赞的王旗向呼罗珊进发,抵达阿八哈耳城时,遇到火者及其使团,他们是奉阿鲁浑汗之命前往大汗处,请求大汗赐一位卜鲁罕元妃同族之女以承袭其王妃位置的。使团带来阔阔真合敦及中国出产的配得起王侯的珍贵礼物。合赞汗驻停阿八哈耳城中,娶了阔阔真。婚礼完成后,合赞从珍贵的礼物中选出一只老虎与其他物品先给了乞合都,此后即启程前往迭马云忒。

与此相符的情节《马可·波罗游记》中是这样记载的,波罗三人与使团一行护送王妃阔阔真,在海上航行了 18 个月。由于旅途艰险,起程时的 600 余人,在到达伊利汗国时只剩下了 18 人,三位使者也只有名叫火者的使者幸存下来,不过所有的贵妇和女侍只死了一位。当他们到达目的地时,听说阿鲁浑汗已去世多时,现在由他的弟弟乞合都汗继位,王国的一切权力均由他掌握。波罗一家特地向乞合都汗请示,怎样安排此次护送来的新娘。乞合都汗答复道,应该将新娘许配先王的儿子合赞。合赞此时正驻扎在波斯边界守护某些交通要道,防止仇敌的入侵。于是波罗一家奉命将阔阔真送到了合赞处,然后又回到了乞合都朝廷,就此踏上了西去归家之路。

遗憾的是,无论是《永乐大典》中的汉文史料,还是《史集》中的波斯文史料,在记载这件事时,均未提到马可·波罗等三人。但我们应该考虑到,《永乐大典》所抄录的,是一份申请分配口粮的官府公文,其中甚至连王妃阔阔真的名字都没有提到,那么没有提到马可·波罗也在情理之中。而马可·波罗等人在伊利汗国并不出名,《史集》中没有提到他们的名字也是可以想象的。然而如果马可·波罗从来没有到过中国,甚至如弗朗西斯·伍德博士或丹尼尔·彼得雷拉的说法,没有到过比黑海更远的地方,他很难知道阿鲁浑汗向忽必烈汗请求赐妃,以及使团取海道护送阔阔真的细节。他甚至知道使团中三位使者的名字,而由于其中两位使者在海路上去世的缘故,《史集》中也只记载了火者的名字。如果马可·波罗如西方部分学者所怀疑的那样,是抄袭了波斯文史料而编成这部书,他应该很难得知这三位使者的准确姓名。然而实际情况是,他在狱中还能准确地回忆起这三个外语姓名,并将其告诉执笔者鲁斯蒂谦,我们只能认为他的确与这三位使者在海上同甘苦共患难,所以对他们留下了深刻的印象。

不光是《永乐大典》的这条公文证明了马可·波罗的确到过中国,反过来看,也正是因为马可·波罗的记载,我们才能得知《永乐大典》所抄录公文中使团的具体使命。因为那份公文以及《元史》等其他任何汉文史料,都完全没有提及这个前往阿鲁浑大汗处的三人使团,其出使缘由究竟为何。有趣的是,即使是波斯文史料《史集》中提到了使者火者的名字,苏联学者在翻译整理的过程中,由于不了解事情缘由,还把"火者"这个人名译成了"官员",因为这个词本身有"伊斯兰教圣裔""伊斯兰教贵族"的意思。原文变成了"合赞向呼罗珊进发,在阿八哈耳城中遇到了官员和一群使者"。如果不是通过《马可·波罗游记》了解到这件事的始末,我们大概也很难发现这个翻译错误。总之,根据《马可·波罗游记》,我们才能对《永乐大典》中的那段公文和《史集》中的记载有清楚的了解。正是由于马可书中的这一段记载,才使《永乐大典·站赤》和《史集》中看来毫不相干的两处资料结合起来,得到圆满完整的解释。

2.4.2　关于阿合马被杀

《马可·波罗游记》中记载了一些当时著名的大事,阿合马被杀事件是其中之一。阿合马是忽必烈统治时期非常信任的一位色目大臣。忽必烈在位期间,四处征战,即位之初就与在漠北称汗的阿里不哥作战,此后倾全国之力攻灭南宋,还在南宋旧境驻扎大量军队镇压叛乱,然后又南伐安南,东征日本,西北方向对抗察合台汗国,东北方向还发生过两次重大叛乱。由于战争频繁,政府在军费方面大量投入,难免遇到财政赤字,颇感捉襟见肘,入不敷出。因此忽必烈长期重用善于理财的大臣,阿合马就是其中最著名的一位。

阿合马从忽必烈在位的第三年(中统三年,1262)开始专门负责财政事务,他为人聪明、灵巧机变,执政期间鼓励冶铁、改革盐政、开采银矿、清点户口,大大增加了政府的财政收入,忽必烈急于富国,阿合马想出很多生财的主意,试行之后往往见效。阿合马又能言善辩,朝中一些保守的大臣反对他急功近利的做法,但当堂辩论的时候又多半辩不过他,因此忽必烈对他非常信任,逐渐把行政、人事等各项大权都交给了他。阿合马得势之后恣意妄为,任用私人,不顾常规的铨选程序,对他的亲属都委以重任,朝中大臣对他多有不满,认为他"益肆贪横,援引奸党,阴谋交通,专事蒙蔽,内通货贿,外示威刑,廷中相视,无敢论列",有一位侍卫叫秦长卿,上书忽必烈,指责阿合马是一个奸臣,结果被阿合马所害,死于狱中。朝中唯一公然反对阿合马,而阿合马对其又无可奈何的人物,就是皇太子真金。按说阿合马身为朝中大臣,并不需要过于惧怕尚未掌权的太子。但阿合马当年是真金的母亲察必皇后的家奴,元朝的政治体制非常特殊,被学者总结为"家产制国家",国家政府与家族系统相互重合,皇帝家族的家奴往往也是政府的大臣,因此阿合马既是忽必烈的重臣,也是真金的奴隶,因此他对真金非常惧怕。

真金是忽必烈的第二个儿子,从幼年时期就跟随儒家学者学习传统文化,是一位汉化程度相当高的蒙古皇子,至元十年(1273)被立为皇太子。由于他汉化程度比较深,因此对于重利轻义、善于敛财的阿合马颇为不满。根据波斯文史料《史集》的记载,他非常厌恶阿合马,有一天用弓打他的头,并划破了他的脸。朝见时,世祖问阿合马脸上的伤是怎么回事儿,他不敢说是真金打的,掩饰说是被马踢伤。当时真金就在旁边,立刻责问他为什么不坦诚是太子所打,并当着世祖的面,用拳殴打阿合马。朝中对阿合马的不满和阿合马对真金的畏惧等因素交织,逐渐演变成至元十九年(1282)的阿合马被杀之事。

至元十九年三月,世祖和太子真金都去了上都——元朝实行两都制,有上都和大都两个都城,大都就是今天的北京,上都位于今天的内蒙古锡林郭勒盟正蓝旗,皇帝和一部分大臣在春天前往上都避暑行猎,秋天返回大都。

当时有一位益都的千户名叫王著,疾恶如仇,因为人心怨愤,决定要击杀阿合马。他私下铸造了一把大铜锤,又联络了一位号称会妖术的僧人高和尚,与之合谋,派了两位僧人假扮藏僧,进宫诈称皇太子回大都作佛事,带了80多人,夜入京城。他们先传令要求开启东宫大门,但当天负责值班的宿卫有一个名叫高觹(觹,读如"西",指的是古代用玉或者象骨制成的解绳结的锥子),会说藏语。他用藏语问两位假藏僧:"太子和国师现在在哪里?"结果两位藏僧瞠目结舌,答不上来。高觹觉得事有蹊跷,立刻通知当天值班的大臣工部尚书张九思,让他谨慎处理,命令掌管钥匙的人不能随便交出钥匙,他对王著等人说:"每次太子殿下回宫,必然让完泽、赛羊两人先来,没有见到他们俩,我不能开门。"王著等人无奈,只好又派崔总管假传令旨,让枢密院发兵,枢密使张易没有防备,听令发兵,聚集在太子东宫之前。王著亲自骑马去见阿合马,声称太子马上就到,让阿合马率领大臣在东宫前等候。阿合马对太子长期畏惧,不敢不信,生怕被太子责难。于是他先派人出宫,向北迎接,大概走了十余里路,遇到了假太子和他带领的假侍从。假太子指责前来迎接的人无礼,把这些人统统杀死,骑着他们的马进入皇宫。到东宫前,其他人都下马侍立,假太子骑在马上指挥,让阿合马和他的亲信官员上前,大声宣布阿合马的罪状,王著随即把阿合马带走,用铜锤击碎了他的脑袋,阿合马就这样当场死亡。他的同党郝祯也同时被杀,另一位同党张惠被囚禁起来。值班大臣张九思至此认为必然有诈,在宫中大声呼喊,大都留守司达鲁花赤博敦,相当于现在的北京市市长,带领宿卫冲进来,当场击毙了假太子,当时乱箭齐发,大部分假侍从也都被杀了,高和尚趁乱逃走,王著则挺身而出承担责任,承认自己是为天下除害杀死了阿合马。

以上是《元史》中对这件事的描述,关于这一事件,《史集》中也有记载,但整个故事从元朝大都传到伊利汗国,已经颇为走样,人名角色都闹不清楚。《史集》关于阿合马的章节中记载了一位与阿合马一直有仇的大臣高平章。这位高平章多次想要联合汉人杀掉阿合马,他第一次这样做的时候,阿合马逃到上都,给忽必烈献上一个黑色的盘子,里面放满白色的珍珠,又在珍珠上放了一把刀,并盖着红色的绸缎。忽必烈问他这是什么意思,阿合马说:"当您的仆人最初来为您效劳时,我的胡须就像这盘子一样黑,随着我热心地效力,它们变得像这珍珠一样白,而高平章则想用刀子把它们变得像这绸缎一样红。"于是忽必烈对高平章发了怒,高平章一路向南逃跑,最终靠着攻下了襄阳城,才又重新获得忽必烈的信任,再次与阿合马共事。9 年之后,高平章再次着手谋害阿合马,他找到一个假装有灵异附身的汉人,与其商量策略。他们派人到大都城外的一个山谷守候,并放出消息说太子真金来了,当阿合马出迎时,就把他杀掉。一切果然按照计划进行,阿合马出城迎接假太子时,就被抓住杀了,而阿合马的侍从秃儿干则放箭杀死了坐在轿内的高平章。

《史集》所记录的故事反映出了忽必烈对阿合马的信任、朝臣对阿合马的不满、阿合马的能言善辩和他最终被杀的过程。但伊利汗国的史官显然把各种事件都纠缠在了一起,生造出了一位高平章,把王著和高和尚混为一体,又把高和尚分裂成了平章和灵异附体的神人两个部分,而且在波斯文的记载中,找不到可以对应王著的角色。

《马可·波罗游记》对这一事件的记载介于两者之间。马可·波罗记述了萨拉森人阿合马——萨拉森是欧洲人对穆斯林的称呼——

在大汗的面前极有势力,很受大汗的器重,可以为所欲为:"他独揽一切政府官员的升迁和一切罪犯的判罚。每当他想把他所恨的人置于死地时,或是经过审问,或是不经过审问,就对大汗说:'这样的一个人真该死,因为他曾做了这样或那样的事,冒犯了圣上。'于是大汗必定会说:'按你的意思去办吧。'于是他便马上处死那个人。大家看见皇帝如此信任他,他的权力又这样大,所以,无论什么事都不敢反对他,哪怕职位高或权力大的人也不能不怕他。如有谁被他在大汗面前说是犯了弥天大罪,即使他想为自己辩护,也无法提出证据来,因为无人敢反对阿合马,所以谁也不肯出来帮助他。阿合马就这样使许多人含冤而死。"马可·波罗显然是在阿合马死后听大都的人向他讲述此事。马可本人是一个基督教徒,他对穆斯林没有好感,所以在记叙中表现出的感情倾向也与作为穆斯林的波斯史官不同。但这种描述显然更符合《元史》的记载。出于同样的来源和情感因素,马可·波罗又讲述了阿合马霸占漂亮的妇女、将自己的儿子任命要职、贪污受贿积累大量财富等事。

然后马可·波罗开始叙述阿合马被杀事件:"他拥有这么大的权力,长达22年之久。后来国内的臣民,主要是契丹人,因为不堪忍受阿合马对于他们的妻女或自己无休止的凌辱和蹂躏,密谋要杀死阿合马并起来反叛政府。这些人中有一个契丹千户,他的母亲、女儿和妻子全被阿合马奸污了。他满怀仇恨,于是与另一个契丹万户密谋刺杀阿合马。他们决定在大汗离开大都之后再行动,因为大汗在此居留6个月之后,通常要前往上都居住3个月,同时皇太子真金也要离开此处前往他常去游猎的地方,只留阿合马守卫京城,只有发生什么紧急的情况,才会派人到上都去请示。"

马可·波罗提到的契丹人,实际上指的就是北方的中国人,在元朝的四等人——蒙古人、色目人、汉人和南人中,契丹人指汉人。由于契丹建立的辽帝国疆域辽阔,声名远扬,后来还建立了著名的西辽,即哈喇契丹,因此当时的西方人通常把北方中国称为契丹,甚至现在也有一些语言中把中国称为契丹,即 kitai 或 khitay。中国人的名字对于蒙古人和西域人而言非常难记,因为蒙古人也好,西域人乃至欧洲人也好,其名字的数量往往有限,都是一些具有美好含义的常用词,而中国人的姓名千变万化,又往往并无特殊含义,因此元朝的蒙古人和色目人很少能够记住汉人的姓名,多用官职或散官来称呼汉人官吏。在元代公文中,大量的汉人官员只用其官职或散官来代称,因此马可·波罗并没有记住王著的名字——也许对他讲述此事的人也不知道王著这个名字,只是记住了他的官衔"千户"。下面提到的"万户"应该也是类似的情况。但过去研究《马可·波罗游记》的学者总是认为原文中 Cenchu(千户)和 Vanchu(万户)是两个汉人姓名,事有凑巧,这个"万户"的法文写法勉强也可以译成是阿合马事件中的主谋王著的名字,因此有的学者将千户和万户分别对应为张易和王著,也有学者比较忠实地将其翻译成陈著和王著,这样就出现了马可·波罗所记载的与《元史》记载不符之处:譬如张易其实并没有主动参加这次行动,而陈著在汉文史料中并未出现。后来著名的法国汉学家伯希和提出这两个词实际上是"千户"和"万户",才解决了这个疑难问题。

"万户和千户得知这个情况后,就把反叛计划告诉了当时朝廷中的契丹要人,等到大家一致同意后,便让他们送信给住在其他许多城市里的朋友,说他们决定在某日以烽火为号,杀尽一切有胡须的人。其他城市在看见这些烽火后,应准备好同时动手。

"他们说要杀尽有胡须的人,是因为契丹人从来没有胡须,只有鞑靼人、萨拉森人和基督教徒才蓄胡须。你们应当知道,一切契丹人都厌恶大汗的统治,因为他所任命的大官吏都是鞑靼人,尤其是萨拉森人。他把契丹人当奴隶看待,这使他们无法忍受。你看,大汗对于契丹的统治,只是凭借武力来征服,他既没有得到他们的信任,又把一切权力都交给鞑靼人、萨拉森人或基督教徒。这些人都依附皇家,忠心替大汗服务,但他们在契丹人眼里都是异族人。"

马可·波罗在这里叙述了当时宫廷中汉人与蒙古、色目人的矛盾,因为忽必烈需要西域擅长理财的色目商人为他充实国库,他即位早期发生的李璮叛乱又使得他对汉人产生了戒心。再加上传统汉文化对于蒙古西域一些统治策略手段的反对,在当时的皇宫中造成了不同民族团体之间的矛盾。当然,马可·波罗的描述中把这种矛盾简单化和剧烈化了,当然不可能发生汉人要杀尽蒙古人、穆斯林和基督徒的事件。不过总的来说,他可以算是敏锐地抓住了阿合马被杀事件的关键原因,这并不是王著个人与阿合马个人之间的仇恨,而是体现出当时整个汉人集团对色目集团的不满。另一方面,阿合马事件发生之后,世祖震怒,朝廷将其定义为叛乱,立刻派兵平叛,很快就抓住了高和尚,其后王著、高和尚都被斩首于闹市,而且被剁成肉酱,枢密副使张易也被杀了。大家只知道有汉人叛乱,具体情况恐怕不是非常清楚,因此流传着汉人要杀尽穆斯林等的说法,恐怕也是有可能的。

"预定的这一天到了,万户和千户在夜间潜入了皇宫。万户坐下后,就让人在他的前面点起许多灯火,然后派一名使者到住在旧都的阿合马那边去,佯装皇太子真金突然回京,要召见他。阿合马听到这个命令,非常惊讶,但还是急忙前往,因为他很怕这位太子。当他到达城门口时,遇着一个名叫阔阔台的鞑靼人,他是一万二千守城兵士的统帅。阔阔台问他深更半夜去哪里。阿合马答道:'到真金那里去,他刚才回京了。'阔阔台说:'哪有这种事情? 他怎么能如此秘密,甚至连我都不知道?'于是他带一些士兵随同这位大臣一起进宫。这时契丹人的想法是,只要能杀死阿合马,一切都在所不惜。当阿合马进宫后看见灯火辉煌,以为万户就是真金,就跪在了他的面前,这时千户持剑在手,一剑就将阿合马的头砍了下来。

"鞑靼统帅阔阔台在入口处,看见这个情况,就大叫道'叛贼!'并立即向万户射了一箭,使万户在座位上立时毙命。同时他命令带来的兵士捉住千户,并向全城发布命令,如在街上发现任何人,就要就地正法。契丹人看见鞑靼人已经发觉了这个阴谋,并且万户被杀,千户被擒,再也没有了任何领袖,所以就都躲在自己的屋子中不敢行动,更不能按照预定计划向其他城市发出信号,让他们响应了。阔阔台马上派遣使者到大汗那里,将整个事件做了详细汇报。大汗听后下令,让他详细调查,严惩罪犯,该怎么办就怎么办。阔阔台在清晨大肆搜捕契丹人,对于他所发现的谋乱为首的人,都处以死刑。当发觉这个阴谋蔓延到其他城市时,便同样搜捕了一番。"

总的来说,马可·波罗对这一事件的记载是非常准确的。他虽然没有记录王著、高和尚等人的名字,但完全可以看出,在他的描述中,千户就是王著,王著最终杀死了阿合马,并且被抓了起来。而万户指的是假扮太子之人,在《元史》中没有记录他的身份和姓名,但根据马可·波罗所叙述的,阿合马以为万户就是真金,并且万户被阔阔台当场击毙,这些都与《元史》所记载的假扮太子者的情况相同。此外,关于阔阔台的身份,也有学者做出推测,日本著名的元史学者杉山正明推测他是忽必烈的一位丞相阔阔带,也正是《马可·波罗游记》中提到的,尼古拉和马飞第一次见到忽必烈时,忽必烈派遣跟随他们一同去罗马的阔阔塔勒。然而从《马可·波罗游记》的这一段记述来看,这位阔阔台应该不是丞相,而很可能是《元史》中提到的大都留守司达鲁花赤博敦。根据马可·波罗的记载,阔阔台是"一万二千守城兵士的统帅",也是杀死了假太子的人。而在《元史》的记载中,留守司达鲁花赤博敦首先上前击毙了假太子。博敦这个名字的发音跟阔阔台当然完全对不上,但我们并不知道这位博敦的民族,即使他是蒙古人,博敦也未必是他的全名。我们在前面提到的警觉性很高、最早发现王著等人有诈的宿卫高觿,他就有另外一个蒙古名,叫失剌,这个词的意思是"金色"。"阔阔"作为一个蒙文词,意思是"青色",如果说它是博敦的蒙古名,大概也不是完全没有这种可能。保卫京城的安全,事变之后在城内大肆搜捕谋乱之人,也正是留守司达鲁花赤的职责。

总之,我们发现马可·波罗对阿合马事件的记载远比波斯文史料《史集》的记载更为详细准确,如果马可·波罗从没有到过中国,是从波斯文的资料中得到这些素材,并编成一本游记,那么他是不可能如此完整准确地记录阿合马事件的。

2.4.3 马可·波罗到底会哪些语言

马可·波罗到底会哪几种语言,这也是过去很多学者一直在研究和讨论的问题。由于马可·波罗自称在中国生活了 17 年,而这 17 年他又在蒙古人统治的元朝宫廷活动,因此在一两个世纪之前,很多学者都想当然地认为他会中文和蒙文。马可·波罗本人在《马可·波罗游记》中曾自称会四种语言或四种文字。法国学者鲍梯认为这四种语言是汉文、回鹘畏兀文、八思巴字蒙古文和波斯文,因为这些是当时中国最流行的四种语言。后来一位法国学者亨利·考狄详细地注释此书,认为马可只会波斯语和蒙古语,不懂汉语。这个结论离真相又进了一步。此后西方学者对这个问题有过很多讨论。著名的中国蒙元史学者邵循正先生则认为:"他(指马可·波罗)简直不懂汉语,蒙古语也很有限,他比较有把握的就是波斯语,包括波斯语中习用的大食语字。"这个结论才是正确的。我们基本同意,马可·波罗不会汉语和蒙语,也不会当时政府强行规定使用的八思巴字,他所熟练掌握,和在中国长期使用的,就是波斯文。

关于这个结论,在《马可·波罗游记》中有很多证据。首先,书中的中国地名,大多使用波斯语来读。一类是蒙语、汉语地名的音译,譬如上都、福州、察罕脑儿之类。这些地名在《马可·波罗游记》中的对译并不是由蒙古语或汉语原名直接译为拉丁语,而是经过波斯语音译,因此发音往往不够精确,而且体现出一些波斯文语音的特点。另一类是意译。如卢沟桥译为"普里桑干",金齿译为"匝儿丹丹"之类,这些在前一节中都已经提到。另外值得注意的是,如果一个兼有蒙古语和汉语的中国地名,马可·波罗也仍然使用波斯语的译名,这说明马可·波罗的蒙语也不太灵光。譬如《马可·波罗游记》中曾提到琢州附近有一座大城,名字叫 Achbaluch,即波斯语的阿克八里 Acbaliq,意思是"白色的城"。这个白色的城到底是哪里,之前一直有争议,有人认为是大同,有人认为指正定。后来蔡美彪先生在河北元氏的开化寺蒙、汉文双语对照的碑铭中发现,汉文中的真定路,相应的八思巴字蒙古文写作察罕巴剌哈孙,也就是蒙古语白色的城。这个蒙语地名在《史集》也出现过,不过在中国文献中还是第一次被发现。这不但说明马可·波罗提到的阿克八里就是真定,也证明了马可·波罗的汉文和蒙文都不过关。阿克八里应该是懂蒙语的波斯人依据蒙语地名,翻译成波斯语然后告诉他的。马可记述蒙古征服南宋时,曾说到统帅伯颜,传说有"一百只眼"。这显然又是不懂蒙语的汉人,根据同音汉字做出的想当然的解释。实际上蒙文的伯颜是富人的意思,是一个非常常见的蒙古男性名字,《元史》叫伯颜的著名人物就有好几个。马可对于这种荒谬解释也照单全收,可见对"伯颜"这种常见词汇也是完全不懂。

当时的波斯语在亚洲大陆上是一种使用非常广泛的语言,因为波斯商人遍布各地之故。蒙古国早期与欧洲交往时,就是以波斯文作为对外的官方语言。现存贵由汗致罗马教皇的书信,就是用波斯文写成的。元代来中国的中亚乃至欧洲各族人中,波斯语更是通用的语言,跟现在的英语差不多。而当时蒙古国有大量的翻译人员,既有被称为"译史"的笔译人员,也有被称为"通事"或"怯里马赤"的口译人员,各个官府均配备此类工作人员,社会上学习波斯语(当时被称为回回语)的人也很多,所以波斯语随处可以方便地译为蒙古语或汉语。马可·波罗只要学会了波斯语,就可以在中国各地畅行无阻。

2.4.4　所谓漏载

伍德所提到马可·波罗漏载的东西,主要有印刷品、汉字书法、茶叶、缠足和长城。下面我们分别进行讨论:

伍德说认为马可·波罗提到了纸币,但没有提到印刷术,也没有提到汉字;马可讲到杭州风俗,提到人死后,亲属用纸制成人、马、骆驼、奴婢的像和纸币等焚烧,用来殉葬,但却没有说明这些纸币是印刷品;马可经过的一些东南城市,譬如杭州、福建,都是重要的印书和出版中心,但对于这些,马可都没有加以描述;此外马可·波罗也完全没有提到汉字和书法,而传教士鲁布鲁克就在他的行纪中表现出对汉字的兴趣,并对其进行了准确的描述。意大利学者奥勒斯吉试图解释这一现象,他说像马可·波罗这样缺乏文学或精神方面创造力的外国人,很难接近或接受中国的语言和文字。伍德则反驳说:很难想象,在一个发明了纸而文字又极受崇敬的国家中,一个自称在元朝做官的外国人,竟会不注意蒙古和中国的书法或对之毫无兴趣。

实际上,马可·波罗在书中曾多次提及纸币,当时的纸币是雕版印刷品,上面刻有面值、发行时间、监造者以及"不得伪造、否则处死"等字样。马可·波罗多次接触到纸币,当然对此并不陌生。但他出自商人家庭,当然是以商人的眼光来观察这个社会,习惯于注意商业贸易情况,如珍贵产品及货币价值等,对于是否印刷品、印制何等字样当然不感兴趣,这一点与作为传教士的鲁布鲁克大为不同。而且当时欧洲还没有印刷术和印刷品,他自然也不可能在书中使用印刷术或者印刷品这样的名称。

图 2-5 元代纸币

而关于汉字书法,伍德似乎总认为马可·波罗既然在元朝长期生活,甚至很可能当过元朝官员,当然会大量接触汉字,并对其与欧洲文字完全不同的结构产生兴趣。实际上在元朝,对汉字一窍不通毫无兴趣的官员可不止马可·波罗一人。根据《元史·崔斌传》的记载,至元十五年(1278)时,江淮行省的官僚竟"无一人通文墨者",当然,这里指的应该是江淮行省的蒙古、色目人官员。元朝末年有一本笔记叫作《草木子》,其中记载元朝的一些奇闻逸事,提到:"北人不识字,使之为长官或缺正官,要题判署事及写日子,七字钩不从右起而从左转,见者为笑。"当时大量的官员不会写字,审阅公文时无法签署姓名,因此从元朝开始流行押印。过去的官员在公文上签字画押,类似于今人设计独特的签名,多用草体,写起来方便快捷,旁人难以伪造,但元朝官员不会写字,因此流行"押印",即制作签名印章。由此可见,元代不识汉字的官员实在数不胜数。如前所述,当时在各官府中多设置专门的翻译人员,有从事笔译的蒙古译史和回回译史(回回译史即翻译波斯语),也有从事口译的通事或怯里马赤。不识汉字并不妨碍一个外国人在中国从事各种活动。马可·波罗对于汉字的书法和结构不感兴趣也不足为奇。相比而言,鲁布鲁克是学识渊博的天主教士,他不但注意到了汉字,也提到吐蕃(西藏)人、唐兀(西夏)人和畏兀儿人的书写方法,这是一个学者的眼光和兴趣。而马可·波罗是一名商人,当然他在使用纸币时也会看到上面印的汉字,但以他的文化水平,实在难以对此做出什么评价。正如鲁布鲁克看到各个城市的物产和物价,也不觉得有必要记载其中的差异。

马可书中没提到茶叶,这是怀疑派的另一个重要证据。伍德说:杭州街市中茶馆很多,波罗一家应该曾去光顾品尝,即使没有去过,也不应该毫不提及,很难想象一个在中国住了17年的人竟对此大众饮料不予理会。

实际上,要解释这个问题,有必要了解13世纪茶在中国传播的情况。对这个问题,黄时鉴教授专门写过一篇论文进行讨论。宋代的时候,茶已经成为非常流行的饮料,在北方的辽朝和金朝,契丹人和女真人也非常喜欢喝茶,辽朝还设立了茶酒库。宋朝派去辽朝的使臣,回来之后写的出使报告,里面就提到辽朝用茶招待。金朝人也喜欢喝茶,不

·欧·亚·历·史·文·化·文·库·

但宫廷中流行饮茶,民间也有大量茶肆。但在蒙古兴起后的一段时期内,蒙古人还未开始饮茶,据文献记载,当时蒙古人的主要饮料是马奶、葡萄酒、米酒、蜜酒和各种被称为舍里别的果子汁。在蒙古兴起,金朝衰落和之后蒙宋对抗的数十年中,南北交易不通,南宋的茶叶不再向北运。因此金代末年,茶的流通与饮用已非常有限。因此蒙古人在征服金朝的过程中并没有学会喝茶的风尚。实际上,根据当时的材料来看,茶在 13 世纪前期,对于北方的汉人、契丹人而言,是颇为珍稀的。忽必烈即位之后,才开始从四川等地榷买蜀茶,征服南宋之后,开始在南宋设立管理茶叶采摘交易的机构,而马可·波罗在大都的年代,很可能蒙古人中尚未流行喝茶。傅海波教授曾经推测马可·波罗未提及茶叶的原因,他觉得这可能因为马可不爱喝茶,或者蒙古人没有招待过他喝茶。奥勒斯吉推测说,可能马可·波罗对他本国人不了解和不赏识的事物就不愿谈,这也可以解释为他没有提茶的原因。杨志玖教授提出:鄂多立克在他的游记中也没有提到茶,这应该是因为当时的蒙古人和西域人不大喝茶,马可·波罗多半和这些人来往,很少接触汉人,因而不提中国人的饮茶习惯。

晚于马可·波罗来华的意大利方济各派教士鄂多立克曾提到蛮子省(中国南部)的妇女以缠足为美,而马可书中无此记载,伍德认为不可理解。她说,如果马可·波罗的代笔人鲁思蒂谦认为煮茶一事不可信,或对之毫无兴趣而不予记载的话,为何对妇女缠足这一奇特风俗也置之不顾呢?

缠足在宋代(960—1279)上层社会妇女中盛行,至 20 世纪初,除了贫穷的农家妇女必须在田间劳动,因而不缠外,缠足这一风俗已经遍及社会的各个阶层,不过满族和蒙古族妇女不缠足。不过在元朝初期,缠足还不普遍,缠足的妇女不能远行,尤其是缠足的上层妇女,通常情况下很少出门露面,因此外国旅客很难见到。马可所描述的大概只是地位比较低下的商人家庭妇女,在元朝初期,这一阶层的妇女尚不流行缠足。此外,蒙古、色目妇女也没有接受缠足的风俗。对于以上这些观点,伍德博士表示了赞同,尽管如此,她仍坚持认为,鄂多立克在他的回忆录中描述了中国南部妇女缠足的情形,很难设想马可·波罗见不到这种情形。毕竟马可·波罗号称深得皇帝信任,常年在宫廷生活,但鄂多立克只是一名传教士,无权进入当时的上流社会。

实际上,正如伍德所说,缠足之风兴起于北宋神宗时期(1068—1085),当时尚不普遍,到南宋时则流行较广,不过仍然限于上层社会和大城市中。总的来说,缠足之风俗在早期是从北方传到南方的,而南宋到元朝,南方妇女大都开始缠足,不缠足者反而引以为耻。反而是北方,长期在辽、金、元等少数民族政权统治下,缠足之风不再那么流行。因为契丹、女真和蒙古族妇女都不缠足,统治者也会提倡,对当时的北方社会产生了一定影响。张星烺先生曾对此做过一番论述,他认为当时的辽、金、元的统治者鄙弃汉人风俗。南宋时期,淮河以北,人们大多改胡姓,穿胡服,学习胡语。缠足一事,可以推想当时在北方未必还以为是时尚。马可·波罗在中国居住17年,其中大部分时间都生活在北方,所有记载的民间风俗社会习惯,也都以北方最为详细。他在南方生活的时间较短,大概也很少见到富贵人家的妇女,因此没有记载。至于鄂多立克,他从海道抵达广州,经过福建的泉州、福州,北上至杭州和南京,经扬州沿大运河北上至大都,这一路期间,随时向人传教,并且向当地的基督徒、穆斯林和偶像教徒打听该城情况,询问当地风俗。传教士、僧道人等本来常常可以借着传教的机会进入贵族家中。鄂多立克说他曾"经过一个贵人的院墙下",这位贵人有50位少女侍奉,紧接着,他记载了关于留长指甲是生长于名门的标记,以及妇女以缠足为美等情况,这可能是他亲眼所见,也可能是听到其他的传教士或僧人所说。统观鄂多立克的《东游录》,他往往记载当地的风俗民情和宗教情况,很少记载当地的商业和手工业。与马可·波罗的重点完全不同,从另一角度来看,鄂多立克也有不少此方面的漏载,在此不必细说。

长城是我们最常听到的关于否定马可·波罗到过中国的证据。就在数日之前的一场学术讲座上,笔者还听到有学生提问:为什么《马可·波罗游记》中没有提到长城?幸好这一点也有越来越多的学生有所了解,当时就有几位听众大声回答道:我们现在看到的是明长城,马可·波罗来的时候还没有修呢!

弗朗西斯·伍德博士倒的确承认,马可·波罗在中国的时候,中国尚未修筑我们现在所见到并时时为之惊叹的明长城。但她坚持认为明代以前的长城是用黄土筑成的,经过捣碎夯实的加工仍很坚固,至今仍有遗迹,马可·波罗应该注意到那些秦汉长城的遗迹。为了便于展开讨论,我们不妨先回顾一下到元代为止的长城建筑史。

中国开始修筑长城是在公元前4世纪的战国时代,当时的秦、赵、燕等国都曾建造长城。秦始皇统一中国后,对原来的战国长城进行利用改造,修建了一道"起临洮,至辽东,延袤万余里"的宏伟防御线。汉朝为了抵御匈奴的入侵,对长城十分重视,特别是汉武帝时代,在秦长城的基础上又进行了大规模的修建。根据文献记载和考古研究,秦汉长城东起辽宁阜新县以北,西至玉门关,而烽燧则一直延续到罗布泊。整条长城可以分为东段、中段和西段三大部分,其中东西两段变化不大,中段的位置较为复杂,可以分为三条:最南边的一条从甘肃经过宁夏、陕北到内蒙古黄河南岸。第二条位置稍北,在河套以北、阴山南麓。第三条位置在最北,西接居延,横在阴山山脉以北。

到了东汉,匈奴等北方民族势力不断强大,并入侵到秦汉长城以内居住,秦汉长城这道防御线也就失去了它本来的意义。魏晋南北朝时期,中国处于分裂之中,北方民族纷纷迁入原秦汉长城以南地区,有的还建立起自己的政权。这时期的北魏、北齐、北周等国也曾修造过长城,但由于这些国家疆域有限,国祚短暂,所以它们所建的长城规模不大、线路不长,而且都位于秦汉长城以内地区。隋代虽然多次修建长城,但大多属于对旧长城的修整,增筑的情况很少,工程规模跟秦汉时期相比要小得多。唐朝国力强盛,版图西抵阿姆河流域,北至贝加尔湖,疆域大大超出秦汉时期,以前历代所筑的长城都已失去了标志疆界和防御外敌的作用。只有在东北方向极个别地方曾修过长城,例如《通典》记载唐代曾在妫川郡——今天的北京延庆地区——修过400多里的长城,仅仅是为了抵御东北亚民族的侵略。

五代时,契丹兴起,后晋的开国皇帝石敬瑭为了灭后唐而称帝,向契丹求援,愿意称契丹为父,自己当儿皇帝,并且割让燕云十六周,因此得到契丹的援兵,打败后唐。从此长城就已经不在中原政权的领土之内。宋代承袭了五代十国的规模,所辖疆域在原来秦汉长城乃至北朝长城的以南地区,而秦汉长城则在辽、金境内,宋和辽、金的统治者当然都不可能去修缮这条长城。伍德认为宋代为了抵御契丹和女真的入侵,应该修筑和加固长城,这种想法还是很奇怪的,大概因为她对中国古代历史地理不够了解的缘故吧。北宋的疆域最北只到今天的保定、天津一代,而长城远在北京以北,北宋根本不可能加固旧有长城,而北京以南并无险峻山脉,重新修筑长城亦不现实,北宋政府赖以守卫都城的主要是黄河天险,而不是伍德博士提到的"应该被加固"的长城。

伍德博士还提到,金代曾修筑过长城,关于金代的"长城",著名学者王国维有一篇文章叫作《金界壕考》,其中对金代的"长城"有过详尽考论。他说,金代并没有长城这个名字,史料中所记载的只是"边堡"和"界壕"。"界壕"其实是在地上挖掘沟壑战壕,用来限制骑兵的突击,而"边堡"则是在边界要害处修建城堡,居住守边的战士。这些防御工事是为了防御其周边的部族,特别是蒙古各族而修筑的,但严格说来并不应称之为长城。这些界壕和边堡在元朝还有遗存,成吉思汗时期的长春真人丘处机,元世祖即位前的张德辉、即位之后的王恽,在路过这些防御工事的时候,曾对其进行记载和描述。马可·波罗经常往来大都和上都,应该曾经路过界壕,但对他来说,这只是一些残存的沟壑和堡垒。他对其视而不见,无动于衷,是因为丘处机、张德辉、王恽等三人都是金朝遗民,都知道这些遗迹是金朝界壕遗留耳城,故能触景忆旧,但马可·波罗对其历史一无所知,偶然看到一座荒废的堡垒,不足以触发马可·波罗的好奇心。

伍德博士认为虽然现在北京北部和东北部的砖筑长城是在明代,也就是波罗一家东游后才修建的,但泥土筑的城墙遗址,如从西安穿过沙漠到敦煌的火车上仍触目可见,而商代的土筑城墙在郑州仍有遗存。因此,在13世纪应有夯实的城墙存在,从西方到中国来的人很难见不到它,因此她认为,马可·波罗的这一遗漏是显而易见、非常严

·欧·亚·历·史·文·化·文·库·

重的。

经过长期研究，马可·波罗来华的线路已经基本上可以确定，他从喀什进入今天的新疆地区后，沿着丝路南道到了罗布泊，然后经沙洲，也就是今天的甘肃敦煌，沿着河西走廊一路东行，过天德军抵达了元上都，再到大都。从这条路线来看，他的确有可能在今天的甘肃境内，敦煌以东地区看到长城的遗迹。这一地区的长城是秦汉长城的西端，从近年的考古发掘来看，敦煌马圈湾的汉代烽燧在王莽时期就已经全部废弃，到了唐代，连著名的玉门关的位置都无法确定。在当时，这条长城已经荒废，成了残破的古迹，而且在当时，秦汉长城没有被看作是一个延绵万里的整体，亦不被认为是特别重要的古迹。如敦煌文书中有《敦煌古迹二十咏》，其中就没有提到长城，只有一首《阳关戍》描述了被废弃的阳关。唐朝灭亡后，后晋曾向西域派出一个使团，使团的成员高居诲在记述他所路过的敦煌时，也提到了阳关等名胜，但同样没有提及长城。宋辽之后，阳关也终于被流沙吞没了，因此在元代，即使是阳关也不再是敦煌的名胜，而毫无疑问，此时的长城遗址比起唐代只能更加残破。元代有一位诗人曾作诗，里面提到了长城："崇崇道旁土，云是古长城。"看起来如果没有人告诉他这是古长城，他看着路边的土堆，也不知道这就是长城啊。

实际上，如果沿着往日的河西走廊穿过今天的甘肃，的确可以看到一些残留的低矮的土夯城墙遗迹，但想要分辨出这些低矮的土夯城墙就是长城，并且对其有深刻的印象，非得有一定的历史知识不可。我们今天已经可以看到雄伟壮观的明长城，因此再看到残存的汉长城遗迹，也不禁升起怀古之幽思。但马可·波罗作为一个商人的儿子，学识不高，对中国历史也一无所知，他的同行者中恐怕也没有人对长城有充分的知识和兴趣，向他讲述这些历史。他大概很难注意到这些断断续续的低矮土墙，也难以将其作为一项奇观向他人描述。

实际上，西方人很早之前就把中国的秦长城和明长城混为一谈。门多萨在1585年出版了一本著名的作品《大中国史》，他在书中这样记述长城："在这个国家中有条防线或城墙，它有500里格长，位于高山上,由西向东延伸。建造这道城墙的该国国王名叫秦始皇,建造此城墙的目的是防御鞑靼人,因为他与鞑靼人多次发生战争,这道城墙防卫着与鞑靼交界的所有边境线。你要知道,这道城墙有 400 里格都是天然的岩石构成,这些岩石既高大又坚固,紧挨在一起,另 100 里格的城墙则跨越在这些岩石之间的空地上,这部分城墙是秦始皇命令人们用坚硬的石头筑成的。城墙的底部有 7 寻宽,高度也是 7 寻。它始于关东的海边,经北直隶。国王为了完成这一伟大工程,在全国每三丁中抽征一人,每五丁中抽征二人。筑城的劳工们远行到各个不同的地方(尽管由最接近长城的各省提供大量的劳力),但他们后来几乎都死于筑城。建造如此雄伟坚固的城墙,导致了整个国家都起来反对这个国王,在他统治 40 年后,他被杀死了,他的一个儿子也被杀死了。关于这个城墙的报道是千真万确的,因为所有来到菲律宾群岛,以及广州、澳门的中国人都这样说,因为他们亲眼见过它,所以他们说的是事实。不过由于它位于这个王国的最远处,所以至今为止我们中谁也没有到过那里。"

我们很清楚地看到,在门多萨的著作中,秦长城与明长城完全被混为一谈。但由于门多萨的《大中国史》是 16 世纪一部非常著名的畅销书,可以不夸张地说,门多萨的书在 17 世纪初被大多数受过良好教育的欧洲人读过。所以,门多萨的这种混淆在欧洲人中间产生了广泛的影响。

从 16 世纪末的利玛窦开始,欧洲人直接进入到中国内地,并且亲眼看见长城,当然,他们所看到的是明长城。由于从 16 世纪起传到欧洲的对长城的报道不断增多,并且为传教士的经历所证实,长城日渐被欧洲人视作中国所特有的事物,甚至是中国的重要特征。但与此同时,在他们的认识里,历史上的秦长城与现实中的明长城渐渐混为一谈,而且成了一种定式。18 世纪,英国向中国派出了以马戛尔尼为首的外交使团,这是英国人第一次亲眼见到中国长城。使团的主要成员回国后纷纷介绍自己所见到的长城,并进一步混淆了明长城与秦汉长城。安德逊在他的《英使访华录》中写道:"当我们一起在城墙上行走时一位官员告诉我,根据他的国家的历史所载,长城是在2000年前建筑完成的,那就早在耶稣纪元前好几个世纪了。"斯坦顿在《英使谒见乾隆纪实》中也写道:"这条防线的最初建筑年代无从查考,但它的建成年代在历史上则是信而有征的。那个时候,相当于西历纪元前300年代。从那时候起,中华帝国历代相沿下来,当中没有任何空白。世界上任何其他国家没有中国那样注意历史材料,也没有中国学者那样认真地把历史当作一门专业来研究。在这种情形下,我们没有理由怀疑到这个牵涉到千百万人所造的长城的历史年代的可靠性。"这样的报道本身其实并没有什么问题,但它却很容易使英国的读者以为他们所描述的明长城就是秦汉长城的沿存,这种误导的影响如此深远,似乎成了思考的前提。伍德博士虽然在书中表明她考虑到马可·波罗来华时明长城尚未修筑,但在她的书所附的地图上,仍然画着明长城,可见这一错误观念其实依旧在影响着她。总之,正是因为这种根深蒂固的错误观念,使她坚持认为,在马可·波罗来华的时候,一定留存着马可·波罗应该注意到的土夯长城遗迹,因此马可·波罗在游记中没有提到长城是一件难以解释之事。

关于怀疑派认为马可·波罗漏载的事物,大多数我们可以做出他为什么没有进行记载的推测,但实际上没有人真正知道他为什么挑选这些而非那些写在他的游记中,可是无论如何,不应该因为作者没有提及的事而做过多怀疑。德国的著名科学家洪保德曾说过:"在西班牙巴塞罗那市的档案里没有哥伦布胜利进入该城的记载,在马可·波罗书中没有提及中国的长城,在葡萄牙的档案里没有阿美利加奉皇命航行海外的记载,而这三者都是无可否认的事实。"如果只以一部游记没有记载它可以记载的某些事实而否定其真实性为标准,那就几乎可以否定任何一部游记。

2.4.5 中文史料中没有记载马可·波罗之名

因为中文史料中没有记录马可·波罗的名字而否认马可·波罗来过中国,是最为可笑的。一方面,并不是所有来华的外国人都会被载入中文文献,在马可·波罗前后到达蒙古的西方传教士、使臣、商人不计其数,其中留下了行纪的也有十多人,但他们的名字和事迹却极少见到有汉文记载。弗朗西斯·伍德博士多次提到的鄂多立克,他的游记的确比马可·波罗多记了缠足与鸬鹚捕鱼,但他的大名在中文文献中也是找不到的。还可以举出一批欧洲人士,他们在元代来华,从西文文献中可以找到确实的根据,但他们的名字同样在中文文献中查不出来。著名的孟高维诺,是罗马教廷派驻中国的第一任大主教,获得忽必烈的允许在中国传教,留居大都30余年(1294—1328),据说曾经劝说汪古部长阔里吉思皈依天主教,但他的名字在中文史料中毫无记载。罗马教皇的使者马黎诺里于至正二年(1342)七月到达上都,向元顺帝献骏马。这件事情倒是在《元史》和元末的文集中都有记载,把他献的马称为"天马",但马黎诺里的名字却从没出现过。和孟高维诺一起来中国的佩鲁贾人安德鲁曾在泉州当主教,他的地位和名声都不如前者大,当然也不会在中国的史籍中记载他的名字。但我们发现了他的墓碑,证明他确实到过中国。可见外国的著名来华人士,在中文史料中找不到他们的名字,实在是非常常见。如果有姓名的记载,才真是非常幸运和巧合。另一方面来讲,即使当时有人记录了这些来华者的姓名和事迹,但这些史料却很可能随着历史的变迁而消失。坚持马可·波罗应该被记录的学者,往往认为中文史料非常丰富,浩如烟海,马可·波罗这样有名的人物,一定会被记录下来。与一些西方国家相比,中国的史学的确非常发达,中文文献的丰富与连贯也是无与伦比的,但随着岁月的流逝,亡佚的文献数量远远大于保留下来的数量,大量的历史人物和历史事件的记载就随着史料的亡佚而湮没在历史的长河中了。元代历朝都编写了实录,但在明初编成《元史》以后,元代的实录就亡佚,其他各种档案资料更是如此,不排除一些档案资料记载了波罗一家的名字,但这些资料没有流传下来的可能性。为了说明这一点,我们举一个很有趣的例子。1792—1793年间,英国马戛尔尼使团访华,这是双方都有文献记录的。但是如果单凭中文文献,使团中的一些扈从人员的名字就找不出来。例如使团中有一位画家,名叫亚历山大,访华时画了许多关于中国的画,他的作品和声名一直流传至今。可是亚历山大这个名字,在目前所知的中文文献,包括大量的档案资料中,却无法找到。不光是亚历山大,还有其他一些使团成员的名字,仅仅保存在军机处档案和内务府档案中。这些档案在清末装在麻袋中,当作废品售卖,如果不是出于历史学家的敏锐卓识,很可能已经全部消亡了,那么他们的名字也就永远不可能找到。《清实录》详尽地记载清代各朝历史,其中也记录了有关马戛尔尼使团的情况,提到这个使团的共有57处,但其中有人名记载的只有两处,一处是"正使吗嘎呢",另一处是"使臣吗嘎呢等"。《东华录》则只有一处提到"吗嘎呢"。《清史稿》也只有三处有"吗戛尔尼"的名字。如果像元代的情况那样,清代的各种档案和《清实录》都亡佚不存,那么就只有马戛尔尼的名字能够留下来,连斯坦顿副使这样重要的使团成员在中文文献中也都找不到了。我们前面提到过,斯坦顿也写了详细的中国行纪,但其中多少会有漏载,如果真的到了清代史料亡佚程度与元代史料类似的那一天,大概也会有研究者因为各种漏记和没有出现斯坦顿的名字而否定他到过中国吧。

正是在其他学者从中文文献中确实找不到马可·波罗名字的时候,杨志玖教授发现了一条史料,据此可以证明马可·波罗真的到过中国。但杨教授发现的这条珍贵史料,现在也已只见于明初编纂的《永乐大典》的残本之中,如果当年英法联军将《永乐大典》毁灭得更加彻底,那么,今天谁还能发现它呢?

2.4.6　其他证据

马可·波罗在书中记载了两个重要的节日。一个是忽必烈的生日,他说:大汗的生日是在9月,月历的二十八日。冯承钧翻译这一句的时候,将其意译为"大汗生于阳历九月,即阴历八月二十八日"。马可·波罗在中国的时候,大量接触到中国的历法,但他仍然长期使用现在世界通用的格里高利历,也就是通常所说的阳历。通常情况下,他在说月份的时候,会使用自己惯用的历法,但提到日子的时候,他无法精确地把中国的农历换算成阳历日期,所以直接使用中国人告诉他的农历日期。这里记述忽必烈的生日就是这种情况。根据《元史》所载,忽必烈生于乙亥年(1215)八月乙卯日,也就是中国农历的八月二十八日,西历的9月23日。马可·波罗所记载的完全符合历史事实,但这种阴阳合历的记载方法,只能说明他是亲自来到了中国,听到忽必烈的生日后,采用自己独特的方法所做的记载。如果是从其他什么地方抄袭而来,不太可能以此种形式记载。

另一个节日是元旦,马可·波罗说他们的新年开始于2月,这一天,全国自皇帝、臣僚和人民一律穿白衣,举行庆贺,称为白节。

这里的元旦指的就是中国的春节,不过春节是很晚才开始指称旧历年的,在过去的书里,从未见过把旧历年叫春节,一般都叫元日,如果说到春节,一定指立春。把旧历年称为春节是民国时期的事儿。因为民国建立之后进行改革,要求大家不要过旧历年,统一过公历年。然而风俗习惯是很难被行政命令纠正的,普通百姓仍然过旧历年。鉴于此种情况,民国又颁布新规定,恢复传统节日,元日叫春节,端午叫夏节,中秋叫秋节,冬至叫冬节。从这以后,旧历年才被称为春节。

中国的旧历年其实并不是马可·波罗所说的,都在2月,马可·波罗于1275年夏季来到中国,此后16年中,新年在西历1月者和在西历2月者各占一半,马可·波罗笼统地说元旦在2月。推测他对于中国的农历并不非常了解,可能只是大概认为农历比西历要晚一个月,因此提到月份的时候仍使用西历。

此外,马可·波罗还提到元旦被称为白节,这应该与蒙古人尚白有关。蒙古风俗认为白色是幸运吉祥的象征,据说直到19世纪末,蒙古人仍然把农历正月称为白月。蒙古人的这种习俗与中原传统格格不入。明朝初期中亚帖木儿王朝的沙哈鲁派遣使臣朝见永乐皇帝,在元日前一天被特别告知,次日朝见时不许穿白衣、白袜、戴白帽,因为在中原传统中那是服丧的服装。

马可·波罗在讲到蒙古法律时说,如果有人偷1件不犯死罪的小动物,要被打7棍,偷2件则被打17棍,3件打27棍,或37、47棍,最多打到107下以致被打死。如果偷15头牛或1匹马,或其他贵重的东西,则会被刀斩为两段,但假如能够赔偿,则需要赔偿所偷物品9倍的

·欧·亚·历·史·文·化·文库·

价值。

元朝的刑罚与中原传统王朝不同。历代王朝刑罚中的杖刑都是以 10 下为单位,唯独元朝都以 7 结尾。据说这样规定,是因为"天饶他一下,地饶他一下,我饶他一下"。但是后来实际实行的制度似乎违背了初衷,传统的笞刑和杖刑以 100 下封顶,但元朝最多变成了 107 下,反而比传统刑罚更重了。偷盗牲畜,偷一赔九也是蒙古草原的习惯法,到元朝依然沿用,在《元史·刑法志》中也能找到相同的记载。马可·波罗比较准确地记录了元朝节日和刑罚的这些特点,应该足以让我们相信他的确到过中国。

由于马可自己在书中提到,忽必烈对他非常信任,曾派他出使云南、南海等地,而且有的版本提到他受命治理扬州 3 年,当然,另外也有版本在这里是"居住扬州三年"。总之,有不少学者根据这些记录,认为马可·波罗在中国当过官。但马可·波罗到底当过什么官?他在中国居留 17 年,深得忽必烈的信任,长期在大都宫廷活动,但从未提及自己的官职,实在有些奇怪。对于这个问题,蔡美彪先生做出了一个很有说服力的推测,他认为马可·波罗在中国并没有真正意义上当官,而是当过一名斡脱商人。

首先,根据马可·波罗在书中所记,他只是被称为"阁下"(Messer),而没有出现过任何官名或职衔。元朝出使的使臣,包括巡行国内各地处置公务者和出访外国者,如果是公派出使,要使用驿站和铺马,都必须持有朝廷授予的各种类型的牌符(长牌或圆牌)。元代朝廷对此规定非常严格。马可·波罗曾提到返回时忽必烈和伊利汗国的大汗赐给他们的金牌,说明他对牌子制度有所了解。他多次描述了各种牌子的形制和用途,如果他也曾被授予牌子,应该会在书中记录。但书中只说他随同波斯使臣回国时持有金牌,而在中国 17 年间经行各地,从来没有提到被授予过任何一种牌子。没有牌子的,当然不可能是元朝的正式使臣。《元史·世祖纪》至元二十二年(1285)六月记:"遣马速忽、阿里资钞千锭往马八国求奇宝。赐马速忽虎符,阿里金符。"马速忽和阿里都是典型的穆斯林姓名,元朝常常派遣西域色目商人前往南海购买珍宝,这里提到的就是两名叫马速忽、阿里的西域人,被派往印度洋的马八儿国搜寻宝物,由于他们是被正式派遣的使臣,因此分别持有虎符和金符。大约就在这个时候或稍晚不久,马可·波罗也出使南洋——甚至有可能就是跟随这个使团一起前往,但是马可·波罗本人没有记录自己得到了牌符,可见并非朝廷正式官员。

其次,《马可·波罗游记》一书所载内容包括政治、军事、法律、风土人情等方方面面,但基本上没有关于名山大川、秀丽景色、文物古迹等方面的内容,而最重要的和最丰富的内容则是关于各地商贸和出产情况的记录。马可·波罗以极大的兴趣记录了各地区的物产、贸易、集市、交通、货币、税收等与商业有关的大小事务。有人统计,《马可·波罗游记》中关于商务的记录约占中国部分的 1/6 以上,以至欧洲人曾经认为这是一本关于东方的"商业指南"。这一方面当然因为他本人是商人出身,对商业有浓厚的兴趣和丰富的知识;另一方面,也让人倾向于推测他本人是否有在中国从事商业活动的实际经历。《马可·波罗游记》一书中涉及较多的珍珠、宝石、香料、盐业等,都是元代色目商人擅长经营的行业,也有可能是波罗一家经营过的行业。

此外,从马可·波罗本人的交游来看,似乎他周围的人也以商人居多。马可·波罗不懂汉语和蒙语,大概没有与汉族文人交往,非但如此,元朝有很多汉文化程度很高的西域人,但马可·波罗的朋友中似乎也没有此类人物。他曾提到自己的三位朋友,一位是突厥人苏儿非哈尔,在欣斤塔刺思向他介绍了石棉的制作方法和特性。另一位朋友是杭州的富商,这位富商向他介绍了种种杭州的轶事。此外还有一位杭州的收税官,向他介绍了杭州市场上胡椒贸易的情况。总之,马可·波罗交往的人,多半是商人或商务官员。

根据赖麦锡所讲述的传奇故事,波罗一家回国时带回了大批珍宝,虽然路途遥远,但他们仍把各种价值昂贵的宝石缝在衣服里带回了威尼斯,因而成为威尼斯的"百万富翁",跻身于贵族的行列,威尼斯的档案也显示出这一点,马可·波罗无疑在中国积累了大量的财富。然而无论马可·波罗在中国是作为旅行家或传教士或担任了一般官

171

员,都很难累积巨额的财富,很可能他们是在中国和南海各地长期往来经商,因此获得了巨大的财富。因此蔡美彪先生推测,马可·波罗在中国是作为一名色目商人,在中国各地以至南海诸国从事商业贸易。他的《马可·波罗游记》只讲各地见闻而很少讲到他本人的事迹,可能就是由于这个缘故。中国文献中找不到关于他的记载,可能也是由于这个缘故。

3 游记中的西亚和中亚

本章主要以 13—14 世纪旅行家所著游记中的线索来讲述西亚和中亚的历史文化。为了避免叙述头绪过多,先把《马可·波罗游记》中有趣的描述文字用不同的字体引出,然后再附上相关的历史文化背景和其他旅行家的记述。因为篇幅所限,主要限于西亚和中亚部分,进入中国之后,因为已经有很多学者出版过相关论著,就不在这里多讲了。关于西亚的历史,国内的研究还真的非常不足,尤其是涉及亚美尼亚、格鲁吉亚、摩苏尔、伊拉克、伊朗、阿富汗等地的历史,不管是科普作品还是专门著作都不多,值得详细介绍。

3.1 大小亚美尼亚

你知道吗,其实的确有两个亚美尼亚,一个叫大亚美尼亚,一个叫小亚美尼亚,小亚美尼亚要小一些。小亚美尼亚王住在塞瓦斯托城,他管理全境,治国公正严明,犯罪者难逃法网。小亚美尼亚臣属于鞑靼大汗。

大亚美尼亚是一大州,有其独特的方言和风俗,与他处不同。它处处与小亚美尼亚一致,不过在地位和疆域方面均远胜之。……居民大部分是亚美尼亚人,均臣属于鞑靼。

亚美尼亚是《马可·波罗游记》中描述的首个地区,马可·波罗的父亲尼古拉和叔叔马飞于 13 世纪 60 年代中期从君士坦丁堡出发,经过黑海往东到克里米亚半岛的索耳得亚港,没有经过小亚美尼亚。第二次带马可东行,因需先谒见教皇,并前往耶路撒冷求取圣墓灯油,因此路线有所改变。波罗三人先到阿克里见到大使梯博,获得同意,到耶路撒冷求取灯油,再返回阿克里。由于教皇迟迟未能选出,他们请求大使写一封说明情况的书信,然后前往小亚美尼亚的阿牙思港意欲东行。在阿牙思,他们听说教皇已经选出,就是大使梯博,且梯博派出使者到阿牙思告知他们回程谒见教皇,因此他们又返回阿克里,马可的叙述中,是由亚美尼亚国王提供一艘武装船送他们前往阿克里的。得到教皇的书状后,他们再次到达阿牙思,并从此出发一路东行,经过突厥蛮和大亚美尼亚。马可·波罗不但两次到达小亚美尼亚,且在此逗留过一段时间,他对亚美尼亚的描写很有意思,值得详细说说。

古亚美尼亚跟现代的亚美尼亚国的概念是很不一样的。今日亚美尼亚共和国的版图,只是历史上亚美尼亚人故乡的东北一角。他们的故土东起阿拉斯河中游,西跨幼发拉底河,南抵两河平原,北接格鲁吉亚群山,面积 20 余万平方公里。这片地区,传统上就称为“亚美尼亚”。在地理学上,这片高原也称为“亚美尼亚高原”。今日土耳其—亚美尼亚边境线土耳其一侧的阿拉拉特山是西亚的最高点,它是历史上亚美尼亚境内最著名的地理标志,宗教传说中诺亚方舟在洪水后停靠的地方,也是亚美尼亚人心目中的民族象征,后面我们还会详细讲到。今日土耳其境内的埃尔祖鲁姆、凡城、迪亚巴克尔等城,历史上也都曾经是亚美尼亚的重要城市。从地图上一眼就可以看到这里在连接欧、亚、非所谓旧大陆的交通线中占据了十字路口的位置。这一点也对亚美尼亚历史产生了非常重要的影响。

我们还要注意区分 12—14 世纪位于西里西亚地区的小亚美尼亚和古代的小亚美尼亚。马可·波罗所谓的小亚美尼亚,现在通常被称为 Little Armenia 或西里西亚的亚美尼亚,而古代的小亚美尼亚,是亚美尼亚高原上幼发拉底河以西地区,通常被称为 Lesser Armenia,与幼发拉底河以东的大亚美尼亚 Greater Armenia 相对。两个小亚美尼亚相距甚远,大为不同。

亚美尼亚的国家历史可以追溯到公元前 4 世纪之前。大约在公元前 6 世纪,亚美尼亚是波斯阿契美德王朝的臣属国。到公元前 330 年,亚历山大大帝攻入波斯波利斯,阿契美德王朝灭亡。由于亚历山大远征军并未经过亚美尼亚疆域,亦未在此驻军,这给了亚美尼亚人一个独立建国的机会。公元前322年,伟大的马其顿帝国随着亚历山大大帝的早逝宣告分裂,其部将塞琉古接管亚洲地区,建立了以叙利亚为中心,包括亚美尼亚和伊朗在内的塞琉古帝国。此时亚美尼亚的埃里温都尼王朝仍拒绝向塞琉古缴纳贡赋,而塞琉古忙着跟埃及的托勒密王朝争夺地盘,亦无暇顾及于此。然而埃里温都尼王朝的领土主要向东方扩张,并受波斯文化的影响较大,未能控制希腊化的西部地区。到公元前3世纪,出现了三个亚美尼亚,分别是小亚美尼亚、大亚美尼亚和西南的迪斯波克。小亚美尼亚是受希腊化影响较大的地区,在不同的时期分别处于塞琉古王朝、本都王朝或卡帕多西亚的控制之下。大亚美尼亚则大多数时候保持独立。迪斯波克则时而独立,时而是属于大亚美尼亚的一部分。从文化上讲,大亚美尼亚与迪斯波克还是比较一致的。总的来说,大、小亚美尼亚在文化上的差异是其分裂的重要原因。这个小亚美尼亚位于大亚美尼亚西北,在黑海之南,跟马可·波罗提到的小亚美尼亚是完全不同的。

公元前2世纪,罗马帝国兴起并向东扩张,占领了希腊和马其顿,直接威胁到塞琉古帝国,塞琉古王朝的安条克三世说服亚美尼亚的阿尔塔舍斯和札莱与之结盟反对埃里温都尼王朝,并授予其军事封号。阿尔塔舍斯和札莱政变成功,分别在大亚美尼亚和迪斯波克建立了政权。这样塞琉古王朝的东方就获得了安定,安条克开始着手应对西边的罗马帝国。公元前199年,安条克在希腊北部的马格尼西亚败于罗马,前188年在阿帕米亚与罗马议和,同意退出小亚细亚,因此丧失了对小亚细亚和叙利亚西北的主权,不得不把防线收回到叙利亚和巴勒斯坦。罗马帝国在亚洲站稳脚跟后,采取了逐渐削弱塞琉古帝国的策略,劝说塞琉古辖境内的小政权独立并与之结盟。因此大亚美尼亚、卡帕多西亚、科马吉尼、本都等纷纷成为罗马的盟国,并成为独立政权。此时大亚美尼亚处于阿尔塔舍斯朝的统治下,是一个罗马和波斯帕提亚王朝均承认的独立王国,而此时的小亚美尼亚则在本都王国的控制之下,这个小亚美尼亚仍是与大亚美尼亚本土相连的亚美尼亚古国西

·欧·亚·历·史·文·化·文·库·

部地区。

从公元前168年起，由于安条克四世向耶路撒冷神庙征税，导致犹太人发起反抗。双方的斗争持续了3年之久，到前165年镇压了犹太人，塞琉古王朝终于腾出手来处理帕提亚和亚美尼亚的问题。亚美尼亚战败，虽然维持了自己的统治，但不得不再次开始向塞琉古帝国贡赋，而罗马的内部统治问题导致它无法向作为盟友的亚美尼亚伸出援手。然而塞琉古王国并没能把它的统治维持太久，在其后的100年中只有叙利亚仍在其控制之下。波斯帝国迅速填补了西亚的权力真空，在美索不达米亚站稳了脚跟，并在底格里斯河的泰西封建立新都。同时，罗马帝国也在小亚细亚稳步扩张，其影响力逐渐到达幼发拉底河流域。罗马和波斯这两个分别称霸于东西方的最大强国正式碰面，开始了近3个世纪的相互敌对。而亚美尼亚正在这两大强国之间，亦位于东西贸易的必经之途。

公元前160—前95年，大亚美尼亚基本上处于波斯帕提亚王朝的控制之下，并在逐年贡赋和派遣人质的条件下保持着与波斯帝国的和平关系。这种和平关系对于东西方贸易大有裨益，罗马、波斯甚至中国，这一时期频繁贸易，亚美尼亚成为东西贸易的中转站。由于其得天独厚的地理位置，亚美尼亚的这一地位一直持续到千年之后。这种贸易关系使得大小亚美尼亚在文化上逐渐趋向同一。

公元前95年，亚美尼亚出现了一位其史上最伟大的国王，即被称为提格兰大帝的提格兰二世。他是提格兰一世的儿子，曾作为人质被送往波斯的泰西封，以把亚美尼亚东南方的河谷地区交给波斯作为代价，才自由回国即位。他首先征服了迪斯波克，然后又统一了大小亚美尼亚，在他的统治之下，亚美尼亚的疆域达到顶峰，在罗马陷于公民战争和帕提亚困于继承问题的时候，亚美尼亚与本都国王结盟，并征服了科马吉尼、叙利亚北部、西里西亚和腓尼基等大片土地，领土扩展到地中海和埃及，他给自己加上了"王中之王"的称号，统治着一个几乎可与罗马和帕提亚相抗衡的强大帝国。由于占领了大片希腊化的土地和城市，在这个过程中，希腊化文明大量渗透和影响了亚美尼亚人的日常生活,这次扩张使得希腊文明像波斯文明一样在亚美尼亚产生长久的影响。

罗马和波斯自然不能坐视亚美尼亚和本都联盟成为新的威胁,于是分别从东西方对亚美尼亚发起了进攻。罗马统帅庞培很快击败了本都王国并向亚美尼亚进军,他的两个儿子也背叛了他,一个效忠于庞培,一个加入了帕提亚阵营。提格兰大帝击溃了帕提亚军队,但无法抵御罗马的进攻。公元前66年,亚美尼亚帝国的领土又变成了提格兰大帝即位时的大小,小亚美尼亚也重新分裂出去。不过罗马方面为了保存这个与帕提亚之间的缓冲区,仍然维持了提格兰大帝在大亚美尼亚的独立统治,并允许他继续保留"王中之王"的称号。庞培这一战重新把小亚细亚和叙利亚变成了罗马下属的省份,并终结了塞琉古王国最后的统治,罗马帝国的势力正式入驻两河流域并对帕提亚的首都泰西封造成近在咫尺的威胁。此后,在漫长的罗马与帕提亚,以及之后的波斯萨珊王朝的对抗里,亚美尼亚始终处于夹缝之中,虽然它力求与敌对双方同时维持友好关系,仅仅在很短暂的时间里能够保持独立,其余时间则有时成为罗马的一个行省,有时受波斯的控制,或者在不少时段内,东、西亚美尼亚,也就是小亚美尼亚和大亚美尼亚分别臣属于罗马人和波斯人。直到阿拉伯人崛起之后,亚美尼亚又被穆斯林所控制,成为阿拉伯帝国的一部分。

西里西亚的小亚美尼亚之出现,与拜占庭帝国与阿拉伯人的抗争、突厥人的进攻和十字军东征直接相关。西里西亚是位于小亚细亚地中海岸的一片广阔平原,被三座山脉环绕,西北方向是陶鲁斯山,东北方是安提陶鲁斯,东边是阿玛努斯山。由于被三座山脉环绕,只有通过狭窄的山谷通道才能进入西里西亚,因此这里易守难攻,很容易抵挡外来袭击。通行于西里西亚的山谷通道中,最有名的是穿过重要的边境堡垒塔尔苏斯的大道,即"西里西亚之门"。塔尔苏斯驻扎着大量骑兵,是陶鲁斯山的南部入口,伊本·霍卡尔提到塔尔苏斯有双层石墙,驻扎着10万骑兵,并说"在这座城市和希腊地区之间有一片高峻的山区,还有扎巴拉卢卡河的分支,这是分隔伊斯兰世界和基督教世

·欧·亚·历·史·文·化·文·库·

界的屏障"。塔尔苏斯往北的通道直达君士坦丁堡。这条路同时也是来往于恺撒和哈里发之间的使者通常使用的道路,伊本·胡尔达兹比赫曾详细地描述此路,他所用的词汇后来被无数作者引用,如其南部的"安全通道",以及"被赞美的西里西亚之门"。除此之外,西里西亚还有数条流入地中海的河流,均适于船只通行,这些使其成为极好的贸易中转站,也是基督教世界和伊斯兰世界不断争夺的中间地带。

10 世纪中期,拜占庭帝国从阿拉伯人手中夺回西里西亚地区,并采取了人口迁移措施,驱逐穆斯林,并迁入大量基督徒。这些迁入的基督徒大部分来自位于亚美尼亚高原的小亚美尼亚 Lesser Armenia。1064 年,塞尔柱君主阿尔普·阿尔斯兰夺取大亚美尼亚的首都阿尼,导致了亚美尼亚王宫巴格拉图尼王朝的灭亡,因此更多的亚美尼亚人举家迁往西里西亚,拜占庭帝国亦把大量亚美尼亚军队派往西里西亚,让他们守卫这一交通要道,作为一道屏障,保护拜占庭帝国的核心地带不受突厥人和穆斯林的进攻。那些迁到西里西亚的亚美尼亚贵族逐渐建立了独立的统治,最终形成马可·波罗提到的小亚美尼亚 Little Armenia,我们称之为西里西亚的亚美尼亚。

在西里西亚的亚美尼亚贵族中,鲁本和海屯两个家族逐渐取得了统治地位,到 11 世纪末,这两个家族为了这片平原的统治权而彼此争斗。鲁本家族很早就试图脱离拜占庭帝国的统治,并控制了西里西亚之门以东的山区。西边的海屯家族则始终臣服于拜占庭帝国。鲁本逐渐向南扩张,占据贸易通道和港口,与海屯家族的冲突日益剧烈。第一次十字军东征帮助鲁本取得了最终胜利。鲁本与十字军联合,为其提供物资和武力援助,并在十字军的帮助下扩展领地,达到地中海沿岸。

1080 年,鲁本建都于西斯,又称西西耶。约一个世纪之后,鲁本的玄孙里奥于 1198 年继承王位。西里西亚的亚美尼亚从西斯扩张,包括了整个山区,里奥二世于 1321 年重建西斯,把它扩展成一座大城,其城堡有三重围墙,被群山环绕,花园延伸至查晗河。赖麦锡本的《马可·波罗游记》提到小亚美尼亚王住在塞瓦斯托城,该城名仅见于此处,所指应为西斯城。

第三次十字军东征时,为了取得西里西亚的亚美尼亚提供的物资和武力支援,德国皇帝亨利六世同意给里奥加冕。1199 年 1 月 6 日,里奥在塔尔苏斯大教堂接受加冕礼,成为国王里奥一世,得到教皇和西罗马帝国的承认。西里西亚的小亚美尼亚也因此出现在欧洲的地图上,标注小亚美尼亚 Little Armenia 或"海上的亚美尼亚"。里奥一世建都于西斯,并与塞浦路斯、安条克和拜占庭帝国建立了联姻关系。里奥的权力建立在西方世界承认的基础上,里奥本人也追求西方世界的认同,他想在宗教上与罗马教廷取得统一,但没有真正成功。不过他采用的十字军东征所带来的西方法律一直在小亚美尼亚行用,大概因为这个原因,波罗认为小亚美尼亚王"治国甚善,且在一切事务上都非常公正,犯罪者难逃法网"。实际上,东征的十字军带到小亚细亚他们所征服之处的法令,是靠亚美尼亚语翻译版本才得以保存下来的。

里奥一世去世后留下一个女儿伊莎贝拉,海屯家族的康斯坦丁设法促成了伊莎贝拉和自己的儿子海屯联姻,1226 年,夫妻二人在西斯登上王位,形成鲁本与海屯家族的联盟。1252 年伊莎贝拉去世,海屯一世统治西里西亚的亚美尼亚至 1269 年,由于埃及马穆鲁克王朝的进攻,让位给他的儿子里奥二世(1269—1289),自己遁入修道院并于1270 年去世。这位海屯一世就是著名的《海屯行纪》中所记载的,出使蒙古的亚美尼亚国王海屯。而马可·波罗从阿牙思返回阿克里谒见教皇,亚美尼亚国王用一艘船把他们送到阿克里,这位国王应该是海屯一世的儿子里奥二世。

海屯一世是一个目光敏锐的政治家,他是西方世界中最早认识到蒙古这支新崛起力量的重要性的统治者。根据亚美尼亚史家乞剌可思·刚扎克的《亚美尼亚史》,1243 年,拜住带领蒙古军队击败了鲁木算端凯霍斯鲁二世——鲁木就是通常所谓的塞尔柱鲁木算端国,也就是马可·波罗提到的突厥蛮州——凯霍斯鲁的亲属逃到西里西亚的亚美尼亚,海屯一世因此认识到蒙古军队的威力,派遣使者向蒙古人投降,送去礼物并为鲁木王子札兰求情。但蒙古统帅拜住要求他交出在他那里避难的鲁木算端的母亲、妻子和女儿,《亚美尼亚史》记载道:

海屯非常悲伤,他说"我宁可他们要我交出我的儿子里奥",但他害怕蒙古人的武力,迫于无奈,只得交出了这些避难者,因此得到了拜住那颜的信任,拜住给了他一份被称为"al-tamghā"的敕令。"al-tamghā"是"印章"的意思,在蒙古时期的波斯文和阿拉伯文史料中经常见到,多用于指代敕令。1244年,西里西亚的亚美尼亚臣服于蒙古。

1246年,海屯派他的兄弟大元帅仙帕德前往蒙古,参加了贵由汗登基的大聚会。《世界征服者史》的《贵由汗登上汗位》一节记载来自各地参加忽里勒台的算端:"来自鲁木的是算端鲁昆丁和塔迦窝儿的算端。"塔迦窝儿即亚美尼亚语的"国王",这里指西里西亚的亚美尼亚。不过参加贵由汗登基聚会的并非国王海屯一世,而是他的兄弟仙帕德。《世界征服者史》还提到:"尽管他已把所有的军旅和被征服的百姓置于野里知给歹麾下,他还特地把鲁木、谷儿只、阿勒坡、毛夕里和塔迦窝儿的政事交给他,为了别的人不妨碍他们,也为了那些地方的算端们和长官们可向他负责他们的贡赋。……札儿里黑还颁给塔迦窝儿和阿勒坡的算端们以及众使者。"鲁木、谷儿只和毛夕里在下面还会介绍到,分别大约是现在的土耳其、格鲁吉亚和摩苏儿。"札儿里黑"是蒙古语"命令"的意思,在这里指敕令、圣旨、诏书,仙帕德得到了贵由汗的诏敕,即意味着西里西亚的亚美尼亚得到了蒙古人的保护。

1254年,海屯一世亲自前往哈剌和林拜见蒙哥汗,《多桑蒙古史》描写了这一经过,1251年蒙哥汗即位,海屯一世请求金帐汗国的拔都汗为他引荐,拔都劝海屯前往大斡耳朵朝见,并于经过时来见面。海屯担心路途遥远,怕离国太久有碍国务,没有立刻前往。此时蒙古人的征税官阿鲁浑奉命来西方征收赋税,带了很多伊斯兰教徒到亚美尼亚,对待基督徒极为严苛。下令亚美尼亚人10岁以上者,各纳60钱;不能交纳者,严刑拷索,土地没收,妻子卖作奴婢;有不幸而逃亡者,抓住之后严刑鞭挞,然后以饲猛犬。海屯一世听闻大亚美尼亚苛敛之事,才决定前去朝见,为国人请命。但是因他的妻子伊莎贝拉之死,所以迟行两年,1254年才出发。关于阿鲁浑在亚美尼亚苛敛之事,亚美尼亚史学家乞剌可思·刚扎克的《亚美尼亚史》和格里哥尔·阿堪赤的《引弓民族史》都有记载,然而所谓阿鲁浑带了很多伊斯兰教徒前来,对基督徒格外苛刻等,大概是出于亚美尼亚人对穆斯林的反对态度,亚美尼亚史料中还有不少此类故事,后面还会提到。

摘自乞剌可思《亚美尼亚史》的《海屯行纪》记载了海屯亲自谒见蒙哥汗的始末。蒙哥汗登基时,拔都劝海屯去见蒙哥。海屯先偷偷穿过鲁木领土,"拜见过驻东方的鞑靼军统帅拜住那颜及其他大人",然后"进见拔都及其子、信仰基督教的撒里答……他们遣他从里海外一条很长的道路去朝见蒙哥汗"。9月13日,"他们朝见威凛之蒙哥汗。进献完贡礼,[国王]获得汗之恩宠。他停留五十天,得到一道盖有御玺的诏书,内容称:不许人欺凌他及他的国家。汗还颁给他一纸敕令,允许各地教堂拥有自治权"。

毫无疑问,海屯一世投降蒙古,除害怕蒙古的武力、意欲自保之外,还有作为基督教世界的一部分,联合蒙古共同对抗穆斯林尤其是埃及马穆鲁克王朝的意图。他认为伊利汗旭烈兀的最终目标是征服埃及,并无疑将在这个过程中征服巴勒斯坦,他对蒙古表现出的忠诚使他有望获得管理这一地区的权力。海屯国王的侄子也叫海屯,这位小海屯是一位历史学家,写了一本亚美尼亚史,他记载旭烈兀曾做出这样的承诺:"[旭烈兀]召唤亚美尼亚国王,让他来见他,因为他要把圣地交给他,使其重新属于基督徒所有。"圣地指的就是耶路撒冷,也就是在中世纪基督徒和穆斯林一直努力争夺的地区。在1261—1264年期间,小亚美尼亚多次派兵进攻北叙利亚,其间亦曾获得蒙古军队的援助,遗憾的是,这些进攻所获甚微,即使如此,海屯很可能仍期待在此方面获得更多伊利汗国的援助。

有趣的是,大概为了迎合亚美尼亚人和西方世界的期待,亚美尼亚史书中格外夸大了蒙古人对穆斯林的敌意。历史学家海屯写道:"旭烈兀把萨拉森都贬为奴隶。一位妇女(这里指的是旭烈兀汗的妻子都忽思哈屯),她是一位很好的基督徒,生了三位国王……使所有的基督教堂得以重建,并毁弃萨拉森的寺庙,把他们变成奴隶。"萨拉森是基督徒对穆斯林的称呼,马可·波罗在《马可·波罗游记》中也是这样称呼穆斯林的。格里哥尔的《引弓民族史》中有一个更为不可思议的故事:"旭烈兀热爱基督徒,因此他每年从亚美尼亚征收10万头小猪,把其中2000头送往阿拉伯城市,命令阿拉伯人每周六用肥皂给小猪洗澡,每天早上给小猪喂草料,每天晚上喂杏仁。任何一个阿拉伯人,无论高低贵贱,如果他不吃猪肉,就要被斩首。"这些故事当然是不可信的,众所周知,蒙古人对宗教的态度极其宽容,不会格外反对任何一种宗教。不过这些故事的确反映出亚美尼亚人对于联合蒙古人对抗穆斯林的期待。

经过亚美尼亚前往东方的旅行者并不算多,不过鄂多立克这一段的行程基本和波罗相同。他从特拉布宗(波罗一家返程时路过这里还遇到了抢劫)进入大亚美尼亚,到达额尔哲龙城。他说:这里很久以前是一个美丽和极其富庶的城市,如果不是鞑靼人和萨拉森人给它造成了极大的伤害的话,迄至今天它还会是这样。这里生产面包和肉,以及其他很多种类的食品,但不产水果和酒,因为该城非常寒冷,人们说它是今天整个地面上有人居住的最高的城市。和马可·波罗一样,鄂多立克也听说了诺亚方舟的故事。

3.2　诺亚方舟

　　我得告诉你,诺亚方舟就在大亚美尼亚中心,据说在一座大山上。这座山如一立方体,极高极大,据说诺亚方舟就停在山顶,因此山名叫诺亚方舟山。其山之巨,两日不能绕山脚一周,山顶常年积雪,每年旧雪不能完全融化,新雪又降,雪越积越多,无人能够登顶。因为此山极高,从很远处就能看到方舟,又因山顶常年积雪,在顶端白雪之中似乎可见一巨大黑色物体,但靠近则什么都看不见。亚美尼亚有很多高大山峰,其他大山中有一座叫作巴里斯山或奥林匹斯山,此山高耸入云,据说大洪水中的幸存者就在那儿。在大亚美尼亚,诺亚方舟被称为世界之舟,但当地人很少谈论,好像方舟不在那似的,除非游客问起此事,他们才说那个黑色物体就是世界之舟。

《马可·波罗游记》中有很多基督教故事,这是其中颇为有趣的一则,虽然诺亚方舟云云在我们看来似乎就是一则神话故事,但这则故事却是源远流长,很有历史。《圣经·旧约·创世纪》中记载:诺亚的方舟行驶抵达阿拉拉特山脉中的一座山上停靠下来。最早在犹太教和《古兰经》的传统中,诺亚方舟最后停靠的阿拉拉特山被认为是今天的朱迪山,在阿塞拜疆的纳赫齐瓦或伊朗西北部。然而西方基督教不承认这个说法,后来即使是东方教廷也不再承认朱迪山之说,认为阿拉拉特山是朱迪山成了伊斯兰教的看法。

根据4—5世纪著名的《圣经》学者哲罗姆的研究,在亚美尼亚和西方基督教传说中,《圣经》中所记载的这座山被认为是马西斯山——现在就被称为阿拉拉特山,是亚美尼亚高地诸峰中最高的一座,坐落在今天的土耳其东部和亚美尼亚的交界处,在土耳其境内,但在古代是在古亚美尼亚的中部。实际上,据说在古代的拉丁文《圣经》中,就记载着"方舟停靠在亚美尼亚山脉",1965年教廷修订本中才把"亚美尼亚山脉"改成了"阿拉拉特山脉"。著名的犹太历史学家约瑟夫斯的《犹太上古史》写道:"方舟停靠在亚美尼亚的一座山的山顶……亚美尼亚人把那个地方称为'血统之地',因为方舟就保存在那里。当地居民一直保存着方舟的残骸直到现在。今天,所有民族的史学家都提到过洪水和方舟,贝罗索斯就是其中之一,他说:'据说这条方舟仍有一部分保存在亚美尼亚的库第彦山,很多人会去那弄一块方舟上的沥青,戴在身上用于辟邪。'大马士革的尼古拉斯写道:'在亚美尼亚有一座大山,叫巴里斯山,据说很多大洪水中的生还者都在那里,有一条载着他们的方舟停靠在山顶,方舟上的木头保存了很长时间。这件事儿是犹太人立约者摩西记载下来的。'"

亚美尼亚人一直认为自己是诺亚的直系后裔,5至8世纪的亚美尼亚史家作品中,都记载说亚美尼亚人是诺亚的儿子雅弗的后代。亚美尼亚传说中这样讲述这个民族的上古史:诺亚的家族在方舟停下来

183

图 3 - 1　阿拉拉特山脉

之后,就定居在亚美尼亚,在很多代之后向南移居到巴比伦。亚美尼亚人的首领,雅弗的后代海克不满于巴比伦恶魔的暴政,因此起义反抗,带着族人回到了方舟之地,巴比伦人的首领恶魔拜勒追赶海克,于是发生了战争。最终正义战胜了邪恶,海克战胜了恶魔,建立了亚美尼亚国。海克成为第一位亚美尼亚统治者,而他的子孙后代则世世代代统治着亚美尼亚人。因此在亚美尼亚语中,亚美尼亚被称为"Hayastan",而亚美尼亚人就被称为"Hai"。

　　由于这些传说,很多古代经典都认为《圣经》中的伊甸园就在亚美尼亚,也有说法认为亚美尼亚的首都埃里温就是由诺亚本人建立的城市。传说的真与否且不评论,值得注意的是,大约在公元 4 世纪初,亚美尼亚国王迪利达特斯宣布基督教成为亚美尼亚的国教,因此亚美尼亚成为世界上第一个将基督教列为国教的国家。4 至 8 世纪的亚美尼亚史书中记载的上述内容,就是基督教信仰在亚美尼亚日益稳固的产物。这些记载不仅仅是把历史和传说混合,更重要的是在《圣经》传统中为亚美尼亚人谋得一席之地。诺亚,作为"第二个亚当",他和他的后代被上帝选中来重新延续大地上的生命,而亚美尼亚人作为诺亚的直系后裔,就好像犹太人一样,被召唤与巴比伦的恶魔斗争,成为上帝的选民。毫无疑问,这里的巴比伦恶魔,就是曾与亚美尼亚征战的亚述帝国,而海克家族就象征着当时亚美尼亚的乌拉尔图王朝。如此一来,亚美尼亚在基督教中就有了无可置疑的地位。

成为基督教国家是亚美尼亚史上一件至关重要的大事。根据亚美尼亚史书的记载,在亚美尼亚国王霍斯洛二世与波斯萨珊王朝的对抗中,波斯国王买通了霍斯洛的弟弟阿纳克,以杀死霍斯洛为条件,答应立他为亚美尼亚王。阿纳克寻找机会杀死了国王和他的大部分家人,但他和他的家族亦不幸被愤怒的朝臣所杀。最后只有霍斯洛的儿子和阿纳克的儿子幸存下来,前者被带往罗马,后来在罗马人的帮助下成为亚美尼亚国王特尔达特三世,后者则生活在卡帕多西亚的基督徒中,后来成为著名的"照明者格里高利"。

特尔达特三世在从罗马返回亚美尼亚继承王位的路上经过凯撒利亚,遇到了阿纳克的儿子,此时他在当地的基督教导师已经给他起名为格里高利。特尔达特三世把格里高利收为侍从,但并不知道他的身世。在夺回王权的过程中,格里高利才能出众,立下功劳,特尔达特三世任命其为朝中大臣。由于格里高利笃信基督教,因此与其他异教徒贵族产生了矛盾,而他的身世被发现,成为那些满怀嫉妒的贵族们攻击他的有力武器。经过拷打折磨,格里高利被囚禁在一深渊之中。此后数年之间,特尔达特三世和他的支持者罗马皇帝戴克里先一样,长期实行压迫基督教的政策,结果,根据亚美尼亚史书中混合了神话传说的记载,特尔达特三世遭到了惩罚,他被一只野猪所伤,神志不清,无人能够治愈。最后,他的姐姐梦到一位天使传谕,想要治好特尔达特三世,必须释放格里高利。格里高利被放出深渊之后,果然治好了国王。由于此种神迹,在公元301年(实际上这个年份是错误的),亚美尼亚宣布基督教为其国教,并成为世界上第一个基督教国家。格里高利前往凯撒利亚接受了希腊主教的任命,被授予神职,然后返回亚美尼亚,为国王和所有贵族洗礼,并摧毁了异教神庙,建立教堂和圣祠。

毫无疑问,亚美尼亚史书中对这一重大历史事件的记载混合着宗教因素和神话传说,但同时这个故事也隐晦地告诉我们,亚美尼亚君主接受基督教,并将其作为国教,是外部压力推动的结果。在公元 1 至 2 世纪,基督教仍是一个在大部分地区受到压迫的地下宗教,主要在罗马帝国东部的巴勒斯坦、叙利亚等行省流传,其影响逐渐扩散到亚美尼亚南部。耶稣十二使徒中的达太和巴多罗买来到亚美尼亚传教。巴多罗买为很多人洗礼,使其信仰天主。然而当地的传统宗教势力将他逮捕,送到国王面前,国王对着他大骂道:"你诱骗我的兄弟、我的妻子和我的孩子,骚扰了我们对诸神的敬拜。亚士塔诺的祭司已在哭求你的血。如果你不停止传讲耶稣,并且向我们的神献祭,将被处以最痛苦的死刑。"巴多罗买坚定地回答:"我没有诱骗他们,我帮助他们回到真理。我不会向你们的假神献祭,我只传讲当向独一的真神敬拜。我宁愿用自己的血来见证所传的,而不愿我的良心和信仰受损!"国王大怒,为了让巴多罗买屈服,下令对其严刑拷打。面对酷刑,巴多罗买仍坚守主道,催促人们信守真理。国王无可奈何,下令将巴多罗买处死。刑罚非常残酷,他被钉在十字架上,斩首剥皮殉道而死。

公元 2 世纪,基督教在亚美尼亚的南部和西南部慢慢发展起来,在一些当地贵族的保护下形成小的宗教团体。进入公元 3 世纪,基督教伴随着希腊化和摩尼教的发展逐渐流传,不过仍以一种半地下的方式传播。基督教在亚美尼亚取得国教地位的关键原因是来自于萨珊王朝的外部压迫。琐罗亚斯德教于公元 3 世纪成为萨珊波斯的国教,这种宗教作为挟带着强大波斯帝国势力的官方权威,加上热心教士的努力传播,对亚美尼亚的政治、宗教和独立性产生了巨大影响,或者不如说是巨大威胁。与此同时,随着戴克里先的去世,基督教在罗马帝国戏剧性地取得了合法地位,传说是一场梦之后的胜仗导致罗马皇帝君士坦丁认为上帝是一位真正值得尊敬的神。公元 313 年,君士坦丁和东部皇帝李锡尼联合发布了《米兰敕令》,宣布宽容帝国内的所有宗教,包括基督教。此后,君士坦丁更是公开参加基督教,宣称他是"由上帝带至这一信仰,并成为这一信仰成功的工具"。他说得一点没错,除了尤里安,他所有的继承人都是基督教徒,尤里安在其短暂的统治期间

图 3-2　巴多罗买

(361—364 年在位),极力想恢复异教,但很快基督教成为罗马帝国的主要宗教。可以想象,为了抵御来自萨珊王朝琐罗亚斯德教的影响,亚美尼亚选择了它的强大盟国所最新支持的,同时又具有强大救世精神的基督教。当然,亚美尼亚宣布基督教为国教的时间并非古老传说中的 301 年,而是《米兰敕令》发布之后的 314 或 315 年,因为罗马的态度,才使亚美尼亚国王选择了这项精神武器。而半个多世纪之后的 380 年,罗马皇帝狄奥多西一世亦宣布基督教为国教。

鄂多立克也见到据说停有诺亚方舟的山峰,不过他说那是撒尔比萨卡罗山。这是个令人费解的地名,不过也出现在了裴哥罗梯的游记中。学者通常认为他想说的就是阿拉拉特山。鄂多立克也表示说自己想登上山顶,但他并没有这么做:该地的人告诉我,从未有人登上山顶,当然因为这并不符合上帝之意愿。

3.3 不合格的基督徒

虽然他们都是基督徒,但他们并不遵信罗马的正统信仰。他们需要被教化,因为从前他们都是很好的基督徒。如果有好的牧师前去传教,亚美尼亚人很快就会成为善而虔诚的信徒。

在罗马皇帝君士坦丁改宗基督教的同时,基督教本身在教义的一个基本问题上出现了严重分歧。当时出现了一个以创始人阿里乌斯之名命名的教派,阿里乌教派。阿里乌斯是亚历山大教会的一名神父,他对基督教三位一体中"圣子"的地位提出质疑,认为圣子是由独一无二的上帝所创造的,只有上帝永恒,而圣子基督只是上帝最高级的创造物,他以此种方式否定了耶稣基督的神性。这种学说立刻遭到亚历山大教会主教亚历山大的谴责。但阿里乌斯能言善辩,他把自己的观点描述得极具说服力,获得了很多其他主教的支持,持续不断的宗教争端因此而产生。公元 325 年,君士坦丁大帝为了解决此种分歧,召集所有基督教主教,召开了第一次大公会议,即尼西亚大公会议。顺便说一句,在此之前,主教会议都在当地召开,全体主教利用帝国邮政机构的旅途设施汇集一处召开大公会议,这还是第一次,代表亚美尼亚的是照明者格里高利的儿子阿里斯塔克。

这次会议谴责了阿里乌教派,并宣称圣子与圣父同性同体。然而东部很多主教不赞成尼西亚会议对教义的解说。阿里乌教派并未就此沉寂,反而更加努力坚持观点,居然最终说服了帝国法庭,把阿里乌斯最大的反对者,亚历山大主教的继任者亚大纳西放逐到了高卢。此后,在帝王和教皇之间关于此问题产生了长期争端,君士坦丁的继任者君士坦提乌斯二世赞同阿里乌派的信仰,而亚大纳西在意大利找到了同盟,教皇尤里乌斯一世则支持反对阿里乌斯的主教们,实际上,西罗马的主教们几乎都毫无异议地反对阿里乌斯。皇帝当然期望主教们能接受帝国所支持的信仰,但主教们则对皇帝提出了尖锐的指责,他们说:皇帝不仅在信仰上犯着错误,而且帝王根本无权干涉信仰领域事宜。科尔多瓦主教霍休斯给皇帝写信:"你在有关神圣事业的机构中没有权威。"然后这位主教也被流放了。最后在狄奥多西一世(379—395年在位)时,这个问题终于得到解决。狄奥多西一世支持尼西亚信仰。他召开了另一次主教会议,即君士坦丁堡大公会议,重申了尼西亚会议的教义。这一教义,部分由于帝国的强制性,不但在西罗马,也在东罗马被接受。亚美尼亚的情况与此类似,国王阿尔沙克追随罗马帝王的决议,支持阿里乌斯,而宗教领袖大主教尼色斯则支持教皇和尼西亚信仰,为此阿尔沙克甚至用另一个比较听话的主教取代了尼色斯的位置。此种斗争持续到君士坦丁堡大公会议的召开才告以结束。学者通常认为,这与其说是信仰之争,不如说是世俗政权与宗教权力对于彼此势力范围的一次试探和划界。

这段时间内,萨珊王朝由皇帝沙普尔二世统治,他在位期间多次击败罗马军队,并使亚美尼亚变成波斯帝国的一个省,琐罗亚斯德教开始广泛传播,建起大量神庙,有些就建在被摧毁的基督教堂之上。公元367年,罗马帝国帮助逃亡的亚美尼亚皇帝帕普重返故土,罗马—亚美尼亚联军击败了波斯军队,帕普召回大主教尼色斯,希望能够恢复基督教的地位。然而帕普本人也是阿里乌派,毫无意外地与尼色斯发生了冲突。尼色斯很快被谋杀,374年,帕普也在罗马的默许之下被杀了。幸运的是,沙普尔于379年逝世,罗马帝国也很快分裂成西罗马帝国和拜占庭帝国,为了解决亚美尼亚长期征战的僵局,在公元387年,罗马皇帝狄奥多西与波斯皇帝沙普尔三世达成协议,瓜分亚美尼亚。小亚美尼亚和一部分大亚美尼亚西部领土归拜占庭帝国所有,而大部分大亚美尼亚则属于波斯帝国,因此这两部分也被称为拜占庭亚美尼亚和波斯亚美尼亚。

在此种分裂的状况下,如何维持亚美尼亚在文化和身份认同上的独立性,成了一个非常重要的问题。此前,亚美尼亚人一直使用希腊语进行艺术创作,使用拉丁语和巴列维语作为行政语言与书写文字,在基督教仪式中,则使用古叙利亚语。亚美尼亚的分裂对于亚美尼亚的政治、文化和宗教都属于毁灭性的危机。东西亚美尼亚的政治和宗教分别被拜占庭和波斯控制,与此同时,亚美尼亚教会也被叙利亚教会潜移默化地影响,大公会议的召开也预示着拜占庭宫廷无疑会在未来越来越紧密地控制宗教。此外,虽然很早就选择基督教为国教,但亚美尼亚仍有大量信仰原始宗教和琐罗亚斯德教的人群。此种状况下,亚美尼亚大主教认为必须创造一种统一的亚美尼亚语,这是在分裂状态下维持亚美尼亚教会与政治统一的唯一方法。大约在公元400—405年之间,在最后一位格里高利家族大主教巴赫兰－沙普尔的请求下,博学的智者和神父圣梅斯罗布混合希腊语、叙利亚语和其他文字中的一些字母,创造了36个亚美尼亚字母。圣梅斯罗布的学生在亚美尼亚各地开办学校传授此种语言。而萨珊王朝的君主与东罗马帝国的皇帝对此也表现出惊人的宽容。亚美尼亚人很快把《圣经》、大公会议的文书和其他各种宗教经典翻译为亚美尼亚文。这不但使得亚美尼亚在分裂状态下仍得以保存其独立宗教和文化,更使得很多现在早已亡佚的5世纪之前的经典文献以亚美尼亚文保留了下来。

与此同时,基督教神学领域内又发生了新的争端。尼西亚大公会议确定了基督是真正的上帝,但又有人询问基督是否是一个真正的人,神性和人性怎么能同时存在于一个人身上呢?安条克的神父聂斯托里于公元428年成为君士坦丁堡的主教,他坚持认为基督身上的两种本性有明显区别,并且倾向于强调人性的一面。他发明了一种独特的学说,认为耶稣的母亲玛利亚,是作为人的耶稣的母亲,而不是作为神的耶稣的母亲。这种说法遭到了亚历山大主教圣西里尔的猛烈攻击,圣西里尔亦得到教皇的支持,因此在公元432年的以弗所大公会议上,聂斯托里派学说受到谴责,玛利亚被再次确认为"上帝之母",聂斯托里则被流放。与此同时,很多聂斯托里派的信徒离开了罗马帝国,向东迁移,作为拜占庭的敌人,他们受到波斯萨珊帝国的欢迎,因此大部分在波斯定居,并建立教会。后来他们遍及整个亚洲,甚至在中国也建立了教会。马可·波罗在东方见到的大部分基督教徒都是聂斯托里派。

在罗马帝国内部,争端并未因聂斯托里的流放而结束。当时在君士坦丁堡有一位年老的修士欧迪奇,他把西里尔的学说发展到了另一个极端,主张道成肉身的过程包括两个阶段,"在结合之前具有二性(神性与人性),但在结合之后或结合的结果,只有一性"。他把基督身上的人性最大限度降低,认为其人性只是"他神性汪洋中的一滴葡萄酒"。虽然并未完全否认基督的人性,但此种观点无论如何使得基督神化到了一种不再跟我们同质的地步。同时,欧迪奇承认基督的神性特征和属性可以渗透与更新他的人性,但不承认反过来也如此。我们不必对这些神学问题了解太多,总的来说,欧迪奇的此种学说是一种典型的"基督一性论",当欧迪奇否认基督与我们同质的同时,其实已经堂而皇之地否定了基督具有真实的人性,在他看来,基督的神性完全凌驾于人性之上,并把人性完全吞没了。

教皇利奥著文《利奥之大卷》谴责此神学说,简洁易懂地阐述了罗马信仰,即基督同时拥有两种本性:神性和人性。他既是一个真正的神,也是一个真正的人。但西里尔的继任者狄奥斯科罗斯支持欧迪奇的主张,他学习阿里乌斯的做法,依靠亚历山大的财富取得皇帝狄奥多西二世(408—450年在位)的支持,在亚历山大召集会议传播这一学说。狄奥斯科罗斯与其说是一位神职人员,倒更像一个政治家。他带领一批全副武装的埃及修道士,打算在政治运作无法控制大会的时候采用暴力威胁达到目的。君士坦丁堡的宗主教夫拉维亚带着教皇利奥的一封长信,其内容是谴责欧迪奇,并提出建立正统基督论的计划。夫拉维亚本想当场宣读教皇的信,但狄奥斯科罗斯的修道士发动攻击,把他打得奄奄一息,不久就一命呜呼了。教皇得知此事非常愤怒,把这次会议称为"强盗的宗教会议"。

可以说仅仅是由于皇帝的换代,教皇才得以挽救这一形势。狄奥多西二世死于450年,而他的继任者马西安(450—457年在位)正好是一个虔诚的天主教徒。在与教皇达成协议后,他于451年在查尔西顿召开了一次新的大公会议,即第四次大公会议。《利奥之大卷》被认为是对正统信仰的权威解释。这次会议取得了重要的成就,它使东正教系统的教会和罗马天主教再度认同同一个信仰。但同时也造成了基督教世界的第一次大分裂,埃及的教会仍坚持基督一性论,并从统一教会分裂,埃及的科普特教会是这个分裂的现代遗迹。叙利亚与叙利亚东部的波斯和阿拉伯地区大部分教会也脱离了大公教会,另外组成了他们自己的聂斯托里教会,与正统的大公基督教一刀两断。从这之后,基督教中发展出三种流派。其主流教义强调神的"三位一体"和"两种属性",即认为基督的本身具有两种本性,即神性与人性,这两种属性相而不相混。基督有两种性质,"每种性质本身都很完善,彼此又有区别,二者却完全结合在一个人的身上,这个人既是上帝,又是人"。基督既是完全的神,又是完全的人。在查尔西顿第四次大公会议之后,这种"两性说"就成为基督教的正统。基督一性论和聂斯托里派被正统教会认为是异端,但在埃及和亚洲蓬勃发展。

公元439年,亚兹迪格里德二世成为萨珊波斯帝国的皇帝,他改变了之前的宗教宽容政策,要求美尼亚人亦信仰琐罗亚斯德教。他向亚美尼亚派遣琐罗亚斯德教传教士,并意图在都城迪文建立拜火神庙。亚美尼亚人坚持自己的信仰,在长期抵制后,瓦尔丹于450年联合格鲁吉亚人和阿塞拜疆人(他们也在宗教方面遭到了波斯帝国的压迫)兴起公开反抗,并击败了波斯军队。次年,波斯大军与反抗军在阿瓦拉伊尔平原相遇,瓦尔丹和他的军队全军覆没,为亚美尼亚教会殉难。如前所述,查尔西顿大公会议正在这一年召开,因为阿瓦拉伊尔战争,亚美尼亚教会没有参加此次会议。

瓦尔丹之死反而使得亚美尼亚的反抗更加激烈,波斯人因此颇为震惊,逐渐采取了较为宽容的政策,但亚美尼亚人坚持为殉难者复仇,于481年发生了万达南克战争,并于次年击败了波斯军队。此时萨珊王朝自身也问题重重,不但遭遇来自蛮族的进攻,面对王位继承的斗争,还要应付马兹达克的异端邪说。因此亚美尼亚再次得到了宗教自由。由于此前的长期斗争,亚美尼亚一直无暇顾及罗马帝国内部产生的种种交易分歧,直到波斯帝国方面宗教压迫的威胁逐渐消除,亚美尼亚主教才于491年召开会议,宣布抵制查尔西顿大公会议的决议。

公元506年,亚美尼亚、格鲁吉亚和阿塞拜疆教会联合,重申反对查尔西顿决议。然而亚美尼亚教会并不认为他们所信仰的是基督一性论,只是对基督的两种不可分割的本性做了独特的解释,亚美尼亚教会不强调基督的人性,但并未将之抹杀。很多宗教学者认为亚美尼亚教会采信基督一性论,但严格看来其实并非如此,大概只能认为是一种接近于广义上一性论的信仰。

亚美尼亚教会为什么拒绝接受查尔西顿大公会议的决议呢?我们并没有确切的资料说明这一点。现在只能推测,位于东亚美尼亚的教会考虑到西亚美尼亚处于拜占庭帝国的控制之下,基本上已经被全方位同化,因此希望维持自身宗教方面的独立性。实际上,希腊教会一直认为照明者格里高利是由凯撒利亚的希腊主教所任命,因此亚美尼亚教会应当服从君士坦丁堡教会的权威。为了在罗马和波斯的夹缝中维持自身的独立性,亚美尼亚教会选择独特的信仰,并坚持自己的使徒传统。这导致了亚美尼亚教会最终与君士坦丁堡教会的决裂。公元552年,亚美尼亚教会开始使用自己的历法,554年,亚美尼亚教会召开第二次宗教会议,宣布与君士坦丁堡决裂。到公元609年,亚美尼亚正式建立了独立的教会。公元644年,阿拉伯军队进攻亚美尼亚,拜占庭皇帝想趁此机会强迫亚美尼亚教会接受查尔西顿会议的决议,以"建设者"著称的亚美尼亚大主教纳瑟斯三世于649年召开会议,拒绝了拜占庭的要求。此后,阿拉伯大军持续进攻亚美尼亚,萨珊王朝在穆斯林的攻势下依然崩溃,而拜占庭方面始终坚持,只有亚美尼亚教会接受查尔西顿决议,才能对其提供军事援助。公元652年,亚美尼亚终于决定与阿拉伯人讲和。虽然他们必须向穆斯林缴纳人头税,但作为"有经之人",他们得以维持自己的信仰。此后亚美尼亚教会一直保持独立,直到现在仍独立于基督教主流派以外。

直到12世纪,亚美尼亚人迁移到西里西亚,亦坚持与罗马教廷不同的信仰。第三次十字军东征时,为了取得西里西亚的亚美尼亚提供的物资和武力支援,德国皇帝亨利六世同意给里奥加冕。1199年1月6日,里奥在塔尔苏斯大教堂接受加冕礼,成为国王里奥一世,得到教皇和西罗马帝国的承认。里奥的权力建立在西方世界承认的基础上，里奥本人也追求西方世界的认同，他起初想让亚美尼亚教会认同罗马教会，在宗教仪式上承认罗马教皇，但他死后这些努力就全都泡汤了，小亚美尼亚的教士拒绝任何妥协。因此马可·波罗认为亚美尼亚人虽然"从前是很好的基督徒"，但"不尊奉罗马的正确信仰"。

3.4 野蛮的突厥人

在突厥蛮州有三种人。一种是信仰摩诃末的突厥蛮人，他们奉行野蛮的法律，像野兽一样生活，非常无知，说一种粗野的语言，和其他人都不一样。他们逐水草而居，有时在山中，有时在荒野，不事耕种，以畜牧为生。他们居无定所，跟牲畜在一起，用皮制衣，用毡或皮造屋。

那里还有亚美尼亚人（不很正宗的基督徒）和希腊人，他们混居在城市和村镇里，以贸易和手工业为生。

他们都臣属于东方鞑靼汗，他向那里派出代理人和长官实行统治。

马可·波罗笔下的突厥蛮州包括大部分的小亚细亚和塞尔柱鲁木算端国，也被翻译为塞尔柱罗姆算端国，意思是在鲁木地区的塞尔柱国家。鲁木是阿拉伯语对罗马帝国的称呼，当地的征服者的国家建立在罗马帝国的土地上——实际上是东罗马帝国，即拜占庭帝国——因此自称为塞尔柱鲁木国。中国古代的文献中将这一地区称为"鲁迷"。

塞尔柱突厥是乌古思的一支。10 世纪时，突厥人大致分为三部，分别是定居于天山周围的回纥人、喀什噶尔的葛逻禄人和河中地区的乌古斯人，葛逻禄人的西迁导致乌古斯人向西移动，乌古思人中的一个部落就是塞尔柱突厥人。

此时河中地区最重要的政权是伊朗人建立的萨曼王朝。900 年，萨曼王朝伟大的君主伊斯迈尔击败了伊朗萨法尔王朝的统治者,吞并了呼罗珊,其后又夺取了包括今天的德黑兰和加兹温在内的塔巴里斯坦,在东北部,他深入到突厥草原,大获全胜,夺取了无数战利品,并且热情十足地促使这些边境地区的突厥游牧部落改宗伊斯兰教。应该说这不是一个明智的政策,改宗伊斯兰教之后的突厥人被穆斯林社会所接受,并一路西行,成了10—12世纪伊斯兰世界最重要的势力。事情的起因是萨曼王朝与白益王朝的斗争,表面看来,两个王朝之间的冲突是因为宗教上的分歧,白益王朝信奉什叶派,而萨曼王朝君主信奉逊尼派,但实际上,冲突的主要目的是占领屡次易手的雷伊,也就是今天的德黑兰。接连不断的战争除了削弱了萨曼王朝抵御突厥世界的力量外,还给了突厥人进入穆斯林世界的钥匙,皈依伊斯兰教的突厥部落作为河中雇佣军进入伊朗的各个重镇。他们先被任命为军队统帅、地方总督,然后逐渐在呼罗珊和河中地区建立起独立的加兹尼王朝和哈拉汗王朝,这两个突厥王朝最终瓜分了萨曼王朝,东伊朗和河中地区完全成了突厥人的势力范围。1040年,加兹尼王朝的统治者被塞尔柱突厥人击败。塞尔柱可汗夺取呼罗珊后,一鼓作气征服了波斯的其他地区,毁灭了白益王朝,并于1055年进入巴格达。实际上,阿拔斯哈里发很高兴摆脱了白益王朝的束缚,因此承认塞尔柱汗图格里勒为算端,作为他世俗权力的代理人,并赐予他东、西伊朗之王的称号。塞尔柱突厥人继续向西,与拜占庭帝国发生了直接冲突。1070年,图格里勒的侄子和继承者阿尔普·阿尔斯兰征服了地中海东岸阿勒坡的米儿达西王朝,1071年,在亚美尼亚的曼济科特战役中俘虏了拜占庭帝国的皇帝曼努斯·狄根尼斯,如前所述,征服亚美尼亚这一事件直接促成了西里西亚的小亚美尼亚的形成。拜占庭皇帝曼努斯因为让国家蒙受耻辱而被废黜。阿尔普·阿尔斯兰指定他的一个远房堂兄苏莱曼负责保卫与拜占庭接壤的塞尔柱边境。苏莱曼进入小亚细亚后,一路包围阿勒颇和安条克,又把科尼亚和它周围地区从希腊人手中接过来,毫无阻力地征服了尼西亚。阿尔普·阿尔斯兰死后,他的儿子马立克沙继承了算端之位,他在位期间,苏莱曼不受他的控制,约于 1081 年在小亚细亚的尼西亚驻扎下来,以其为首都,建立了塞尔柱鲁木算端国(1081—1302)。1092 年,马立克沙去世,此后塞尔柱帝国分裂成三部分:波斯的算端国归他的长子别儿克牙鲁克及其兄弟穆罕默德;阿勒坡和大马士革的王国归他的弟弟突吐施——突吐施 1079 年时在大马士革为自己开辟了一块封地——这个王朝很快呈现出阿拉伯特征,并被自己的马穆鲁克所灭;小亚细亚的塞尔柱鲁木算端国归苏莱曼的儿子凯佐儿·阿尔斯兰——这个王朝持续了两个世纪,并最终产生了土耳其人的历史。

实际上,塞尔柱帝国政权只控制了波斯,在小亚细亚的原拜占庭疆域内,独立的部落联盟非常活跃,塞尔柱帝国接受了定居的生活方式和比较先进的阿拉伯—波斯文明,然而,如巴托尔德所说,为了避开"他们流浪的兄弟们"(那些还没有组织起来的独立部落),防止他们蹂躏富饶的伊朗,塞尔柱算端选择把他们安置在国土边境的小亚细亚一带。因此出现了这样一个有趣的事实:虽然被突厥人长期占领,但波斯本土避免了突厥化,反而是小亚细亚成了第二个突厥斯坦,也就是马可·波罗提到的突厥蛮州。

小亚细亚在气候和植被上都可以认为是中亚草原的延续,因此突厥游牧民们很自然地把这里变成了自己的牧场,取代了原来的拜占庭农民。应该说小亚细亚的塞尔柱人实际上希望接受波斯文明,由于当时西亚没有突厥书面语言,塞尔柱突厥人的科尼亚宫廷使用波斯语作为官方语言,但无论如何,这些突厥部落给卡帕多西亚和弗利吉亚带来了根本性的突厥化影响。在定居的头一个世纪里突厥人大多保持着游牧习惯,比如 1077 年征服科尼亚时,算端没有进城,而是在城外搭帐篷住。到 13 世纪塞尔柱人虽已习惯于城市生活,但在夏季还是要到草原去。因此在马可·波罗的眼中,突厥人是一群信仰伊斯兰教的野蛮人,他们"像野兽一样生活,非常无知,说一种粗野的语言,和其他人都不一样。他们逐水草而居,有时在山中,有时在荒野,不事耕种,以畜牧为生。他们居无定所,跟牲畜在一起,用皮制衣,用毡或皮造屋"。

突厥人逐渐从游牧转向定居,因此他们也需要大量的农民,于是突厥统治者把农民从他们的故土迁往突厥人征服的地方。例如1196年凯霍斯鲁一世在曼德里斯地区实行了移民政策:他把居民按地域或家族分成几大组,每组5000人,名字记录在册后,把他们迁往阿克谢希尔附近,给他们村庄、房屋、农具、种子和田地,还为他们免除了5年的税金,当别的基督教徒听说他们如此幸运时,都企图跑到塞尔柱人的统治之下,以逃脱拜占庭的压迫。在征服前把突厥人描述成可怕掠夺者的基督教作者,随后就开始颂扬塞尔柱算端。这主要是由于突厥统治者虽然表面上皈依伊斯兰教,实际上采取了游牧者对宗教一贯的宽容态度,基督教徒在鲁木算端国享受宗教自由,格鲁吉亚公主在塞尔柱宫廷有她自己的牧师及教堂,算端还举行不同教义的人参加的辩论会。虽然如此,这并不意味着基督教徒和伊斯兰教徒有过相当程度的交流。根据历史资料,突厥人占领小亚细亚后是集中居住的,没有采取任何强迫基督教徒突厥化的政策,而拜占庭人、希腊人、亚美尼亚人也各有居住区,之间并没有明显的交流和同化。加拉里丁·鲁米有一句诗,"他是突厥孩子,怎么能会亚美尼亚语",充分说明小亚细亚的突厥人如何保持了自身文化的独立和骄傲。因此,当马可·波罗来到这里的时候,他发现这里很明显地分为三种人:突厥人、亚美尼亚人和希腊人。

1229年窝阔台成为蒙古大汗,在他继承汗位的大聚会上,大家决定为了继承成吉思汗在位时期开始的拓疆行动,完成对未征服领土的征服,派出两支部队,一支征服中国北部的金朝,另一支则前往伊朗方向完成对花剌子模沙扎兰丁的镇压和征服阿塞拜疆和库尔德斯坦等地。这第二支部队由绰儿马浑率领。1231年,蒙古人的宿敌扎兰丁兵败身亡,蒙古军队势如破竹一路西进,向阿塞拜疆、埃兰、亚美尼亚、格鲁吉亚、伊拉克等地发起进攻,经过成吉思汗的第一次征服,这片地区的人们处于万分恐慌之中,无人敢于抵抗,到了闻风丧胆的地步。有史学家描述说:"如果在花剌子模的千军万马中扔一顶蒙古人的帽子进去,这支部队立即作鸟兽散。"1239年,蒙古大军再次抵达亚美尼亚,但由于亚美尼亚崇山峻岭中的通道被鲁木算端凯霍斯鲁二世率领的部队把守,阻拦了蒙古人的西进。绰儿马浑由于病瘫,于1241年被免去蒙古军队统帅之职,由拜住接替他。这位新统帅立刻率领了3万士兵,并带上弩炮和投石机前去攻打鲁木国东境最重要的军事要塞埃尔祖鲁姆城。他攻克了这座城市,屠杀居民,并俘获了很多人。次年,凯霍斯鲁率领大批由穆斯林、亚美尼亚人和格鲁吉亚人组成的军队经陆路和海路前往亚美尼亚阻止蒙古人的侵犯,虽然起初取得胜利,但最终仍遭败绩,逃往今天的安卡拉。蒙古人攻占了锡瓦斯和凯撒利亚,这两座城市遭到洗劫,居民被屠杀。凯霍斯鲁最终认识到自己并非蒙古人的对手,只得遣使求和,答应每年纳贡,俯首称臣。两年后凯霍斯鲁去世,鲁木算端国的独立就此结束。自此以后,所有的塞尔柱统治者都成了蒙古人的傀儡或藩属,但是蒙古统治者既没有时间,也没有兴趣要在小亚细亚牢固地树立他们的势力,他们侵入后立即撤退,所以说只是在政治上肢解了突厥人的小亚细亚。几乎在同一时期,拜占庭皇帝也收复了君士坦丁堡,并立即卷入巴尔干地区的事务,忽略了亚洲诸省。拜占庭在亚洲的防线崩溃后,突厥军队很快占领了整个小亚细亚,其方式和速度与近200年前的曼济科特战役后他们的祖先占领东部和中部小亚细亚的情况差不多相同。塞尔柱国家的东半部仍几十年在蒙古人统治之下,并且继续向大汗纳贡,但在西半部以及新近获得的更西地区,突厥人宣布独立,而且很容易地保住了独立。一些强有力的首领逐渐把许多小的领地合并成了几个具有相当规模的异密公国。其中包括奥斯曼继承其父的封地后所建立的一个微不足道的小国家,最后,这个小国征服或吞并了所有其他国家,成为伟大的奥斯曼帝国。

3.5 格鲁吉亚

在格鲁吉亚有一州,其王以大卫蒾力著称,即法语的大卫王,他臣服于鞑靼之王。

此州全是山地,道路极窄,有很多喷泉,因此我告诉你,因道路太窄,鞑靼人从未能完全统治此州。其一部分受鞑靼控制,另一部分由于地势险峻不属鞑靼,而属大卫王。

格鲁吉亚,在元代文献中记载为谷儿只,因此冯承钧翻译的《马可·波罗游记》中也把这个地区译为谷儿只。格鲁吉亚西邻黑海,北边是俄罗斯,南边是土耳其和亚美尼亚,东南方向是阿塞拜疆。格鲁吉亚在古代长期分为两个国家,分别是西部的科尔基斯和东部的伊比利亚,这个伊比利亚为了和欧洲西部的伊比利亚半岛区别,又被称为高加索伊比利亚。科尔基斯则更为有名,希腊神话中伊阿宋寻找金羊毛的故事里,提到金羊毛就在黑海岸边的科尔基斯,挂在一棵高高的橡树上。有学者认为神话中提到科尔基斯的金羊毛,是因为古代在科尔基斯有很多人以淘金为生,金沙运送到希腊贩卖,因此出现了科尔基斯金羊毛的传说。公元前66年,罗马帝国征服了高加索地区,格鲁吉亚成为罗马帝国的附庸国,长达近400年。公元4世纪早期,格鲁吉亚成为基督教国家。在中世纪前期,这里分裂成很多小公国,阿拉伯人崛起之后,这块地区又被穆斯林征服。到11世纪初,高加索伊比利亚巴格拉特王朝的巴格拉特三世(1027—1072)统一了东西格鲁吉亚。12世纪初,格鲁吉亚历史上出现了最伟大的帝王大卫四世,又被称为"建设者大卫"。大卫四世开启了格鲁吉亚历史上的黄金时代,他通过政治和军事改革,建设了一支强有力的军队,把塞尔柱突厥人赶出了国境,格鲁吉亚在他统治时期繁荣强盛,其文化和政治影响力扩展到亚美尼亚和里海周边地区。格鲁吉亚的黄金时期延续到大卫四世的孙女塔马尔女王(1160—1213)统治时期。塔马尔是格鲁吉亚历史上第一位女王,她成功巩固了帝国的统治,并把疆域扩展到今天的阿塞拜疆、亚美尼亚和东土耳其。不过这段黄金时期没有延续太久,塔马尔女王死后不久,格鲁吉亚就连续遭遇游牧军队的进攻,1226年,花剌子模沙扎兰丁攻陷了格鲁吉亚的首都梯俾利斯,1236年,蒙古军队征服格鲁吉亚,当时的统治者鲁苏丹女王(1223—1245年在位)向蒙古臣服,她死后不久,格鲁吉亚再度分裂为东西两个部分。在"照明者"乔治五世的统治下,格鲁吉亚曾于1299年至1302年和1314年至1346年出现过两次短暂的统一，但马可·波罗到达这一地区时，这里还被东西两个政权分别统治着。

扎兰丁和绰儿马浑入侵格鲁吉亚时，格鲁吉亚正由其历史上的第二位女王鲁苏丹进行统治。女王鲁苏丹是女王塔马尔的女儿，她继承了她的哥哥乔治四世的王位，通常认为乔治四世的去世标志着格鲁吉亚黄金时代的结束，鲁苏丹女王则遭遇了这个国家最艰难的时刻，而她的能力和意志都不足以应付这场巨大的灾难。1255 年，在蒙古人的追击下一路西行的花剌子模沙扎兰丁包围了格鲁吉亚的都城梯俾利斯，而女王在此之前已经逃到了西边的库塔伊西。经过一年的包围，梯俾利斯于 1226 年被攻陷，该城的居民不愿被迫改宗伊斯兰教，因此大部分都遭到屠杀。1235 年，蒙古人再次来到这里，经过了扎兰丁毁灭性的掠夺，格鲁吉亚人几乎没有做出什么有效抵抗，鲁苏丹女王向蒙古臣服并每年缴纳 5 万金币。鲁苏丹女王虽然无力应对外来的征服者，却善于把握手中的权力，她的兄弟乔治四世有一个私生子，名叫大卫，女王自己有一个儿子也叫大卫，这两个大卫后来都称为格鲁吉亚王，侄子大卫被称为大卫七世，女王的儿子称为大卫五世。由于大卫七世从姓氏上来说，具有更为正当的继承权，因此女王在位时一直担心她的侄子在她死后夺取王位。最后，她决定把他囚禁在自己的女婿鲁木算端凯霍斯鲁二世的宫廷。大卫七世在那里被囚禁了 7 年，直到 1242 年蒙古人击败鲁木算端凯霍斯鲁二世，才得到自由。早在 1230 年，鲁苏丹女王已宣布自己的儿子大卫为皇位继承者，并把他派往蒙古朝廷，使其获得蒙古人承认的继承权。大卫五世被留在哈剌和林的蒙古汗廷，直到鲁苏丹女王去世时还没有回来，格鲁吉亚贵族们最后认为他已经失踪了，两年后，他们宣布他的表兄为格鲁吉亚王，即大卫七世。行过加冕礼后，大卫七世前往贵由汗的宫廷，以获得宗主国的承认。而鲁苏丹女王的儿子大卫五世一直就待在哈剌和林，因此当大卫七世到达这里，俩人就毫不意外地见面了。1248 年，贵由汗宣布大卫五世和大卫七世都是格鲁吉亚王，两人共同统治国家。大卫五世被称为大卫五世纳邻，大卫七世则是大卫七世兀鲁，纳邻是蒙语"小"的意思,兀鲁是"大",即蒙古人称大卫五世为小大卫,而大卫七世为大大卫,这大概是根据两个人的年龄进行的称谓。这对兄弟共同统治格鲁吉亚直到1259年,大卫五世决定反抗蒙古人,他逃到库塔伊西,在那里建立起伊梅雷迪政权,并作为大卫一世独立统治西格鲁吉亚。1260年,伊利汗国要求格鲁吉亚出兵协助蒙古攻打埃及,大卫七世仍记得1258年出兵协助蒙古攻打巴格达的惨重损失,于是这一次他拒绝出兵,并想要摆脱蒙古的控制。阿鲁浑那颜率大军出征这个不服调遣的附庸国,大卫七世逃到西格鲁吉亚,他的表弟为他提供了庇护,但他的妻子被蒙古人俘虏并杀死了。1262年,大卫七世决定还是臣服于蒙古,回到了东格鲁吉亚的梯俾利斯。于是格鲁吉亚再次分裂成两个部分。此后,东格鲁吉亚的军队不得不多次参与蒙古的出征,包括数次攻打金帐汗国的别儿哥汗。这些军事活动给东格鲁吉亚带来沉重的负担,因此引发政治和经济危机。有鉴于此,西格鲁吉亚的大卫王决定与金帐汗国和埃及的马穆鲁克王朝交好,并因此于13世纪70年代遭到了伊利汗国阿八哈汗派出的蒙古军队的攻击。不过西格鲁吉亚的大卫一世成功击退了伊利汗国的进攻,维持了自己的独立统治,他的统治维持到1293年,死于库塔伊西,他的长子君士坦提尼一世继承了王位。东格鲁吉亚的大卫七世死于1270年,他的儿子德墨武尔二世继承了王位。马可·波罗说"鞑靼人从未能完全统治此州。其一部分受鞑靼控制,另一部分由于地势险峻不属鞑靼,而属大卫王",其中受鞑靼控制的是臣服于伊利汗国的东格鲁吉亚,而不属鞑靼的就是与金帐汗国及埃及联盟的西格鲁吉亚伊梅雷迪王朝。

3.6　伊拉克和巴格达的哈里发

在亚美尼亚另一侧边境东南是摩苏尔。摩苏尔是一大国,住着各种族居民。有信摩诃末的阿拉伯人。还有不遵罗马教规的基督徒,他们在信仰方面有很多错误,被称为聂斯托利派、雅各派和亚美尼亚派教徒,都是最糟糕的异端。他们有一位总主教,他任命大主教、主教、修道士、高级修士和牧师,把他们派往印度、契丹、巴格达等一切有基督徒居住之所进行传教,就好像罗马教廷向拉丁世界的所有国家派出传教士。我要告诉你,他们并不宣讲真理,所宣讲的均为异端,因此在这些地方你能找到的所有基督徒都成了异端,如我所说的聂斯托利派、雅各派和亚美尼亚派,数量极多。

摩苏尔是今天伊拉克尼尼微省的省会,大概在巴格达西北 400 公里处。该城坐落在底格里斯河的西岸,与坐落在河东岸的古城尼尼微隔河相对。摩苏尔是东方亚述教会的中心,东方亚述教会,也被称为东方正统教会(因此简称为东正教)或亚述正统教会,也就是我们所熟知的景教或聂斯托利派,而这个教派最早则被称为亚述和摩苏尔教会。因此摩苏尔在聂斯托利派天主教中的地位相当于欧洲的罗马。

伊本·白图泰曾到达此处,对这里描述道:"这是一座古城,十分富饶。它那著名的哈德邦城堡,地势险要,固若金汤,周围筑有坚固的城墙和林立的碟堡,算端的宫殿就紧邻着城堡,城堡与城池之间横穿着一条自上而下的长街,城池有两道碟堡密布的坚固城墙。城墙内部设有一些圆形的房间,我看世界各地的城墙,只有印度国王京德里的城墙才是这样。摩苏尔有一大关厢,那里有许多清真寺、澡堂、旅店和市场,还有一座位于底格里斯河上的清真大寺,寺周围设有铁窗,连着许多高台,可俯视底格里斯河,极其幽静牢固。大寺前是医院。摩苏尔的凉棚市场非常别致,设置多道铁门,四周是坚固的店铺和层层住房。"伊本·白图泰还提到离开摩苏尔不久,看到《古兰经》中记载的朱迪山,那是努哈先知的船停靠的地方。《古兰经》中的努哈先知就是《圣经》中的诺亚先知,我们在《3.2 诺亚方舟》中已经提到,与基督教不同,犹太教认为方舟停靠的地点是位于今天阿塞拜疆的朱迪山,伊斯兰教系统也是这个看法。因此伊本·白图泰从摩苏尔北行,不久就看到了这座山。

巴格达是一座宏伟的大城,是所有萨拉森人的哈里发所在之地——类似罗马是基督教的教皇所在之地。

巴格达在元代的史书中记载为"报达"。巴格达是阿拉伯帝国阿拔斯王朝的首都,阿拔斯王朝的哈里发大部分时间居住于此。哈里发是阿拉伯语"代理人"或"继位人"的意思。《古兰经》中有"我必定在大地上设置一个代理人"的经文。穆罕默德及其以前的诸位先知即被认为是安拉在大地上的代理人。后来,这个词被用于指称穆罕默德死后继任伊斯兰教国家领袖的人。穆罕默德死后有著名的四大哈里发,其后的伍麦叶王朝和阿拔斯王朝的统治者也沿用了这个称呼。公元8世纪中期,伍麦叶王朝走到了终点,阿拔斯王朝兴起,开启了一个崭新的时代。最初其首都在库法,但是库法的居民在历史上就总是善变无常,拉旺德人的攻击使哈里发曼苏尔决定选择一个更为安全的王宫驻地。最初他考虑把摩苏尔作为候选地,但后来他觉得底格里斯河右岸,麦达因上游15英里处的"古老的巴格达"有一个更为合适的地点。这里有一座修道院,气候、水文环境都很好,背后有深深的运河,可以顺利抵达波斯湾、阿拉伯半岛、叙利亚、亚美尼亚和东方。巴格达还可以遏制库法、瓦西兑和巴士拉,是帝国天造地设的中心,于是首都很快就迁移到巴格达,也门人、穆达尔人和呼罗珊人的部队分别驻扎在军营中,三个部族的力量相互牵制。

在阿拔斯王朝统治时期,阿拉伯人的支持不再是政权维系的基础。阿拔斯派的统治者不再信任阿拉伯人,他们上台不是因为阿拉伯人,而是因为得到了波斯人和呼罗珊人的支持。这导致叙利亚和小亚细亚的阿拉伯人不断发动叛乱反对新王朝。阿拉伯部落始终支持叙利亚一方,因此不断受到新王朝的怀疑。阿拔斯王朝在建立之初的两个世纪繁荣强盛,然而随着这个政权的逐渐衰落,哈里发的贴身侍卫全都换成了阿姆河地区的突厥人。公元9世纪前期,哈里发穆尔台绥木继任后开始大量招募突厥人进入巴格达,这些突厥骑士引起了巴格达人的强烈不满,于是穆尔台绥木决定和突厥人一起迁出巴格达,迁到了底格里斯河上游方向约120公里的萨马拉。公元861年,哈里发

·欧·亚·历·史·文·化·文·库·

穆台瓦基勒在萨马拉被突厥人杀害,从此以后哈里发成了突厥人手上的戒指,所有的权力只有在钱币上铸上自己的名字,以及在宣礼时提到自己的尊号。阿拔斯王朝在萨马拉的统治大约维持了半个多世纪,直到892年哈里发迁回巴格达,这段时间被称为"萨马拉时代"。如《3.4 野蛮的突厥人》一节所述,这些突厥人很快接受了阿拉伯文明和波斯文明,取代了阿拉伯贵族首领的地位。帝国的军队充斥着突厥人,最终塞尔柱突厥人成为哈里发承认的统治者,获得算端的称号,而阿拔斯哈里发仅仅成为一个精神领袖和他的保护者的傀儡。

实际上,马可·波罗当时很可能并未经过巴格达,从他行走的路线来看,去巴格达是毫无必要的,因此在《马可·波罗游记》中,他没有详细描述这个城市,而是讲述了两个离奇的故事,一个是哈里发之死,另外一个是靴工移山。其中,靴工移山可以说是一个基督教神话故事,讲述一位虔诚信仰基督教的独眼鞋匠,靠祈祷移动大山,使城里的基督徒免遭哈里发迫害的故事。而哈里发之死则是真实发生的事情,只不过加上了一些颇具戏剧性的情节。马可大概是在伊拉克境内听到了这两则故事,因此将其作为巴格达的奇闻逸事,让鲁斯蒂谦写进了书中。

近半个世纪后,埃及旅行家伊本·白图泰来到巴格达,他这样描写这个有着辉煌过去的城市:"这是和平之家的城市,是伊斯兰的首都。它具有崇高的地位和诸多名胜,是诸位哈里发的居所,学者们荟萃于此。……但它已经时过境迁,名存实亡了。它屡遭变乱,数遇灾劫,已如消逝的朝霞,或如幻想中的偶像。它已经没有引人入胜之处,只有底格里斯河,像一面明镜,像一串挂在胸前的珍珠,它灌溉着巴格达,使它不虑干渴。"

当鞑靼人的君主开始扩张他们的领土时,他们共有四个兄弟,长兄蒙哥已经登上了王位。他们虽然已经征服了契丹国和不少地区,但仍然雄心勃勃,想要继续扩充他们的版图,于是他们制订了一个征服世界的计划,企图重新瓜分世界。他们怀着这个目的,一致决定,一人东征,一人南伐,其余两人进兵剩余地区。

南征的统帅由旭烈兀担任,他集合大军,向南挺进,征服了他所经过的所有王国和地区,并于1253年向巴格达城开始了进攻。但是旭烈兀担心此城城墙高大坚固,城内人口众多,防守顽强,不易强攻,因此,想出了一个诱敌之计。旭烈兀的军队除步兵外,尚有十万骑兵。他命令一支队伍埋伏在巴格达城的附近,另一支队伍隐蔽在巴格达另一边的密林里,偃旗息鼓不让敌人发现,自己则率领第三支队伍勇敢前进,直抵城门。哈里发看见鞑靼人兵力很少,不免轻敌,以为可以全歼敌人,因此带着卫队突出城外,冲向敌军。旭烈兀一见敌人出城,便佯装败退,直到敌军进入埋伏圈,然后他突然回师迎战。同时另外两支队伍也从两侧包抄,将哈里发的军队团团围住,截断了他的归路。于是哈里发被活捉了,巴格达城也投降了。

阿拔斯哈里发政权于1242年起,由这一家族中最后一位,即第37位哈里发穆斯塔辛掌权。他笃信宗教、乐善好施、性格腼腆、精于书法,然而优柔寡断、不视国事、不理朝政,每日周旋于女眷之间,与弄臣作乐,或者整天埋头于皇家图书馆中消磨时间。即使蒙古大军已经兵临巴格达城下,他也不考虑对策,反而致函周围诸国王,要求他们派乐工去演奏吟唱。他把宫廷诸要职和统治国家的领导权都交给了不学无术之辈,当时人认为哈里发的宫廷中,除瓦齐儿(相当于宰相)木爱亦答丁·伊宾·阿勒合迷外全是庸碌之辈和自私自利者,他们指挥着无能的哈里发,使这个软弱的政权得以厚颜残喘。从他开始掌权直到旭烈兀抵达巴格达地区的整整15年里,既没有想过如何振奋改进,也没有把花剌子模和河间地区的遭遇引以为鉴。实际上,虽然阿拔斯家族已没有任何势力影响,只是在巴格达进行名义上的统治,但由于仍被视为穆斯林的领袖和正统的哈里发仍保留着精神上的号召力,一声令下仍有表示效忠的王公以捍卫哈里发政权和保卫伊斯兰教的名义来行动。虽然之前绰儿马浑和拜住屡次向伊拉克地区发起进攻,并和巴格达哈里发的军队交战,但并没能征服这座都城,也没能使哈里发臣服,反而吃了几次败仗,以至于拜住向蒙哥汗求援诉苦,请他协助以击败敌手。

征讨巴格达的过程,著名的波斯文史书《史集》记载得非常详细,亦非常有趣。根据《史集》的记载,蒙哥汗即位之后,派遣旭烈兀征伐伊朗,一方面要他剿灭亦思马因派,另一方面就是要攻下巴格达,结束阿拔斯王朝的历史。旭烈兀首先攻打亦思马因派的城堡,关于这些故事,还会在后面讲到。结束了对亦思马因诸城堡的征服后,1257年,他从加兹温向哈马丹进发,之前负责征伐西亚地区的拜住从阿塞拜疆境内来见旭烈兀。旭烈兀呵斥他说:"绰儿马浑那颜死了,你继承他的职位在伊朗地区做出了些什么?你打败过哪支军队?征服过哪些敌人?此外,你竟拿哈里发的辉煌、伟大来吓唬蒙古军队。"拜住禀告道:"我无罪,凡是力所能及的事,我都完成了:从雷伊起直到鲁木和叙利亚境内,都被我全部顺利解决了,只有征讨巴格达的事我没能顺利解决。因为那里人民众多,军队、武器和装备充足,面临的道路很难走,不可能向那里进军。对于君王的其余旨意,凡是他所颁降的,我都俯首听命。"旭烈兀听完这些话,他的怒火平息了,说道:"你应当去把直到西海之滨的国土从富浪人的手中夺过来。"于是拜住那颜返回,带着军队开进鲁木地区。旭烈兀同诸王驻扎在哈马丹草原的牧场上,着手部署和装备军队,准备征讨巴格达。

此前,1256年,巴格达发生了一场水灾,整个城市被水淹没,一直持续了50天之久,伊拉克诸县有一半被毁坏一空。洪水为患时,政府无能,整个城市陷入了无序状态,恶徒横行,四处杀人。书记官木札希答丁趁此机会拉拢恶徒,短时间内势力大增。他势力巩固之后,见哈里发穆斯塔辛优柔寡断、不明事理,便同几个大臣商议,决定废黜穆斯塔辛,另立哈里发。宰相木爱亦答丁得知此事,立刻独自去禀报穆斯塔辛,结果这位哈里发居然把书记官召来询问,把宰相禀告的话转告给他,并且说:"我出于对你的信任,不听宰相的告密,并把他的话转告给你。无论如何你不要受人迷惑,背离臣服的道路。"书记官自然对宰相怀恨在心,他说:"如果证实我有罪,那么这是我的脑袋,这是剑。哈里发宽大为怀,但狡猾的宰相鬼迷心窍,他阴暗的脑中出现了对旭烈兀和蒙古军队的向往和爱。他污蔑我,以便转开对他的怀疑。他反对哈里发,间谍不断地往返于旭烈兀汗和他之间。"哈里发因此对宰相产生了怀疑。然而书记官召集人马,哈里发亦对他怀疑起来,召集军队想反击他,于是内讧和混乱在巴格达加剧起来。

旭烈兀从哈马丹派遣急使到哈里发处,对他说:"当我们攻打邪教徒(亦思马因派)诸堡垒时,派遣急使到你处请求援军,你回答说'我俯首听命',但未派来军队。俯首听命和同心同德的表现应当是,在征讨敌人时,你应给予援军,你并未派来军队,却予以推托。尽管你的家族古老而伟大,非常强盛,但是'月亮的光辉只存在于灿烂夺目的太阳躲藏起来的时候'。从达官贵人和老百姓的口中,你们无疑已经听到:对于全世界和人类,从成吉思汗时代迄今,由于蒙古军队的作为,由于长生天的力量,花剌子模沙家族、塞尔柱家族、迭亦列木篾力、阿塔毕等家族,这些家族的威武伟大的君主,他们全都辱没身份到何等地步。巴格达没有对这些家族中任何一个关上大门,那里是他们的京城,但我们拥有强大的力量,他们怎能躲开我们? 我们过去曾劝告过你,现在还要再对你说:不要和我们敌对,不要以拳击箭,不要用泥巴涂抹太阳,这只能自讨苦吃。过去的事就算了。如今你可以毁掉城墙,填平壕沟,把王国交给你的儿子,前来见我们。不愿亲自前来,可以派宰相、苏莱曼沙、书记官三人,让他们把我们的话原原本本、不增不减地转达给你,我们的话是:如果你服从我们的命令,就不要和我们敌对,国土、军队、臣民仍将留下给你。如果你不听我们的劝告,想反抗我们,那就部署军队、指定战场吧。我们现在正停驻着,进行军备。一旦我动怒,率领军队进向巴格达,那么无论你躲到天上或地下,'我要从天上把你抛下,把你像羽毛般从地下往上抛起。把你的王国不留任何一人活下来,把你的城市、国土付之一炬'。如果你想顾惜自己古老的家族,就聪明地接受我的劝告,如果你不听,那我倒要看看神的意志究竟如何。"

急使们传达了这些话后,哈里发派出一个能言善辩之士,跟着急使回去答复:"你这个没有经验的年轻人啊,你强求永生、胜利和短暂的幸运,自认为已取得胜利并公之于世,你把你的命令指为不可改变的命运和不可动摇的判决,你从我这里得不到你所要找的任何东西。'通过想象、军队和勇敢,你怎能摘取星星。'王子你大概不知道,从东方到西方,从帝王到乞丐,凡是为神效劳信奉宗教的老老少少,他们全都是这座殿堂的奴隶和我的军队。当我下令召集起散在各处的人们,我将首先完成对伊朗的战事,然后进向土兰,将每个人安排在他的位置上,但这样就不可避免地使全世界发生骚乱。我不寻求人间的敌对和纠纷,不愿由于军事远征让臣民口中一会儿祝福一会儿诅咒,特别因为我在内心和言辞上与合罕和旭烈兀汗是一致的。如果你也和我一样播种友谊的种子,你有什么理由到我的城墙和奴仆处来呢。踏上友谊之途,回呼罗珊去吧。若你打定主意要打仗,那么'不要延迟,不要逃跑,一刻也不要驻扎在原地,如果你决定厮杀,我有能征惯战的百万步骑'。一旦激发起仇恨,他们能翻山倒海。"

既然哈里发这样回答旭烈兀,那么双方的战争就不可避免了。旭烈兀宣布道:"长生天选择了成吉思汗和他的家族,并将东方到西方的全部土地赐给了我们。凡是俯首听命地从内心到言辞与我们一条心的人,他的领地、财产、妻子、儿女的生命就能保全,而蓄意反对我们的人,就不能享有一切。"并且严厉地申斥哈里发:"据说贪恋高位、财富、名利和对一时强烈的虚荣心冲昏了你的头脑,甚至好心人对你说的话也不能对你起作用,你的耳朵听不进好心人的劝告和教导,你背离了自己祖辈的道路,你必须准备作战,因为我已率领着多如蚁蝗的军队进向巴格达。如果命运发生变化,那就是无比伟大的神的意志。"

使臣将旭烈兀所说的禀告宰相,宰相则将其禀告哈里发,请他裁决。哈里发询问宰相的意见,宰相说:"我们应该用丰厚的礼物去贿赂敌人,因为积聚宝藏和珍物是为了保全荣誉和使人幸福。应当准备1000哈尔瓦尔(1哈尔瓦尔大约合300公斤)珍宝,选择1000头骆驼、1000匹阿拉伯马,载着武器、盔甲,让机灵的使臣押送,把礼物送给王子和异密们,按官爵把礼物送给每个人,请罪并答应在节日祈祷,用旭烈兀汗的名字铸币。"

起初哈里发同意了宰相的意见,并命令他去执行。但如前所述,书记官与宰相不和,他向哈里发禀告说:"宰相想出这个办法是为了私利,他想事先取得旭烈兀汗的感激,使我们和战士陷于不幸和灾难。我们也要守卫各条道路,把使臣连同货物一起扣留,使他们陷于灾难和不幸。"因此哈里发命令停止运送货物,并对使臣送去指令:"别害怕日后的命运,别说瞎话。我同旭烈兀汗和蒙哥合罕友好一致,并不敌对。既然我是他们的朋友,他们当然是对我有好意的人,可见使臣报告的话是假的。如果兄弟们企图反对我、背叛我,阿拔斯家族是无所畏惧的,因为我们这边掌握军队的所有君主都服从我的诏令,我将从各国召集军队,上马去反击他们。鼓起勇气,别怕蒙古人的威胁利诱,因为尽管他们走运,他们有力量,但他们要反对阿拔斯家族,除了头脑里的热烈幻想和手中的空气,他们什么也没有。"同时,异密苏莱曼沙是一个激烈的主战派,他说:"如果哈里发不采取措施打退这个强敌,不着手准备和抓紧时机,蒙古军队不久就必然向巴格达地区推进,如同他们已经对其他各城和神的奴仆所做的那样,不饶恕任何一个人,不论是定居民或是游牧民,无论贫富,一个也不剩地杀光,妇女将丧失贞操。在蒙古人没有从四面八方保卫巴格达的情况下,很容易从附近地区召集军队,我带着军队去夜袭,把他们驱散。嘿,如果事与愿违,高贵的男子宁可光荣地战死沙场。"哈里发听到这些话,赞许地对宰相说:"苏莱曼沙的话像治病的膏药般作用于痛苦不堪的心上。根据他的请求对军队进行统计,以便赏赐给战士们第纳尔,嘱咐苏莱曼沙,让他遵守诺言。"很可惜,苏莱曼沙远远没有宰相了解哈里发。宰相知道哈里发根本不想给钱,但他为了对付敌人,没有说穿此事,而是吩咐检阅军队,让哈里发聚集大军的消息传到远近各地。过了 5 个月,军队司书报告,已经召集起许多队伍和一支大军,哈里发该赏赐金钱了。宰相禀告之后,哈里发托词规避,不予理睬。宰相对他的诺言完全绝望,听天由命,耐心等待命运的摆布。

哈里发不愿赏赐军队,又无退兵之计,最后他送出了少量礼物,并派使者转达:"尽管君王不知道,但可以让他询问富有学识之人,迄今为止企图侵犯阿拔斯家族和世界之城巴格达的一切君主的结局都是非常不幸的。尽管有坚毅的君主和强大的统治者企图侵犯它,但这个强大国家的基础特别坚固,毫不动摇地屹立到死者复生之日。"他举了很多进攻巴格达失败的例子,颇为烦冗漫长,这里就不再重复了,最后他说:"君王对阿拔斯家族怀有恶念是不会有好处的,请他好好考虑一下变化无常的命运的毒眼。"旭烈兀听到这些话大为愤怒,他的回复很简单:"请建造城市和铁的城墙,建起钢的塔楼和隔墙,召集起由妖魔、神仙组成的大军,然后你再接近我。如果你在天上,我要把你扔下来,违反你的意愿,使你陷入狮子的嘴里。"

旭烈兀下定决心出征巴格达,但是在出征之前,他遵守萨满教信徒的习惯,要首先询问占卜师的意见。他叫来了一个跟随在身边的占星家忽撒马丁,对他说:"不要奉承,把观察星座所见到的一切说出来吧。"这位占星家是一位穆斯林,也不知道他是出于维护伊斯兰教的最高统治者之心态,还是确实观察到了预示灾难的星象,他说:"企图侵害阿拔斯家族,出征巴格达是不幸的,迄今为止任何一个企图侵犯巴格达和阿拔斯朝君主的君王都不能享有王国的称号和生命。如果君王不听微臣之言,向那里进军,将会发生六件不祥的事。其一,马匹倒毙。其二,太阳不升起。其三,雨水不降。其四,将刮起一场寒冷的旋风。其五,植物不再从地面上长出。其六,大王将于当年去世。"这样一席话使旭烈兀将信将疑,更何况渴望战争的异密们一致要求出征巴格达。于是他又召来了火者纳昔剌丁·徒昔,同他商议。火者说:"这些不祥之事一件也不会发生,将发生的是由旭烈兀汗取代哈里发。"旭烈兀让忽撒马丁同火者辩论。火者说:"根据全体穆斯林公认,许多伟大的先知穆罕默德的神使都牺牲了,却无任何灾难。如果说这是阿拔斯氏的特性,那么塔希尔曾从呼罗珊尊奉马蒙的旨意杀死了他的兄弟马合谋-阿明,木塔瓦乞勒曾被他的儿子在异密们的帮助下杀死,蒙塔昔儿和木塔思曾被异密们和奴隶军杀死,另外几个哈里发也曾死在各种各样人的手中,却并无任何灾难发生。"

听了这些话,旭烈兀汗非常高兴,毅然决定出征巴格达。他命令驻扎在鲁木的拜住的军队担任右翼,通过摩苏尔,在指定时间到达巴格达西面。他自己带着部队从东部赶到,然后两方一起出动。当旭烈兀到达今天哈马丹省西南的阿萨达巴特,他再次派出使者请哈里发来。哈里发又拒绝了,并请使者送来许诺和请求的书信,请旭烈兀回去,并请他指定每年应缴纳的财物数量。旭烈兀汗认为这是哈里发的缓兵之计,他说:"既然我们已经来了,怎能不见面呢?在见面、谈话之后,我们是要经过他许可后回去的。"

旭烈兀的先头部队由莎勒坛出黑率领,他给巴格达的先头军统帅合刺孙忽儿送信,劝说他归顺旭烈兀,合刺孙忽儿断然拒绝,于是终于发展到两军交战的地步。巴格达的军队战败,大部分被杀,还有少数人逃亡希拉和库法,拜住和旭烈兀从东西两方包围巴格达,筑起了壁垒。1258年1月29日,双方开始厮杀起来。蒙古人对着城楼架起投石机,把城楼打出了窟窿,哈里发派宰相到蒙古人处,对他说:"君王命我把宰相派来,我遵守自己的话,派出了他,君王也应该履行自己的诺言。"旭烈兀汗答道:"这是在哈马丹提出的条件,如今我们已经抵达巴格达,不平静的大海已经波浪翻滚。我们怎能只满足于派来宰相一人,应当把宰相、书记官和苏莱曼沙全都派来。"第二天,哈里发又派遣宰相、财政大臣和一大批显贵前来,他们都被打发回去,然后激战了6个昼夜。旭烈兀书写了6份诏敕,"我们饶恕伊斯兰教法官、学者、司教、阿里后裔、也里可温和不同我们作战的人",用箭把诏书从6个方向射入城中。又从各处运来石头,日夜不停地发射。2月1日,城楼被摧毁,2月4日,蒙古军队登上了城墙。书记官想坐船逃走,但蒙古军队用投石机抛射石头、射箭、抛射装有石油的瓶子,夺取了书记官的船只,书记官只得逃回巴格达。哈里发完全绝望,只得归顺屈服。他派遣使者带着微薄的礼物到蒙古人处,因为直到此时,他还认为送去许多礼物是害怕的证明,敌人会因此大胆起来。旭烈兀汗对使者不理不睬。哈里发又派自己的儿子送去许多财物,蒙古人也没有收下。很快,蒙古人攻占了巴格达。书记官及其属下被处死。苏莱曼沙被俘虏。旭烈兀问他:

"既然你是个占星家,深通天际星运的吉凶,为什么预见不到自己的凶日,为什么不劝你的君主通过和平的道路归顺我们?"苏莱曼沙回答:"哈里发刚愎自用,群星没有预示给他吉祥。"苏莱曼沙和他的追随者也全都被杀了。2月10日,哈里发终于承认已经毫无希望,只能出城投降,随同他的还有3000个圣裔、教长、伊斯兰法官和达官贵人。旭烈兀亲切地问候哈里发,对他说:"请发令让城里的居民放下武器出来,以便我们进行统计。"哈里发派人进城大声传令,让居民放下武器出城,然后他们就全都被杀了。哈里发亲眼看到自己的灭亡,悔恨自己的不明智和不听劝告。

居于巴格达的哈里发拥有由金银和宝石组成的、当时所知最大的宝藏,超过整个黎凡特地区的任何人,他本人最终也因此而被饿死。我将告诉你这是怎么回事。基督纪年1255年,东鞑靼伟大可汗旭烈兀,即当今在位大汗忽必烈之兄,组织大批人马突袭巴格达城的哈里发,包围并最终武力攻下该城。

当可汗旭烈兀攻下并进入该城,他发现了哈里发的这一大批宝藏,他找到了一个满是金、银、宝石和其他天价宝物的塔,该宝藏之大是此前在任何地方都未见过的,但是因为哈里发这个守财奴既不懂为自己建立一支强大的军队,又不能赏赐其已有的骑士,所以难逃厄运。当旭烈兀看到这一堆巨大宝藏,他极为惊叹,几乎难以相信世界上会有这么多金子,他立刻让人把被俘的哈里发带到面前,然后问道:"哈里发,现在你告诉我,你为什么聚敛这么多财宝?我对你的贪婪惊讶极了,你是那么吝啬以至于拒绝消费或分配这些财宝给你的骑士和人民。你原打算如何处置它们?当时你不知道我是你的致命之敌,会率大军突袭你,攻下你的土地,夺走你的王权吗?如果你知道,为什么不把你的财宝赐给国家的骑士,赐给其他雇佣兵,赐给保卫你、你的人民和你的城市的军人呢?"震惊又害怕的哈里发无言以对,因为他不知道还能说些什么。然后可汗旭烈兀对他说:"哈里发,既然你不说话,我又见你那么喜欢这些财宝,竟妄图以此为你生活的支柱,所以我希望向你证明你的判断多么'英明',我将留这些你深爱着的财宝任你食用,就像你完全拥有它们一样。"然后他让人将哈里发扔进塔中的宝藏里,并且禁止给他任何饮食。可汗的这一命令立刻被执行,像可汗要求的那样,哈里发被囚于塔中,然后旭烈兀对他说:"哈里发,既然这些财宝使你那么开心,现在你就尽情地享用吧,因为你必须明白,除了这些财宝你将不会吃到或喝到其他任何东西。"亡羊补牢为时已晚,被关进塔里的哈里发从他的财宝中得不到任何给养,于四天后像奴隶似的饿死在那里。因此,对哈里发来讲,把他的财宝赐予或分给保护他的军人,那他的国家、人民以及财宝都会安然无恙,这总好过他如此被俘、亡国亡民。我想这是我主耶稣想要替那些被哈里发百般憎恨的基督徒报仇。自此哈里发之后,无论是巴格达还是其他地方再也没有回教徒的哈里发,而皆由鞑靼人统治。

蒙古军队进城后,照例进行了掠夺和屠杀,2月15日,旭烈兀汗进入哈里发的宫廷和异密们宴饮,他把哈里发叫来,对他说:"你是主人,我们是客人,把你那对我们合用的东西告诉我们吧。"哈里发明白此话的含义,献出了2000件长袍、1万第纳尔,还有若干饰有宝石、珍珠的罕见珍宝,还说出在宫殿中央有一个装满金子的水池。宴会结束之后,旭烈兀回到了城外的帐殿,次日清晨,他手下的将领把从那里夺取到的财物押送出来,这600年间聚集起来的一切财宝,像群山一样堆积在汗帐的周围。

由于蒙古人难以忍受城市恶浊的空气,旭烈兀汗于2月20日离开巴格达,停驻在瓦黑甫村和炸里牙必牙村。他下令把哈里发叫来。哈里发看到自己命运的恶兆,但毫无办法,他请求获准去浴室进行最后一次大净,这一天日暮,哈里发在瓦黑甫村结束了自己的一生。阿拔斯哈里发525年的统治就这样终结在第37位哈里发手中。

关于哈里发穆斯塔辛是如何死去的,各种史料中记载都有所不

213

同。马可·波罗所讲述的这个故事生动有趣,被基督教徒广泛接受,因为小亚细亚的基督徒长期受到阿拉伯帝国的统治,阿拔斯王朝的终结使被压迫了500年的基督徒欢呼雀跃、弹冠相庆。亚美尼亚史官写道:"巴格达帝国强盛的时候像吸血鬼一样吞噬了世界,如今总算恶贯满盈,为它造下的罪孽接受清算。"这个故事的原型来自波斯史学家迷儿宏的记载,《多桑蒙古史》引用了其中的主要情节:哈里发投降后,旭烈兀放了一盘金子在其面前,令他吃掉。"但是人不吃金子呀。"这位囚犯说,而这位鞑靼汗则回复道:"那你为什么储藏它们,而不是把它们花在供养军队上?你为什么不到乌浒河觐见我?"哈里发只好说:"一切都是神的旨意啊。"旭烈兀说:"那么降临在你身上的这些事也是神的旨意。"

另一部非常有名的波斯文史书《瓦萨夫书》则讲述了一个略有不同的故事。被俘两天后,哈里发做晨祷,以《古兰经》的韵文诗开始:"啊,神才是王权的拥有者,他想给即给,他想夺即夺,举之则使上天,按之则使入地。"在完成常规仪式后他仍然满脸热泪地不断祈祷。旁观者向伊利汗报告了哈里发祈祷中的巨大羞辱,以及对那两位王子似乎有着巨大触动的经文。关于接下来的故事说法不一。有人说伊利汗命人撤走了哈里发的食物,当哈里发索要时,他则放了一盘金子在其面前,等等。最后,接受其大臣的建议,这位国君下令处死哈里发。由于主张嗜血的宝剑不应该被穆斯塔辛的血所玷污,因此他被卷入一张毯子,就像通常卷毯子那样,以致他的四肢被挤断。

《瓦萨夫书》记载最后一位哈里发是被毯子卷着死去,这是很有可能的。倒不是因为"嗜血的宝剑不应该被穆斯塔辛的血所玷污",而是蒙古人相信,人的灵魂存在于人的血液之中,因此如果血液不流出来,灵魂就不会消失,最高贵的死法就是不流血而死,这是专门为王室成员准备的死刑。《蒙古秘史》中记载,铁木真与他的安答札木合作战,札木合被俘后,对铁木真请求:"安答你降恩处死我吧,但愿不流血而死去就好。我死之后,请将我的尸骨埋葬在高地,我将长久保佑你的子子孙孙。"铁木真答应了他的请求:"我欲与你为友伴,你不肯。我爱惜你的性命，你却只求一死。现在我就依从你的请求，让你不流血而死。"于是成吉思汗降旨："将札木合不流血处死，不得暴露其尸骨抛弃，宜以厚葬。"札木合最终被装入袋中窒息而死。

3.7 伊朗和山中老人

马可·波罗对大波斯地区的记载相当详细。他的游记中把波斯局限为大概是塞尔柱帝国统治时期的伊朗地区，并且分成 8 个区域，还有明显属于伊朗的大不里士、亚兹德、起儿漫、忽里模子、呼罗珊地区，都分别叙述。我们把这里按照 13—14 世纪的行政区划，统一算作大波斯地区。因为马可·波罗在去程和返程均经过伊朗地区，而且他在返程的时候和伊利汗国的使者同行，听他们讲了很多伊利汗国的奇闻逸事。他在元大都，也就是今天的北京长期居留，大概也听说了不少关于伊利汗国的事，所以他记载了很多关于这一地区历史、地理、轶闻、风俗的详情，对比当时其他的历史记载，颇有趣味。

> 大不里士是伊拉克王国内的一个壮丽的大城。大不里士的居民臣属于鞑靼人……这座城市地理位置极佳，来自印度、巴格达、摩苏尔、忽里模子以及许多其他地区的商品都能方便地运送到那儿。因此，很多拉丁商人，特别是热那亚人，常常到那里购买远道而来的商品，尤其是大量宝石和珍珠。它是一个巨大的商业城市，来往的商人们在那里获利甚丰。

大不里士是今天伊朗阿塞拜疆省的省会，在元代文献中也记载为帖必力思。《马可·波罗游记》中所记载的这个城市的名字发音更接近于桃里寺，是因为在当时，当地人的发音就是这样的。马可的《马可·波罗游记》是根据他听到的东西而记录的，因此记录下来的人名、地名的发音往往与当时文献中记载的拼写发音略有不同。

马可·波罗所处的年代地理概念与现在有所不同，再加上马可本

215

人也经常混用各种名词的不同含义,我们需要略微解释《马可·波罗游记》中这一部分的地理划分。马可·波罗说大不里士位于伊拉克,在今天的地图上完全不是这样,但在马可那个时代则毫无问题。伊拉克和伊朗分为两个国家是很晚才发生的事。在漫长的历史中,这两个地区都属于同一帝国,先是波斯帝国,然后被阿拉伯帝国征服,接下来同属伊利汗国,然后都变成奥斯曼帝国的一部分。11 世纪的伊拉克分为阿拉伯伊拉克和波斯伊拉克,阿拉伯伊拉克即下美索不达米亚,又称阿拉伯美索不达米亚,大致是今天伊拉克的南部。波斯伊拉克又译为伊拉克额者木,即中波斯,大致是今天伊朗的中西部地区。阿拉伯伊拉克对应古代的巴比伦,波斯伊拉克则对应古米底,中间以札格罗斯山脉为分界。

大不里士是伊利汗国的首都,因为这里有富饶肥美的草原牧场,畜牧业非常发达,定都于此的蒙古宫廷可以轻松获得他们所喜爱的牛羊肉和奶制品。此外大不里士的养蜂业也很著名,蜂蜜和蜂巢是这里的特产。通常认为该城建于伊斯兰时期,大约在 8 世纪末。到蒙古入侵之前,这里已经成为当地伊勒德古兹阿塔毕政权的首都。著名的阿拉伯地理学家雅古特于 1213 年到达那里,称之为一个巨大的手工业制造中心,他说那里生产的纺织品销往各地。

在蒙古入侵时代,大不里士并没有受到太大损失。阿八哈成为伊利汗后,选定大不里士作为伊利汗国的首都,其地位日益重要。选择这里作为首都,除了因为当地繁荣的商业、手工业,阿塞拜疆茂盛的草场和著名的乌儿米牙湖给牲畜提供了良好的牧场和水源外,也是为了对抗北方金帐汗国的军事威胁。一些学者认为在成吉思汗时代,里海和阿塞拜疆区域属于尤赤家族。蒙哥即位后默许其弟旭烈兀在波斯建立独立汗国,旭烈兀占领了阿塞拜疆,于是与金帐汗国屡屡发生战争。因此伊利汗国的首都建立在大不里士有着军事上的考量。

马可·波罗第一次到达大不里士是在 1272 年气候温暖的春夏时期。在这一年冬天大不里士发生了强烈地震,清真寺高塔的顶部塌落,许多房屋被毁。而《马可·波罗游记》中完全没有提及此事。《马可·

波罗游记》描述大不里士为伊拉克地区最美丽、最好、最华贵的城市，是一个巨大的商业城市，并且被很多美丽、令人愉悦的园林所环绕。他所见到的应该是地震之前的大不里士。

马可·波罗等人第二次到达大不里士是在他们返程的路上。他们把蒙古公主阔阔真送给合赞后途经大不里士回到西方。那时是在1293年夏天，统治伊利汗国的是乞合都汗，此前的阿鲁浑汗（1284—1291年在位）对汗国的首都进行了大规模建设，他在城市西郊建立两所离宫，两宫之间建设一城，该城被称为阿鲁浑尼牙，阿鲁浑汗还建了很多庙宇，还有他自己的雕像。不过这些庙宇和雕像在他的儿子合赞汗（1295—1304年在位）时期被毁掉了，因为合赞汗全面接受了伊斯兰教。

> 在大不里士边境有一个名叫圣巴萨摩的修道院，以虔诚著称于世。这里有一个修道长和许多修道士……修道士们生活勤俭，从不愿过懒惰的生活，他们终日不断地织羊毛腰带。在举行宗教仪式的时候，就将此物置于圣巴萨摩的祭坛上。当他们周游各王国化缘时，就用这些羊毛腰带赠送友人和贵人。大家都视其为治风湿病的妙药，所以都虔诚地祈求此物。

大不里士的基督教一直颇具势力，马可·波罗路过这里的时候就提到当地"各种居民混杂。基督教所有派别的信徒在那里有很多。那里有亚美尼亚人、景教徒、雅各派教徒、格鲁吉亚人、波斯人"，还特别描写了附近的这个圣巴萨摩修道院。合赞汗时期伊斯兰教再次成为国教，伊斯兰教势力大兴的时候，基督徒受到了一定迫害，但蒙古人依然继承了该民族宗教宽容的传统，合赞汗和完者都汗都曾下令保护基督徒免于迫害。14世纪初到达那里的鄂多立克也提到"该城中居住着很多形形色色的基督徒"。

《马可·波罗游记》中特别提到的这个圣巴萨摩修道院，奥地利地理学家加布里认为这个修道院属于亚美尼亚的巴·扫马，他在5世纪下半叶居住在那里。巴·扫马这个名字后来被居住在库尔德斯坦山区的聂斯托利教士反复使用，其中一位最有名的巴·扫马是忽必烈汗从中国派去的，也就是我们通常所说的列班·扫马或拉班·扫马。他在阿鲁浑汗时期被任命为主教，住在大不里士。加布里认为他居住的修道院就是马可所提到的圣巴萨摩修道院。拉班·扫马和马可——后来更名为雅巴拉哈——曾从北京西行到达欧洲大陆的最西边，后来又回到波斯，长期居留在大不里士和马拉盖等地。他们和马可·波罗基本处于同一时代，他对于自身旅途的记载，给后人留下了关于当时东方世界眼中西方世界的记载，恰与马可·波罗的记载相映成趣。现在发现了叙利亚文的拉班·扫马传记，包括他们西行的行纪，可惜他们的经历和游记远不如马可·波罗那样著名。

拉班·扫马是 13 世纪景教教士，他实际名为扫马，拉班是叙利亚文"教师"一词的音译。扫马生于元朝的首都大都，他的父亲昔班是大都地区的景教巡察使。扫马 30 岁时正式成为景教修士，很快由于他虔诚的修行而名声远扬。不久，另一名景教徒马可来到他这里，坚定地表示向道之心，和他共同修行。

大约在 1275 年，扫马和马可决定前往耶路撒冷朝圣。他们得到了两位蒙古贵族的支持，踏上朝圣之途。他们循陆路西行，经过 4 年的长途跋涉，来到今天伊朗阿塞拜疆省的马拉盖。马拉盖是伊利汗国非常重要的城市，它是旭烈兀时期伊利汗国的首都，不过阿八哈汗即位之后将首都迁往大不里士，但马拉盖还有一些非常著名的建筑，譬如旭烈兀时期建造的天文台等。

扫马和马可本意要经过阿塞拜疆前往巴格达谒见聂斯托利教会总主教马儿·脾合，然而正好当时总主教就在马拉盖，于是他们就在此处见到马儿·脾合，向他汇报了路途情况和朝圣的意愿。在该城停留若干日后，他们得到总主教的谕令，参观了巴格达和西亚许多地方的修道院与先贤圣迹。总主教还派他们带着信去见阿八哈汗，阿八哈汗也给了他们前往耶路撒冷的谕令。他们本来打算经过亚美尼亚和格鲁吉亚，由海路前往耶路撒冷，但因为伊利汗国与马穆鲁克王朝的敌对关系导致道路不通,他们返回摩苏尔。马儿·腆合对他们说:"现在局势混乱,道路断绝,不是去耶路撒冷的时候。你们敬拜了我国所有的圣地和圣物,这种敬拜不亚于朝拜耶路撒冷。"然后马儿·腆合授予马可为"契丹"与汪古教区主教,"契丹"在这里指的就是中国。马可因此改名为雅巴拉哈,拉班·扫马则为巡视总监。马儿·腆合命他们东归主持教务。他们做好准备起程时,获悉在中亚元朝和察合台汗国、窝阔台汗国之间发生战争,道路不通,又不得不中途折回。1281 年马儿·腆合亡故,马可被选为总主教,称雅巴拉哈三世。1282 年阿八哈汗去世。阿合马汗在位期间,他受到对手的指控,但很快阿鲁浑即位,便又重新获得宠爱。

阿鲁浑在位期间曾试图取得欧洲的支持,与之结盟共同对抗马穆鲁克王朝,于是他派遣拉班·扫马出使欧洲。拉班·扫马在 1287 至 1288 年奉命出使君士坦丁堡、罗马教廷、巴黎和当时为英王爱德华驻地的波尔多(现在则归法国所有),他带去了阿鲁浑写给希腊和法国国王的信函,还有雅巴拉哈三世带给罗马教皇的信件和礼物。在罗马,红衣主教们对于一个基督徒竟然作为蒙古国王的使节来此表示惊讶,但他回答:"你们须知,我们的许多神父去蒙古人、突厥人和汉人的地方教育他们。现在许多蒙古人是基督教徒。有些王子和王后已经受洗并向基督忏悔。他们在军营中设有教堂,十分尊重基督教徒,其中许多人是改信基督教的。""圣多默、马·阿戴和马·马雷斯给我国传播的福音和教给我们的礼仪,我们迄今仍然遵守。"接下来他们见到了法王和英王,这两位国王都表现出对蒙古提到耶路撒冷之事感到振奋。但实际的情况是,教皇洪诺留四世于 1287 年 4 月去世,下一任教皇尚未选出,因此欧洲王公们无意东征。1288 年 2 月,尼古拉四世继任为教皇,他立刻派人将蒙古使者召回罗马。他们在罗马谒见新教皇,呈递了阿鲁浑和雅巴拉哈三世的书信。扫马在这里举行了景教弥撒,受到尼古拉四世的认可,认为"语不同但礼相同"。在复活节后,他们起程返回,带回大量礼物,包括基督的一小片衣服、圣母玛利亚的一小片头巾和罗马圣徒们的遗物。教皇则把他自己佩有宝石的纯金三重冕、金线织紫服、袜子和佩有珍珠的便鞋以及一个从他手上摘下来的戒指送给了雅巴拉哈三世。尼古拉四世分别向忽必烈和阿鲁浑回信,感谢他们对基督教的支持。同时,尼古拉也承认马·雅巴拉哈为东方基督徒的主管。

1289 年,扫马回到巴格达,他先后主管大不里士、马拉盖的教堂,1293 年至巴格达辅助总主教,1294 年,在那里去世。

合赞汗登基后开始推行伊斯兰教。起初基督教受到迫害,合赞汗的大臣努鲁兹下令摧毁教堂,屠杀基督徒和犹太人的首领。雅巴拉哈被抓起并被强迫改信伊斯兰教。所幸他设法逃脱躲藏起来,直到找到一个机会觐见合赞,祈求保护。合赞汗赐给大总管一项谕旨:首先,不应强迫基督教徒缴纳人头税。其次,基督教徒不必放弃他们的信仰,应按照以前的惯例和等级对待大总管,恢复他的职位和对他教区的统治权。

当时,由于伊斯兰成为国教,而且波斯是一个有几百年传统的伊斯兰教地区,因此基督教仍然长期受到压制。后来基督教徒不得不缴纳人头税,出门时系上腰带。

合赞汗的继承者完者都汗更热衷于伊斯兰教。完者都甚至建造了一座伊斯兰风格的新都城以及镶满了绿松石的完者都墓。直到1308 年,完者都汗突然访问马拉盖的一座修道院,在那里受到很好的接待,因此对基督徒的态度温和了,大总管甚至在这一次得到了一项免除所有牧师和修士缴纳人头税的敕令。但之后基督教徒仍受到很多不公正的待遇,雅巴拉哈多次努力为他们求情,他曾写给著名的大臣和历史学家拉施德丁一封信,他说:"我以十分耐心和敬畏上帝的态度服侍过七位国王,并为他们祝福。"他的努力似乎没什么用,最后隐居在马拉盖的修道院,表示厌倦再为蒙古人服务了。

波斯是一个很大的地区,它过去非常高贵伟大,但现在鞑靼人破坏毁弃了它的大部,它比过去要小得多。

波斯是一大区,其有八国。我愿详述其名。入波斯首遇第一国加兹温,其后为南边的第二国库尔德斯坦,第三国罗耳,第四国薛勒斯坦,第五国伊斯法罕,第六国设拉子,第七国沙班卡拉,第八国秃讷哈因,位于波斯最远的边境。

马可·波罗在讲述波斯八国时把波斯分成了八个区域,这里面缺少了一些显然属于伊朗的地区,譬如前面已经提到的阿塞拜疆和属于阿塞拜疆的大不里士,后面他又单独讲述了亚兹德、起儿漫、忽里模子等。他对波斯地区的划分标准的确颇为难解,显然并非完全基于当时的政治形势或伊利汗国的疆域,也不是古伊朗的疆域。有伊朗学者提出马可·波罗的行政区划跟塞尔柱帝国统治时期较为接近。塞尔柱帝国时期,按照传统,派王子去诸行省执掌政务,同时派专人照管和监护诸王子,这些照管王子之人被称为阿塔毕,在突厥语中意为"父亲般的伯克"。塞尔柱王朝末期,由于国家衰弱,这些被赐予各种权力的阿塔毕乘机在各地建立了独立政权,又被称为阿塔毕王朝。在摩苏尔、阿塞拜疆、法儿思、罗耳斯坦、亚兹德、起儿漫等地均有此类独立政权。马可·波罗单独讲述大不里士、亚兹德和起儿漫可能与此有关。不过他又把罗耳划入了波斯的领域。我们只能认为这位来自遥远欧洲的旅行者并不是非常了解伊朗的历史和地理,他在经过这片土地的时候,将他亲身路过亲眼见过的地区进行详细描写,而其他他听说的地区则总括介绍。对于一位13世纪的欧洲商人能够记录下这些颇为准确的地名,并在几十年后讲述出来,我们的确不能要求更多。

加兹温是今天伊朗北部的一个省,该省的省会也叫加兹温,在元朝的时候被记载为可疾云。加兹温位于厄尔布鲁士山脉北边一片冲积平原的边缘。在历史上这是一个很有名的城市,有悠久的历史。根据当时波斯地理学家的记载,这里是从阿塞拜疆进入波斯中央地区的必经之途。这里气候温和,但缺乏水源,采用地下水渠取水。城中有许多花园,在一年一度的雨季这些花园能够得到浇灌。城中大量出产葡萄、杏和阿月浑子。在雨季之后,人们立刻种植瓜类,这些植物不需要灌溉,果实极其甜美。在大部分季节,谷物和葡萄都很便宜,葡萄和李子品质也很高。有大量牧场和禁猎区,主要为骆驼提供草料。

加兹温在萨珊王朝时期就是一个边境城市,驻扎着抵御底廉人的军队,底廉人是居住在伊朗厄尔布鲁士山脉以北、里海南岸的伊朗人,他们从萨珊王朝时期就大量成为雇佣军人,在阿拉伯人入侵伊朗时,他们长期对其及被征服后伊朗的伊斯兰化进行抵抗。到12世纪前后,由于非常靠近亦思马因派的重要据点阿剌模忒城堡,这里又成了抵御亦思马因派的边境城市。它的这种边境城市的地位到旭烈兀消灭亦思马因派之后就不复存在了。

库尔德斯坦是库尔德人居住的地区,罗耳则是罗耳人居住的地区,薛勒斯坦是薛勒人居住的地区,薛勒人是罗耳部族中的一支。这三个地区都位于今天伊朗的西部,马可·波罗并没有经过这些地区。

伊斯法罕是位于伊朗中部的伊斯法罕省,该省的省会也叫伊斯法罕。伊斯法罕省位于波斯中部,夹在西边的扎格罗斯山脉和东边的大沙漠之间。该省的北边是库姆和塞姆南(在元代翻译成西模娘),西边是罗尔斯坦,南边是法尔斯省,东南是亚兹德省,东边则是呼罗珊。该省大部分地区算不上富饶丰美,位于半干旱地区,山上的河流能够提供一些水源,因此随着海拔提高植被逐渐丰富。西部和南部的高地有优良的牧场。在扎格罗斯山脉和大沙漠之间有一片狭长的绿洲,伊斯法罕市就是这片绿洲上的明珠。伊斯法罕是伊朗最古老的城市之一,多次成为王朝的首都,因为它位于伊朗东西向和南北向两条重要交通道的交汇点上。在伊斯兰初期,这里是哈里发重要的征税城市,因为这里的人民性格温顺,这片地区出产丰富,当时的征税官汇报说这里"盛产藏红花和玫瑰花,山中有银矿和铋矿,这里生长着胡桃和杏树,还有最好的葡萄树。蜜蜂飞来飞去,水质清澈,还出产最好的母马。食物宜于养生,土壤肥沃,空气洁净。肉质比其他任何地方都好"。在阿拔斯王朝时期,伊斯法罕的地位日益重要,并且成为塞尔柱帝国的首都。蒙古入侵时期这里遭到了大规模屠杀,因为这是该地区最后被占领的城市,因此,据波斯史学家的说法,哪一次屠杀都不及这一次惨烈。而且伊利汗国时期,首都建立在遥远的阿塞拜疆的大不里士,因此伊斯法罕成了边远地区。幸好在合赞汗和完者都汗改革时期,该地区经济基本上已经恢复了,城市的范围也大幅扩大,学校、宗教场所和手工业商业作坊都大量建立起来。在萨法维时期,伊斯法罕再次成为首都,修筑了宏伟壮丽的宫殿、清真寺和广场。伊朗有一句谚语叫作"伊斯法罕半天下",说明了这个城市在伊朗历史上的地位。

设拉子是现在伊朗法尔斯省的省会。在马可·波罗的游记里,设拉子城象征着法尔斯省,因为在很长时间内设拉子是法尔斯省的主要城市,而且在阿拉伯人征服伊朗之后就一直是法尔斯省的省会。法尔斯在13世纪还由一个独立的阿塔毕王朝速古儿朝统治,该王朝建于12世纪中期。在阿布巴克尔的统治下达到极盛,控制了法尔斯、起儿漫、波斯湾各岛及阿拉伯海岸,设拉子城在这一时期内也在文学和艺术方面非常繁荣。著名的伊朗诗人萨迪就是设拉子人,他的墓也在那里,阿布巴克尔则是他的赞助者和保护人。阿布巴克尔在设拉子修建了新的学校、公园、靠捐赠运行的医院、清真寺、巴扎。他给蒙古人纳贡,避免了城市被毁,为了避免蒙古人进入城市,他把官府搬到了城外的花园。1262年,该王朝的公主嫁给了旭烈兀之子,得到了名义上的阿塔毕称号,于是法尔斯省归入蒙古统治。由于蒙古征收重税,政府腐败,本地豪强和相邻领主的掠夺,设拉子在1284—1287年的三年大旱中陷入了饥荒。但在政治稳定的时候,这座城市又会恢复活力。在14世纪这里又产生了一位著名的诗人哈菲兹。他的保护人,也就是当时的统治者沙舒扎给来自中亚的征服者帖木儿送去了珍贵的礼物,以此免除了对城市的威胁。可是最后帖木儿还是于1387和1393年两次征服了法尔斯。伊本·白图泰也到过设拉子。他描述道:"这是一座建筑古老、幅员辽阔、远近闻名、地势险要的城池。有整齐的花园、湍急的流水、雅致的市场、高级的街道,建筑牢固、布局奇特,每一行业有专用市场,其他行业不得混入。当地人面貌美丽、衣着整洁。东方各地中,只有设拉子可以在市场、花园、河流之美丽,居民之俊俏等各方面同巴格达媲美。设拉子位于一平原上,四面皆有花园围绕,五条河流穿城而过,其一是众所周知的鲁克努阿巴德河,河水甘甜,冬温夏凉。该城有极大的清真寺,名叫古寺,是面积最大、建筑最美的寺院之一。清真寺的庭院宽敞,铺砌着雪花石,天热的时候每天洗涤一次,每晚该城的要人都聚集寺内,举行昏礼和宵礼。寺北面通往果市。那是一个最精致的市场,我认为比大马士革驿道门口的市场有过之而无不及。"这座城历史悠久,以花园、美酒和诗歌著称,在不同时期还获得了"王朝之座""知识之所""神圣之塔"等称号。

沙班卡拉是沙班卡拉人居住的地方,位于法尔斯南部和东南部,气候炎热,邻近波斯湾。沙班卡拉人是一个伊朗南部的库尔德人部族,族名的原意是牧羊人,从这个名字就可以知道他们本来过着游牧生活。沙班卡拉在13—14世纪其实是一个蒙古统治下的半独立政权,直到1311年才因为叛乱被镇压,完全并入伊利汗国的统治。

秃讷哈因则指南呼罗珊地区,因为秃恩和哈因是这一地区最重要的两个城市,所以马可·波罗把这两个城市的名字连起来,指代这个地区。

> 亚兹德在波斯边境,是一座很繁荣的城市……离开亚兹德,需骑行七天方可到达起儿漫。

亚兹德是今天伊朗的一个省,也是该省的省会。这里在13—14世纪由一个半独立的阿塔毕政权统治。亚兹德的阿塔毕政权是考库耶王朝的一支。考库耶王朝是11世纪初期在伊斯法罕建立的一个独立政权。11世纪下半叶,塞尔柱帝国的奠基者图格里勒征服了伊斯法罕,将其作为首都,他把亚兹德和阿巴库赫委任给当时考库耶王朝的统治者阿布·曼苏尔。亚兹德在此前只是个小城市,但此后繁荣兴盛起来,阿布·曼苏尔进行了大量城市建设,修建了宫殿、清真寺和城墙,他的继任者使该城不断发展起来。考库耶家族的最后一任统治者加儿沙斯普死于战争。他的女儿嫁给了算端派来的阿塔毕鲁昆丁,他由于无能而被其兄弟亦咱丁取代,后者建立了真正意义上的亚兹德阿塔毕政权。旭烈兀西征时,当时的亚兹德阿塔毕速古儿沙向其表示臣服,旭烈兀让他继续统治该地。在整个 13 世纪中,亚兹德阿塔毕政权越来越依附于蒙古的统治。

亚兹德是一个干旱炎热的城市,城市建筑主要以夯土建成,直到现在还是如此。当地有一种很有特色的风塔。在建筑物的顶端建有带长条状镂空的方顶,在炎热的季节,风从房屋内通过屋顶的风塔穿过,带来院中水池的凉意,使人暑意顿消。这种建筑直到现在还保留着。

起儿漫是波斯东部的一个王国,从前被自己世袭的君主所统治,但自从归入鞑靼人的版图以来,即由他们派遣的总管治理。

起儿漫地区在很长的时段内可以说是独立于波斯其他大部分地区发展的。因此马可·波罗认为这是一个独立的国家。该地区远离哈里发帝国的都城,并且在西北方有高山阻隔,因此当地的统治者很容易取得半独立地位。可以说是在蒙古人统治伊朗之后,起儿漫才被正式归入伊朗领土。起儿漫地区有良好的牧场,吸引了很多游牧部落。由于这样的地理条件,起儿漫更多与中亚、印度进行贸易交流。

在 13 世纪早期,原哈喇契丹大臣八剌·哈只卜成为花剌子模沙阿老丁·摩诃末的大臣和他的儿子吉雅丁·皮儿沙的阿塔毕。花剌子模沙死后,皮儿沙委任八剌·哈只卜管理伊斯法罕,但他看到花剌子模大势已去,因此带领属下前往起儿漫,并击败了法儿思阿塔毕撒忒·本·赞吉派到那里的统治者苏札丁,在那里他遇到花剌子模沙的继承者,从印度回来欲前往阿塞拜疆的算端扎兰丁,并向他要求统治起儿漫,扎兰丁并无其他选择,只能应允,并且给他忽都鲁汗的称号,因此他在起儿漫建立的政权也被称为忽都鲁王朝。之后,八剌·哈只卜还从哈里发那里得到了算端的称号。吉雅丁·皮儿沙到达起儿漫后意图自立,八剌·哈只卜杀了他,并派遣使者向窝阔台汗表示忠诚,臣服于蒙古。他有 4 个女儿,长女西维只合敦嫁给了察合台汗。他的儿子鲁昆丁·哈札只作为质子一直在窝阔台的汗庭,直到他 1235 年 9 月去世时仍未回来。八剌·哈只卜的侄子忽都不丁·马合谋继承了他

·欧·亚·历·史·文·化·文·库·

的位置。1236年，鲁昆丁·哈札只带着蒙古大汗让他继承王位的圣旨出现，忽都不丁不得不让位给他，因为窝阔台汗和察合台汗的合敦西维只合敦都支持鲁昆丁。直到1248年蒙哥汗即位，忽都不丁才取得蒙古大汗的支持，获得了起儿漫地区的任命书，这时轮到鲁昆丁寻求支持了，但蒙哥汗把他交给了忽都不丁，然后很快被杀了。1256年旭烈兀带领大军西征时，忽都不丁前往旭烈兀的营帐表示忠诚，并率领军队跟随旭烈兀出征报达。1257年忽都不丁因病去世，继承其位的是他的儿子哈札只算端·忽都不丁（1257—1277年在位），但实际上掌握权力的是忽都不丁的妻子秃儿坚合敦，因为她亲自前往旭烈兀的汗庭，并获得了辅佐忽都不丁之幼子的令旨。马可·波罗经过起儿漫时，该地实际上由秃儿坚合敦进行统治。秃儿坚合敦是八剌·哈只卜之妃，八剌·哈只卜死后她嫁给了忽都不丁·马合谋，即哈札只算端之父。秃儿坚合敦精明能干，1270年八剌进攻呼罗珊地区时，秃儿坚合敦命哈札只算端率军前往呼罗珊支援阿八哈汗，她的女儿帕迪沙合敦嫁给了阿八哈汗，借此亦巩固了她在起儿漫的地位。哈札只算端率领军队从呼罗珊回到起儿漫后，试图解除秃儿坚合敦的权力，秃儿坚合敦为此前往阿八哈汗处向女婿抱怨，哈札只算端被迫前往昔思田和印度，在那里待了10年之后，德里算端给他一支军队帮助他夺回起儿漫，但他在路上去世了，军队回到了印度。秃儿坚合敦统治起儿漫至1282年，阿合马成为伊利汗，阿合马委任忽都不丁·马合谋的另一个儿子扎兰丁·速玉勒加惕迷失·忽都不丁为起儿漫王公，秃儿坚合敦很快去世了。扎兰丁·速玉勒加惕迷失·忽都不丁于1282—1292年在位，他在位期间，阿鲁浑汗于1291年去世，伊朗陷入混乱，速玉勒加惕迷失趁机加强了起儿漫的独立，并夺取了忽里模子，与此同时，乞合都汗派遣帕迪沙合敦前往起儿漫进行统治。帕迪沙合敦曾是阿八哈汗之妃，后来又嫁给了乞合都汗。1292年帕迪沙合敦到达起儿漫，速玉勒加惕迷失立刻被囚禁起来，并在1294年被杀。马可·波罗返回欧洲途中经过伊朗时，即由帕迪沙合敦统治起儿漫，而且此时忽里模子亦处于起儿漫的统治之下。不过马可等人刚刚离开这里，帕迪沙合敦就被速玉勒加惕迷失的妻子曲勒都斤所杀,曲勒都斤是旭烈兀之子蒙哥帖木儿之女,她的统治持续到合赞汗即位。

　　这个地区有许多村镇,为保护居民抵抗哈剌兀纳思人,都筑起了又高又厚的土墙环绕全镇。因为哈剌兀纳思人洗劫他们所到每一个地方,抢夺他们所见的每件东西。

　　他们的国王是一个叫捏古迭儿的王公,是大汗窝阔台的哥哥察合台的侄子。……他秘密征集了一万名亡命之徒,告别了他的叔父,隐瞒着自己的计划,取道巴达哈伤,直扑克什米尔王国……夺得了德里城及附近的许多地方,开始了对马拉巴省的统治。他所带去的鞑靼人,皮肤都是淡黄色的,他们和印度肤色暗褐的妇女结合,生下的混血儿就叫哈剌兀纳思人,当地的语言就是杂种的意思。

　　哈剌兀纳思人从印度学来了一种巫术和咒语,能使白天变成黑夜,几步之外就看不见人了。当他们抢劫时,总是使用这种法术,因此他们靠近时就不会被人察觉。这个地区就是他们经常施法的舞台。因为当各地商人聚集在忽里模子,等候从印度来的商人的时候,由于冬季的长途跋涉,瘦弱的马匹和驴子必须送往马拉巴平原,利用那里丰美的水草来饲养它们。哈剌兀纳思人发现这一规律后,就乘机大肆抢劫,如果放牧牲畜的商人没有钱赎身,他们就把他当作自己的奴隶。

　　马可·波罗自己曾有一回也陷入了这种人为的黑雾中,但最终侥幸脱险。

　　马可·波罗提到的哈剌兀纳思是一个很有趣的词,这个词在当时的波斯史料中经常出现,甚至在亚美尼亚史料中也出现过,指存在于波斯的一种特殊军队。但这个词的本义是什么,有很多种意见。很多学者曾经讨论过这个词的来源和本义,其中一种有趣的说法是,哈剌兀纳思是蒙古军队中的工匠或投掷手,很可能在蒙古人入侵欧洲时,这个词也传到欧洲,变成了 Karbinire,即现代英语中的"卡宾枪",或者是德语中一种特别的、用以对付步兵的骑兵。不过这个解释显得过于牵强了,并不可信。

在 1262 年,伊利汗国的旭烈兀汗和金帐汗国的别儿哥汗发生了战斗,来到此邦的忽里和秃塔儿的军队大部分逃走了。一些沿着呼罗珊的道路逃了出来,在哥疾宁的群山中以及印度边境上的拉合儿停留下来,率领他们的大异密是捏古迭儿和斡脱古·出别,其余人则取道打耳班与其亲属会合。居留在起儿漫和印度地区的这部分散兵游勇最后以劫掠过往商人为生,被称为哈剌兀纳思人。

历史学家这样记载哈剌兀纳思的事迹:其中的 1000 名骑兵向吉鲁夫特地方而来,在那个地方造成很大破坏。他们杀戮平民,毁坏庄稼,赶走牲畜,然后前往忽里模子。在那里他们一刻也不停地抢劫商人的财产,杀害真主的信徒,俘虏穆斯林的妻儿。从那里奔驰到法儿思海岸,这些地方及其邻近的地方是不少阿拉伯部落的游牧地区,他们在当地休整。这一地区人畜繁庶,他们也如同在起儿漫诸地和忽里模子一样,强占的财物、珠宝、商品、布匹多到不计其数。其余的部队从起儿漫地区离开,掳掠每一个村庄或攻打堡垒,令当地无法耕种、畜牧。在他们之中有两三千名骑士从亚兹德通过,同样进行掠夺、杀戮,然后来到费尔干纳。另一支军队则是由约 2000 如嗜血的豹子一样不洁、如奔跑的野狼一样敏捷的骑兵组成,他们经过法尔斯地区阿拉伯人、突厥人和波斯人的放牧地,在那个地方聚集着不计其数的牲畜、羊群和牧人,总计 12 万头骆驼的畜群被抢走了。前去消灭他们的军队被击败,所有的人和马都挤在一座桥上无法通行。他们的前面是深沟,他们的后面是异教徒之剑 。人们目睹了复活日的降临、大灾难的发生,真是前所未闻的一次大灾难。

马可·波罗所描述的这种哈剌兀纳思人从印度学会的法术,在当时的其他历史书里倒也记载过类似的魔法。拖雷率领军队攻打金朝时,就派巫师用过这种法术,当时的历史学家说这是一种召唤雨雪的法术,把施过咒语的石头取出来,放进水中洗濯,即使在盛夏的天气,也会马上起风、变冷、下雪,满天阴霾。

　　海岸边有一座城市唤作忽里模子,城中有一良港,来自印度各地的商人以船载着各种香料和其他货物来此城中,有宝石、珍珠、各色金和丝织成的布料、象牙和许多其他货物。该城商人将这些货物转贩世界各地。

　　忽里模子王名叫鲁赫纳丁·阿合马特,其统治极为专横,但服从于起儿漫国王。

　　忽里模子人所建造的海船十分落后,使商人和其他乘客在航行时会遇到很大的危险。这种船的缺陷就在于建造时不能用钉子。因为造船的木料过于坚硬,像陶器一样容易碎裂。当钉钉子时,钉子总是回弹起来使船板裂开。所以船板的两端必须小心地用螺旋钻穿孔,再将大木钉楔入,才能建成船体。然后再用印度出产的一种里面生有像毛一样纤维的坚果皮(很可能是椰子),制成绳索,绑住全船。这种绳索的制法是:先将这种坚果的皮浸在水中,使较软的部分腐烂,然后将其中的丝条洗干,制成绳索用来绑船。这种绳索在水中能经久不断。他们的船底也并不涂沥青,只涂一种鱼脂肪制成的油,再用麻絮填塞缝隙。每船只有一根桅杆、一把舵和一个舱。货物装上后就用兽皮盖住,再将运往印度的马匹放在上面。船上没有铁锚,只有一种水底绳索。因此,在恶劣的天气中——这些海的波浪很大——小船常被风刮到岸上,发生触礁沉没的惨事。

　　波斯湾是海上丝绸之路的必经之途,来自印度洋乃至中国的货物通过波斯湾的港口前往地中海,贩卖到欧洲各国。虽然波斯湾的地位如此重要,但北岸绵延不断的山脉阻碍了伊朗大陆沿海各大城市的发展,萨珊王朝时期,西拉夫作为一个港口城市繁荣起来,是当时最为重要的港口,一度是伊朗南方最为富有的城市,这个港口在中国古代文献中也有记载,通常写为尸罗夫。阿拉伯征服伊朗后,巴士拉成为西拉夫附近另一个重要港埠。然而远洋海船很少愿意前往沿岸港口,而是宁愿停泊在波斯湾的某个岛屿上,这些岛屿相对更为安全,而且更为靠近波斯湾的主要航道。于是到12世纪时,基什岛逐渐取代了西拉夫的地位,成为波斯湾的主要港口。等到马可·波罗来到这里时,忽里模子岛又取代了基什岛的地位。这种地位变化是由于地理位置决定的,基什岛位于西拉夫的东南,而忽里模子岛则在基什岛的东部。基什岛可以切断前往西拉夫的航道,而忽里模子则能够拦截所有前往基什岛的船只。忽里模子的繁荣一直延续到17世纪初,葡萄牙人的统治终结,萨法维王朝转而与东印度公司合作,在统治权易手之际,忽里模子的建筑遭到大量破坏,于是航线转移到了忽里模子岛对面伊朗本土的古姆鲁,也就是现在的阿拔斯港。阿拔斯港的崛起导致了忽里模子的衰落,现在那里只是一个荒岛。

中国古代文献中有很多处都提到过忽里模子,译名多种多样,元代文人黄溍为海运千户杨枢所做的墓志铭中写作"忽鲁模斯",《明史》也用这个译名;《元史·地理志》写作"忽里模子";《大德南海志》写作"阔里抹思";《异域志》写作"虎六母思";《元史·阿儿思兰传》中有"哈儿马某",有学者认为"某"字应当作"其",也是忽里模子的译名之一。这些文献中多种多样的译名说明当时有很多人都到过忽里模子,因此留下了很多不同的记载。现在也经常把这里翻译成忽里模子或者霍鲁姆兹。

忽里模子有新旧城之分,旧忽里模子是忽里模子国的都城,是一个靠河的大陆城市,距离大海约半日行程,船只亦可到达,是起儿漫地区的贸易中心,大约在今天伊朗的米纳布。伊本·胡尔达兹比赫的《道里邦国志》中描述了该城的坎儿井和椰枣树,还有著名的难以忍受的酷热。由于13世纪游牧部落的屡次入侵,忽里模子国被迫迁都,1300年,迁至基什岛东部的哲隆岛,亦被称为忽里模子岛,即新忽里模子。忽里模子岛距离大陆约5英里,距离旧忽里模子约15英里。对于商业贸易来说,新忽里模子的位置具有非常明显的优越性,伊朗大陆上的旧忽里模子则变成了农业区和夏天的避暑胜地。马可·波罗一行第一次来到这里时,所见到的还是旧忽里模子,经过短短十数年,等他们从中国返回,经海路再次到达这里时,忽里模子已经迁都,他们见到的就是新忽里模子了。因此马可先后到过两个忽里模子,实在非常难得。

忽里模子岛方圆约 4.8 海里,天气炎热,潮湿多雨,岛屿的地面由含盐的拱形丘陵组成,地表断裂,呈盐山状。这些盐在炙热的阳光下凝结,经常是水还在下面流动,人已经可以在盐上行走。岛上只有一口井,井水用于浇灌皇家花园。人们不得不从大陆取水,存入水窖。

伊本·白图泰曾到过忽里模子,他所见到的已经是经过长期建设、非常繁荣的新忽里模子。他在游记中写道:"忽里模子是一沿海城市,对面海里是新忽里模子,两者相距为三法尔萨赫。……新忽里模子是一个岛屿,城名哲牢(忽里模子岛又名哲隆岛),是一座美丽的城市,有热闹的市场。印度的船只停泊于此,从这里把货物运往两伊拉克、波斯和呼罗珊。城所在的岛多为沼泽地,山是食盐岩山,岩盐可以雕制装饰、器皿和灯台。当地的食物是鱼和从巴士拉、阿曼运来的椰枣。水在岛上非常珍贵,岛上虽然有泉水和积存雨水的水池,但离城较远,人们带来水袋装满后,背到船上,运往城内。"

新忽里模子的地理条件和发展过程跟威尼斯颇为相似,这里环境恶劣,没有任何像样的农田,也没有什么值得一提的自然资源,这种自然条件迫使当地人只能通过贸易来保障自己的生活,进而为了保障其经济发展,只好为贸易和商业交流提供安定的环境,外国的商船源源不断地在忽里模子港口停泊,这里因此崛起为与国际接轨的一大商业中心。来自东方的商船通过忽里模子岛同阿拉伯半岛、非洲沿岸的主要港口进行贸易,这里的商人还经过叙利亚与地中海东部交易。忽里模子与伊朗大陆联系紧密,因此也利用罗耳、设拉子、伊斯法罕、大不里士、孙丹尼耶和呼罗珊的商路。总之,忽里模子不但是波斯湾海上航行不可缺少的中途港口,也是海上和陆上长途贸易的重要交汇地。这种具有多功能地位的港口在当时并不多见。

马可·波罗等人于 1272 年第一次到达忽里模子时,这里的统治者是鲁克纳丁·马赫穆德·加拉哈提。他是忽里模子国第二大城市加拉哈特的前总督,他的名字的最后部分的意思就是"加拉哈特人"。13世纪前期,忽里模子一直臣属于起儿漫的统治者,加拉哈提统治时期开始扩展疆土,并和起儿漫的宗主发生了冲突,他还试图占领基什岛,但并没有成功。不过在这一时期,忽里模子的贸易开始繁荣起来,西亚的连年战争导致波斯湾与地中海之间的贸易活动有所减少,这使得忽里模子到南亚以及更远的东方贸易大大增加,忽里模子商人与印度建立了稳定的贸易关系,于是基什岛的重要性大大降低了。马可·波罗提到"印度各地的商人"都驾着船来到忽里模子,贩卖各种珍奇货物,尤其贩卖马匹,极为著名。中文文献中也记载了忽里模子的船,元朝有一位著名的航海家叫汪大渊,1330年,他20岁时从泉州搭乘商船出海远航,历经了海南岛、占城、马六甲、爪哇、苏门答腊、缅甸、印度,到达波斯、阿拉伯、埃及,横渡地中海一直到摩洛哥,然后再回到埃及,出红海到索马里、莫桑比克,然后横渡印度洋回到斯里兰卡、苏门答腊等地,最后返回泉州,前后历时5年。1337年,汪大渊再次从泉州出航,历经南洋群岛、阿拉伯海、波斯湾、红海、地中海等地,1339年返回泉州。这两次游历之后,他把航海的所见所闻记录下来编成一本书,叫作《岛夷志略》,其中就提到了忽里模子港,书中记为"甘埋里",学者通常认为应该是"甘里埋"倒置误为"甘埋里"。书中特地描述了忽里模子的船,他说:"其地船名为马船,大于商舶。不使灰钉,用椰索板成片,每舶二三层,用板横栈,渗漏不胜,梢人日夜轮戽水不使竭。下以乳香压重,上载马数百匹,头小尾轻,鹿身吊肚,四蹄削铁,高七尺许,日夜可行千里。"汪大渊跟马可·波罗所说的显然是同一种船,修造的时候不用铁钉加固,而是用椰棕所做的绳索捆绑加固。不过汪大渊居然说这种船不停地漏水,水手得日夜不停地抽水,这似乎有点夸张了。大约还是马可·波罗所说更为可信,虽然没有沥青防水,但使用鱼脂和麻絮塞住缝隙,使船不会漏水。

相比之下,中国的船就较为适合远洋航行。伊本·白图泰在游记中描述过来往于印度洋的中国船:"中国船分大中小三级,大船有船员千人,其中水手六百、卫兵四百。有三帆至十二帆,皆以篾编成,并有随行船相随。随行船有三分半大、三分一大、四分一大三级。此等往来于马拉巴尔海岸与中国之间的大船,除了泉州、广州之外,没有其他地方可以造出。船底是用三层板,以巨钉接合而成。船舱有四层,有公私房间多间,盥洗与其他便利无不具备。船员常在木盆中种植蔬菜、生姜等。船橹大如樯,每橹绑缚有两条铁链,摇橹时有十人至十五人,分两排对立,互相拉送。船长的确是一个大人物,在登岸时,有船上的很多黑人执弓持枪,佩剑击鼓,吹角鸣号为其先导。"颇为壮观。可惜在郑和下西洋之后,中国不再继续关注海上的发展,导致近代中国航海技术落后,海权衰落,最终被打开国门,近一个世纪才开始要努力在这个领域迎头赶上。

山中老人所住的地区叫木剌夷,在萨拉森人的语言中这是指异教徒的聚居地,他的人民称为木剌黑特,或异教教义的保持者,和我们用帕达利尼去称呼基督教徒中的某些异教徒一样。

山中老人名叫阿老丁,信奉伊斯兰教。他非常邪恶,把人们变成被称为阿萨辛的杀手,借助这些人的力量,他可以杀死任何他想杀的人,所有人都怕他。

他在两座高山之间的一个美丽的峡谷中建造了一座华丽的花园。所有的奇珍异兽,鲜花美卉,园内都应有尽有。同时各处还建有大小不一、结构各异的宫室。宫室内装饰着金线刺绣、绘画和各种富丽堂皇的家具。而且还安装着各种管子,可看见美酒、牛乳、蜜糖和清水在各处流淌。

住在宫室里的都是些文雅美丽的妙龄女郎。她们对于唱歌、演奏、跳舞等艺术无不精通,尤其善于调情和迷惑男人的手段。这些女子浓妆艳抹在花园和亭阁中游戏行乐。服侍她们的女侍都深锁宫中,不准抛头露面。这个首领造此迷魂夺魄的花园的目的是:穆罕默德曾经对服从他的意志的人许诺,准许他进入极乐园,享受人间至乐,在美丽神女的仙境中,尝尽耳目之好和肉体的欢娱。因此山中老人也要自己的追随者相信,他也是一个先知,同穆罕默德一样,对于他所喜欢的人,也有准他进入极乐园的权力。

他为阻止一般人未得许可,擅自进入这个幽雅的区域,特在峡谷的关口建造了一个坚固无比的城堡,入口处是一条秘密的道路。他在朝中又豢养了一批少年,年龄从十二岁至二十岁,都是选自附近山区的居民,这些人受过一些军事训练,并具有勇敢的气质。山中老人每天和他们讨论先知所宣布的极乐园和他自己也具有允许进入这个乐园的权力等问题。在某些时候,老人会用一种麻药把十或二十个青少年麻醉,等他们昏迷后就将他们搬到花园中的各个宫室里去。

等这些青年人从迷幻的状态中苏醒过来,觉得四周都是曾经描写过的、令人欢喜的景致。每个人都被可爱的少女包围着,既歌且舞,又用最勾魂夺魄的接吻与拥抱爱抚他们;供给他们佳肴美酒,让他们在真正的牛乳和酒的小溪中尽情享乐陶醉。此时他们相信自己的确是在极乐园中,觉得不愿意抛弃这里的欢乐。

等这样生活四五天后,他们再次陷入一种麻醉状态,被送出花园。当他们被带到老人的面前,问他们曾经在何处,他们的回答是:"在极乐园,这是由于大王的恩赐。"于是在惊骇异常的全朝廷人的面前,讲述他们曾经眼见的情景。

这个首领便乘机向他们说道:"我们的先知保证,凡拥护他的主人的人都将进入极乐园,你们如果诚心服从我的命令,这种幸福的生活便在等待你们。"所有的人都被他这些话所鼓舞,一旦得到主人的命令,便十分快乐,并勇敢地为他服务,至死不辞。

这个方法的后果是:凡邻国的王公或其他人如果侵犯了这个首领,便会被他训练有素的暗杀者所杀。这种人只要能够履行他们主人的意志,即使牺牲自己的生命,也在所不惜,因为他们已把生命看得很轻。因此老人的专制变成了邻近所有国家恐怖的源泉。

老人派了两个代表,一个驻在大马士革的附近,一个驻在库尔德斯坦。他们在那里执行他训练青年刺客的计划。无论怎样有势力的人,一旦与山中老人为敌,都免不了被暗杀的命运。

这个老人的疆土恰好在蒙哥大汗的兄弟旭烈兀的领域内。旭烈兀曾经得到过关于老人凶恶残忍和纵容人民抢劫过路旅客的报告,于是在1262年,特意派遣一支军队去围攻老人的城堡。但是由于老人拼死抵抗加上城堡的坚固,整整围了三年,竟丝毫不能得手。最后由于堡内弹尽粮绝,老人才被迫投降。山中老人被俘后,被处死刑,他的城堡被解除了武装,极乐园也被夷为平地。自此以后,便没有山中老人了。

山中老人的故事是《马可·波罗游记》中最为著名的故事之一。木剌夷是伊斯兰教的一个分支,亦被称为阿萨辛派,是伊斯兰教伊玛目派中亦思马因派下的一个分支。这个派别在历史上鼎鼎有名,引起了很多学者的兴趣和关注。如前所述,伊斯兰教主要分为逊尼派和什叶派,此外还有哈瓦立及派等一些小派别。这些不同派别的区别主要在于对伊斯兰教早期的四大哈里发的态度。哈里发问题是伊斯兰教徒争执最为激烈的问题。先知穆罕默德死的时候,没有明确指定继承人,造成了后来伊斯兰教的分裂,对这个问题的态度是教徒们选择自己派别的关键。

穆罕默德死后,迁士和辅士对于选择何人继承他的位置产生了争执。迁士指的是穆罕默德在麦加时就信奉他,信仰伊斯兰教的教徒,为了避免多神教徒的迫害,被迫迁出麦加,因此被称为迁士;辅士则是麦地那辅佐穆罕默德,使伊斯兰教发扬光大的教徒。在商讨继承人的会议中两方争执不下,一方认为应由辅士继承哈里发之位,因为穆罕默德在麦加传教13年,信教者寥寥无几,麦加人不能保护先知、发扬圣教,只有迁到麦地那后,麦地那人辅助、皈依、阐扬宗教,伊斯兰教才得到发展,直到整个阿拉伯半岛都顺服了。另一方则认为应由迁士继任哈里发,因为迁士首先信仰先知,忍受种种迫害,他们既是穆罕默德的族人,又是阿拉伯民族所崇拜的古莱氏族,拥有其他族没有的荣誉。经过长期的争辩,最后才由一直拥护古莱氏族的台米姆支族人阿布·伯克尔为第一任哈里发。

穆罕默德没有儿子,他的女婿阿里忙于丧葬,没有参加会议。待阿布·伯克尔继任后,阿里提出应该以穆罕默德的家人为继承者。穆罕默德的家人中最为亲近的两个男性就是他的伯父阿拔斯和女婿阿里。阿拔斯信教不久,而阿里首先信奉伊斯兰教,又是法蒂玛的丈夫,自然是最有资格继承的人了。阿里提出穆罕默德家族,亦即哈西姆家族的人更有资格成为继承者,这种主张也得到了一部分人的支持。这样,对于哈里发应该由谁继承,就出现了三种主张。尤其是后两种主张长期激烈斗争,成为逊尼派和什叶派两派出现的源头。此外还有一派认为哈里发的资格不应有种族限制,任何穆斯林都可被推选为哈里发,叫作哈瓦立及派。

穆罕默德死后,前两任哈里发阿布·伯克尔和欧默儿的时代,局势比较稳定,拥护阿里为哈里发的人并不很多,这两位哈里发颇得人心,且这段时期内伊斯兰教徒忙于远征,内争难起。第三任哈里发奥斯曼援用近亲,优柔寡断,导致部族仇恨日益激烈,在他统治末年,开始有人号召推翻奥斯曼,阿里的拥护者亦大肆攻击奥斯曼,最后奥斯曼竟遭杀害,由阿里继任哈里发。一部分人认为奥斯曼之死是阿里的不作为造成的,宣称如果不惩罚凶手,就拒绝向阿里效忠。经过骆驼战役后,除了叙利亚总督穆阿威叶,其他人均已臣服。于是阿里和穆阿威叶之间展开了绥芬战役。穆阿威叶即将战败之时,枪挑《古兰经》,要求停战,进行"古兰裁判",和平解决。既然是伊斯兰教徒,似乎很难反驳这种意见,最终双方接受古兰裁判,进行谈判。但阿里方面有一部分人忽然强烈反对谈判结果,他们认为只有弄不清楚正义归属时,才应该进行古兰裁判,现在正义属谁是彰明昭著之事,阿里不应疑惑,应该坚决进行战争。阿里在向众人进行演说时,有人高喊"除安拉外,没有裁判",一批拥护这种主张的人愤然出走,离开了阿里的阵营,被称为哈瓦立及派,"哈瓦立及"就是阿拉伯语"出走"的意思。后来阿里和哈瓦立及派的人发生了战争,哈瓦立及派战败,但他们最终派人刺杀了阿里。这一派承认四大哈里发:阿布·伯克尔、欧默儿、奥斯曼和阿里。但他们认为奥斯曼后期昏庸,应该被推翻,阿里接受古兰裁判后就是叛教者。他们认为哈里发应该由穆斯林自由选择,其资格不应限于古莱氏人,而应当属于所有的穆斯林,不管是什么氏族,不管是自由人还是奴隶。哈里发一旦选定,就不能让给他人,也不能再要求判断,哈里发应绝对服从安拉,否则就应推翻。

什叶派不承认前三任哈里发,只承认阿里的一派,他们认为阿里有权继承穆罕默德的物质遗产,当然也有权继承他的精神遗产,后来他们的思想不断发展,提出"哈里发的位置不是大众的权力,不能由大众推选和议定,因为哈里发是宗教的栋梁,是伊斯兰教的基础。先知不会疏忽这样的问题,也不会把它交给大众。先知应该为伊斯兰教人指定一个没有犯过大小罪过的领袖,而阿里就是穆圣所指定的伊斯兰教人领袖"。实际上穆罕默德并没有立下遗嘱,阿里本人也没有提出过穆罕默德指定自己为继承人的证据,但什叶派传述和注解了很多支持自己观点的圣训,其中不少大概是伪造的。根据这些圣训,阿里是遗嘱指定的继承人,穆罕默德把哈里发之位传给阿里,阿里应再传给后人,世世代代家传下去,这就是什叶派的普遍观点。为了支持这种思想,什叶派夸大阿里及其后人的高贵与圣洁,乃至于神化阿里和他的后人。而前三任哈里发则被认为不是合法的继承者,甚至有一部分人认为他们是叛教者,违背了穆罕默德的遗嘱,篡夺了哈里发之位。为了神化阿里,这一派中的激进者发展出阿里转世说,与佛教的转生说不同,什叶派的阿里转世说类似于基督教的耶稣复活,认为阿里将来仍要转回世间,他们说:"纵然你们将他的脑髓拿来给我看1000次,我也不相信他的死,他是不会死的,除非地面上充满了公道,如充满了暴虐一样。"后来又发展出"马赫迪伊玛目转世"的思想,马赫迪是阿拉伯语"得正道者"的意思,即末代伊玛目最终将以马赫迪的身份返世,铲除邪恶,使大地充满正义。

什叶派主要是在伊拉克地区发展起来的。伊拉克自古以来是各种宗教学派产生的源泉,这里曾经流行过摩尼教、琐罗亚斯德教,还有

欧·亚·历·史·文·化·文·库·

不少犹太教徒和基督教徒,因此对于神灵之说司空见惯,与阿拉伯半岛淳朴的游牧民颇为不同。什叶派主要分为宰德派和伊玛目派两个支派,信仰阿里第四代孙宰德·哈桑的宰德派相对比较接近逊尼派的思想,承认阿布·伯克尔和欧默儿,并认为哈里发继承问题没有经训的明文规定,也不是命定的,应该由阿里后裔中勇敢廉洁、博识且为正义而战之人担任,这一派不接受哈里发的神灵学说。伊玛目派则认为阿里以后的领袖正统是安拉所规定的,并主张承认和服从伊玛目是信仰的一部分。8世纪中叶,第六代伊玛目加法尔·萨迪克先指定长子亦思马因为继承人,但因为亦思马因酗酒,于是被剥夺继承权,然后他立次子穆萨为伊玛目。对于改立之事,有两种传说,第一种传说中,加法尔说:"亦思马因并非我的儿子,他是以他形状出现的一个魔鬼。"另一种传说中,加法尔说:"真主对他有两种考虑。"逊尼派把哈里发或伊玛目看作穆罕默德维护宗教的代理人,他们只是凡人,没有立法权,只能督率人们服从安拉的训令。伊玛目派则认为伊玛目是人间最伟大的导师,伊玛目继承了穆罕默德的一切学问,他受安拉的保护,不会有任何罪过,既然伊玛目是安拉决定的,不会有任何过错,一旦选定,不可更改。一部分人坚持认为真主的指定是第一次,而真主不能有两次考虑。并且一个伊玛目无论说什么或做什么,都是对的,亦思马因不能因喝酒而遭到伤害或损失。基于承认亦思马因还是穆萨为伊玛目,伊玛目派又分裂为两个支派,承认穆萨的一派被称为"十二伊玛目派",这一派认定的伊玛目系统共有12位,第十二代伊玛目穆罕默德·马赫迪是隐遁的伊玛目,被安拉安置在不为人所知的地方,将来以救世主的身份重新回到人间。这一派是目前伊朗官方尊奉的宗教派别。坚持伊玛目不会犯错,一旦选定不可更改的人不承认穆萨,只承认亦思马因,这一派被称为亦思马因派。这一派把可见的伊玛目限于7个,亦思马因是第七代伊玛目,该派又名"七伊玛目派"。这一派在历史上受到很多压迫,形成了秘密组织,秘密收徒、传教。10—12世纪在北非建立了法蒂玛王朝,后来发展到也门、印度等地。亦思马因派有很多支派,木剌夷即其中一支。木剌夷的意思是"异端者"或"叛教者",是别人对该派的俗称。

亦思马因死于加法尔之前。他死后，加法尔召集了很多阿拔斯朝哈里发的麦地那长官和名绅、耆老，把亦思马因的尸体给他们看，然后起草了一份证实他死亡的文件，让请来的人在上面签名，并且埋葬了他。但追随亦思马因的人说亦思马因没有死，他的死是假装的，为了欺骗百姓，保护他的信徒不受攻击。他们坚持说加法尔死后亦思马因还活了 5 年，有人在巴士拉的市场中看到他。一位中风病人乞求施恩，亦思马因即刻收下他并给他治好了，站起身来后，他就随着他走了。亦思马因还为一个盲人祈祷，使他恢复了视力。这些显然都是模仿自《圣经·新约》的故事。

伊玛目派为了支持自己的信仰，创造出很多关于伊玛目的议论，譬如他们提出，先知是启示者，伊玛目则是诠释者，无先知的时代无伊玛目，而先知出现后，没有任何一个时代是没有伊玛目的。伊玛目并非总是可见，有时候伊玛目可见，有时候他就像昼夜循环一样隐匿起来。此外，当伊玛目可见的时候，他的布道也可能是隐匿的，而当伊玛目隐匿时，他的布道也有可能公开。七伊玛目派，即亦思马因派提出，从阿里在世时，伊玛目就变得可见，此后直到第七个伊玛目亦思马因，期间所有的伊玛目都是可见的，而亦思马因之后则开始一个隐没时期，其后所有的伊玛目都是不可见的，直到他们再变得可见为止。

另外，伊玛目派认为教法有其内在含义和表面含义，只有内在含义是真实的，当人们了解了教法的内在含义，就不会因忽视表面含义而受害。这一理论明显受到柏拉图洞穴学说的影响，因为产生了这种理论，他们创造出一套不同于传统伊斯兰教法的新的教义，这样就摆脱了伊斯兰传统教义的束缚，可以自由地做很多传统教义所反对的行为。

10 世纪初，亦思马因派信徒侯赛因宣称自己是亦思马因的后代，是隐遁的伊玛目马赫迪，他在马格里布地区宣传亦思马因派教义，建立了法蒂玛王朝，法蒂玛是穆罕默德的女儿、阿里的妻子的名字。法蒂玛王朝不承认巴格达的阿拔斯哈里发，一直与之对抗，自己有一套哈

·欧·亚·历·史·文·化·文·库·

里发的传承系统。11世纪初,在法蒂玛王朝又发生了一次加法尔和亦思马因的故事。该王朝的哈里发穆斯坦昔儿行为癫狂,举止失常,被称为疯子穆斯坦昔儿,他有两个儿子,一个叫阿不满速儿·尼咱儿,一个叫阿不勒哈辛·阿合马。他先立长子尼咱儿为继承人,然后又后悔了,把他废黜,改立阿合马。穆斯坦昔儿死后,亦思马因派又分为两派,一派支持尼咱儿,他们的理由跟当初支持亦思马因的人如出一辙,即只有第一次的指定是有效的,"真主不能有两次考虑",这一派被称为尼咱儿派,伊拉克、叙利亚、波斯的亦思马因教徒属于这一派。支持阿合马的一派被称为穆思塔剌维派,因为阿合马的号是穆思塔里·比拉,北非的亦思马因教徒属于这一派。尼咱儿派又称阿萨辛派,也就是马可·波罗提到的木剌夷。

在法蒂玛王朝的首都开罗,军民支持穆思塔里,把他拥上哈里发的宝座。尼咱儿和他的两个儿子逃往亚历山大城,但被穆思塔里的军队带回开罗,最终死在那里。然而尼咱儿派宣称,尼咱儿有个儿子在亚历山大城留下一子,因为开罗方面不知道这个孩子的存在,因此没能抓走他。

法蒂玛王朝的哈里发穆斯塔昔儿在位时,一个叫哈散·萨巴的雷伊(今天的德黑兰附近)人来到开罗。他是一个虔诚的亦思马因派信徒,并按照亦思马因派的信条,支持尼咱儿及其后代为继承人。他从开罗前往阿勒坡,到巴格达和胡泽斯坦,取道伊斯法罕,前往起儿漫和亚兹德,一路进行宣传,得到了不少人的支持,最终在雷伊北边的阿剌模忒建立了根据地。阿剌模忒是位于加兹温北边山上的一个城堡,意为"鹰巢",地势非常险峻,很适合作为一个易守难攻的战略根据地。

哈散·萨巴是一个非常能言善辩之人。他宣称,有关真主的知识,不是通过理性和反省而获得的,而是通过伊玛目的教导而得到的。面对反对他观点的人,他就会问:"理性是足够的,还是不够的?"如果对方回答对于获得有关真主的知识,理性是足够的,那么由于每个人都有理性,我们就不能反对任何人。如果对方说理性是不够的,那么就意味着对方同意了哈散·萨巴的说法。然而对于为何教导者仅限于萨巴本人,萨巴说:"我已经证明了教导是必需的,因为除我之外没有人提到教导,所以我的话就是教导的明证。"总之萨巴制造了若干简明的格言,颇具说服力,得到了很多人的信仰和追随。他的势力范围逐渐扩大,在各个合适的山岩上建立了很多堡垒。他还派代理人前往忽希思坦,并在那里也建立了根据地。11世纪末,塞尔柱帝国的马立克沙决心消灭这个异端教派,他派兵攻打阿剌模忒堡,但失败了,他又派出军队清剿忽希思坦的尼咱儿派,尼咱儿人被困在答剌堡,即将溃败,然而此时帝国军队得到了马立克沙的死讯,于是军队解散了,忽希思坦的尼咱儿派更加猖獗起来。

哈散·萨巴的势力刚刚兴起时,马立克沙的丞相匿咱木·木勒克对这个异端教派极其警觉,竭力要消灭萨巴的叛乱,尽力武装和派遣军队去镇压他们。萨巴找到一个埃兰人本·塔希尔,引导他"寻求来世的幸福",于是本·塔希尔化装成一个苏菲,在匿咱木·木勒克开斋后,从算端的朝见处前往妻妾营帐的路上,刺杀了他。这是木剌夷派第一个刺杀的人。

匿咱木·木勒克死后40天,算端马立克沙本人也死了,塞尔柱帝国就此分裂,国政陷入一片混乱。哈散·萨巴抓住了时机,他的根基日益稳固,教派日益发展起来,他尝到了刺杀的甜头,不断有人被他的杀手刺杀,无论是异密、将军还是贵族名绅,只要稍稍反对他,他就用这种手段把对方除掉,越来越多的人因为害怕前去寻求他的保护。

吉儿都怯和答木罕的长官阿牙思·穆加法尔·穆斯陶菲是哈散·萨巴的秘密信徒,马立克沙死后,帝国陷入了分裂,他趁此机会公开了自己的信仰,并占据吉儿都怯堡,作为木剌夷派的另一个根据地。

马立克沙之子算端穆罕默德在位时,继承父亲的遗志,一心要剿灭阿剌模忒堡,他派兵包围了这个堡垒,并毁掉了周围的庄稼。于是堡垒中出现了饥荒。一连8年,算端穆罕默德的士兵毁掉阿剌模忒堡周围的庄稼,并与城堡中的人进行交战,哈散及其徒众缺兵乏粮,眼看难逃失败的命运,此时算端穆罕默德死于伊斯法罕,他的士兵得到消息当时溃散,异端们不但留下活命,还把算端军队所有给养、武器和装备都运入堡垒之中。

受封于呼罗珊的算端桑贾尔亦打算剪除忽希思坦的异端势力。他的军队开进忽希思坦,战事持续数年,哈散·萨巴曾遣使求和,但他的请求没有被接纳。于是萨巴买通了一个太监,让他在算端睡觉的时候,把匕首插在床侧的地上。算端醒来后发现了匕首,万分惊恐,他下令此事保密,而萨巴则派使者送去一封内容如下的信:"若我不想算端好,那把插在硬地上的匕首就会插进他的软胸。"算端非常吃惊,同意跟他们讲和。因此在算端桑贾尔统治时期,木剌夷派一支没有受到战争的威胁。萨巴就利用这些威胁、欺诈的手段,使他的事业蒸蒸日上。

哈散·萨巴的儿子是布祖尔格·乌迷德,他的儿子叫穆罕默德,穆罕默德的儿子叫哈散,这个哈散宣称自己是哈里发穆斯坦昔儿之子尼咱儿的后人,亦即宣称自己是伊玛目,他伪造了族谱,并且杜撰出好几种说法,证明自己是伊玛目的后代。大概他的这种做法在异端的眼中也有点过于离谱,总之他被另外一个哈散刺杀了。但刺杀这位假伊玛目没有得到应有的效果,他的儿子穆罕默德成了新的伊玛目,他一即位就把刺杀者哈散的所有亲族全部杀死。

这位穆罕默德的儿子又叫哈散——这是阿拉伯人的命名习惯,即用祖父的名字给孙辈命名——这位哈散被称为扎兰丁·哈散。扎兰丁厌倦了作为异端与正统势力的对抗,他决定皈依正统的伊斯兰教,并给巴格达、花剌子模沙以及其他地方的统治者写信,表示了自己的决心,巴格达的哈里发还给他颁发了一道承认他改宗的敕令。据说当成吉思汗西征时,扎兰丁·哈散曾遣使表示臣服和归顺,他是伊斯兰诸邦中第一个对成吉思汗表示效忠的君主。

可惜扎兰丁·哈散的儿子并没有沿着他的道路走下去。他的儿子叫阿老丁,即位时只有9岁,大权旁落,异端的势力很快复苏,他浑浑噩噩地统治了30多年,于1255年被刺身亡,刺杀他的人又叫哈散。

最后一代山老鲁坤丁是阿老丁的长子。木剌夷派的命运在他统治期间走向终结。让我们把目光转向蒙古草原,事情的起因是在蒙哥即位时,派遣拜住前去守卫伊朗各地,拜住到达伊朗后,派出使者向蒙哥报告了当地情况,其中也包括异端的情况。与此同时,首席伊斯兰法官苦思丁·可疾维尼朝觐蒙哥。他身上穿着连环锁子甲,并对蒙哥汗说:"我由于害怕邪教徒,经常在衣服外面穿上这件连环锁子甲。"接着他禀告了邪教徒的情况——毫无疑问,他是希望蒙古人替正统伊斯兰教徒扫除异端——于是蒙哥就派遣旭烈兀前往西方,让他征服伊朗、叙利亚、密昔儿、鲁木、亚美尼亚诸地,过去由拜住和绰儿马浑率领前往伊朗的军队,全都由旭烈兀统帅。临行之前,蒙哥说:"你要带着大军,带着无数战士通过土兰边地进向伊朗地区……从阿母质浑河到遥远的密昔儿国都要加以安抚……要摧毁从忽希思坦和呼罗珊起的各处堡寨。"这些堡寨指的就是木剌夷派在各地的堡垒。这次的西征,主要目的就是清除木剌夷派,征服巴格达的哈里发,一直打到亚洲的最西边,埃及——也就是密昔儿的边境。

　　旭烈兀的军队所经过的中亚地区都为其做了精心准备。道路上的巨石和丛林都被清除,小河上都搭好桥,大河上都准备了摆渡船,从杭爱山到阿姆河,路边的牧场也都专门供他的军队使用。这支军队比成吉思汗 1219 年西征的军队更为庞大,其中有几乎全部蒙古王子的分遣队,包括大汗的儿子、兄弟和侄甥,其中有术赤的两个孙子八剌海和忽里及一个重孙秃塔儿派出的分遣队,还有察合台汗国派出的,察合台的孙子帖古迭儿的队伍。这支队伍中还有中国投石机分队和火炮分队,专门负责攻城战。如前所述,如术赤系的忽里和秃塔儿参加这场西征,造成了金帐汗国要求对阿塞拜疆主权的口实,而且他们的军队后来脱离旭烈兀的队伍,向波斯南部逃窜,成了在那里横行的强盗哈剌兀纳思。

　　或许是由于队伍过于庞大,旭烈兀从容不迫地一路西行,1253 年在察合台汗国的牧场上停留了很长时间。察合台的寡妇,同时也是察合台汗国的统治者和他见面,他们举办了很多宴会。1254 年夏天,旭烈兀穿过了河中地区东部边境的山中牧场。1255 年 9 月底,他在撒马尔罕东边著名的牧场扎营,苦思丁·摩诃末,位于今天阿富汗赫拉特的卡尔特朝建立者在这里见了他,1246 年,这个独立政权派兵参加了蒙古出征印度的行动,以此证明了自己的忠诚。11月初,旭烈兀征服了怯失,阿鲁浑·阿合在那里加入了他的队伍。他在怯失向波斯的各政权统治者派出特使,告知他们他出征的意图之一是消灭亦思马因的堡寨,并要求他们提供协助,否则后果自负。很多统治者,包括法儿思穆扎法丁阿塔毕的继任者赛义德(1226—1260)都表示了个人的敬意,作为敌人的鲁木苏丹亦咱丁和木刺夷的大首领鲁昆丁本人也一样。旭烈兀的军队在怯失待了一个月,然后来到阿姆河,用征用的渡船搭建了船桥,渡过大河。在河的左岸,旭烈兀进行了一次猎虎娱乐,猎手们骑着大夏骆驼,因为马都受惊了,只有骆驼能够完成这种娱乐。接下来他们又在沙普尔甘牧场驻营,马可·波罗特意描写了这个城市,我们接下来会写到,该地在今天阿富汗西北的希比尔甘。本来只打算待几天,结果因为大雪和酷寒,军队不得不整个冬天停留在这里。1256年早春,阿鲁浑·阿合离开了蒙古王子,进行一场欢宴,志费尼说这场宴会在"一个巨大的极好的精美刺绣的亚麻布帐篷中举行,用金盘子和银盘子"。接下来旭烈兀进入忽希斯坦,并首次接触亦思马因派。

军队经过忽希斯坦地区时出现了一些事故,当时的波斯历史学家志费尼和拉施德丁对这一事件都记载得模糊不清,因为他们不愿书写任何旭烈兀的失败。我们推测大概是受到亦思马因派杀手的攻击,旭烈兀派出乞台不花进攻秃恩的亦思马因要塞。乞台不花是个聂斯托利派教徒,也是一名非常勇猛、能征善战的蒙古将军,具有丰富的作战经验。在旭烈兀的西征因蒙哥汗之死暂告一段落的时候,乞台不花被命驻守叙利亚,然后在艾因·贾鲁特败给了马穆鲁克王朝的拜巴尔斯,从此停止了蒙古军队征服世界的脚步。他担任旭烈兀军队的前锋,率领一支由1.2万人组成的军队。他率领这支队伍于1253年3月渡过阿姆河,征服忽希斯坦的很多地方,但在同年5月围攻著名的吉儿都怯城堡时未能成功。8月,他进攻雷伊附近的沙迪思城堡,并派出一队奇兵继续西行进入阿刺模忒地区——这里是木刺夷的大本营。返回忽希斯坦后,他再次劫掠了这一地区,并攻占了很多要塞,包括秃恩。但是秃恩并没有投降。志费尼说:"这个城市并未表现出谦卑,而是继续坚持他之前的愚昧。"乞台不花于 1256 年 4 月 4 日到达城外,16 日就攻下该城,屠杀了除年轻女人和工匠之外的全城居民。完成任务后,他率领军队重返旭烈兀大军之中,然后开往徒思。

在徒思和希比尔甘,旭烈兀住在一个漂亮的帐篷里,这是阿鲁浑阿合按照大汗的指令专门为他建造的。经过数日宴饮狂欢,他们来到阿鲁浑阿合重建的塞尔柱宫殿,在那里,他参加了阿鲁浑的妻子举行的宴会。据志费尼说,离开徒思,他们进入了伊朗东北的库昌城,在城外的草原扎营一两天。这个城镇在蒙古军第一次进攻之后就被废弃了,其房舍荒无人烟,坎儿井中都没有水,星期五清真寺周围的围墙全都倒塌了。这位历史学家说服旭烈兀把重建该城的任务全权交给了他,其动机当然不是无私的,因为他为自己买了该城的 1/4。

旭烈兀在这个地区待了一个月,然后继续往西。7 月 24 日,他遇到了派去见亦思马因大首领鲁昆丁的特使,得知鲁昆丁愿意投降。9 月 2 日他派出第二位使者去见鲁昆丁。这位大首领,在著名的哲学家纳昔尔丁·徒昔和其他学者的建议下,顺从了亦思马因派众的意愿,决定让自己的兄弟撒罕沙去当人质。旭烈兀尊敬地接待了撒罕沙,并派出第三位使者,回复说:既然鲁昆丁已经送来了他的兄弟,表示纳款投诚,那么可以赦免他的父亲和其父统治时期他们的百姓所犯的罪行。至于鲁昆丁本人,他在继承他父亲的位置之后没有犯罪,那么他应该立刻毁掉城堡,前来臣服以表现诚意,这样军队就不会蹂躏他的国土。鲁昆丁派回使者宣布投诚,并且拆毁了几座城堡。但是阿刺模忒、麦门底司和兰巴萨的城堡则仅仅拆除城门,拆掉了一些城垛和角楼。

这个回话让旭烈兀很不满意,他开始准备战斗。9 月中旬,他从库昌派出 1 万人组成的先头部队,同时其他各个部队都向鲁昆丁的驻地、号称无法攻克的麦门底司城堡进发,不花帖木儿和阔阔亦勒该从玛赞达兰前进,帖古迭儿和乞台不花从西模娘前进,秃塔儿和八刺海从阿刺模忒方向前进。旭烈兀再次向鲁昆丁派出使者,并提出如果鲁昆丁本人前来的话,可以赦免他。旭烈兀经过菲鲁兹山时,特使带着鲁昆丁的瓦齐儿回来了,他说愿意摧毁城堡,但鲁昆丁请求一年时间的宽限,

图 3-3 阿剌模忒

以便于撤出麦门底司城堡,并请求保留阿剌模忒城堡和兰巴萨城堡。与此同时,旭烈兀向沙迪思城堡进发,这个城堡之前乞台不花已经包围了两年,旭烈兀两天就给打下来了。然后他再次派使者去见鲁昆丁,要求他亲自前来觐见。大首领这次同意把他的儿子送过来,并且摧毁所有的城堡,旭烈兀在雷伊附近停留,等待鲁昆丁的儿子。10 月 8 日鲁昆丁送来了一个七八岁的男孩。旭烈兀把孩子送回去了,因为这个孩子太小,他让鲁昆丁送一个兄弟过来交换撒罕沙。10 月 27 日,大首领把他的兄弟锡兰沙送来,旭烈兀在雷伊附件见到他。然后撒罕沙于31 日回去,转达了旭烈兀的旨意,让鲁昆丁拆掉城堡,不要害怕。

这个旨意使鲁昆丁麻痹大意,误以为自己安全了,他让自己的使臣尽力拖延蒙古人的进攻,希望冬天的大雪使蒙古人无法攻打自己。但是天气反常地温暖,旭烈兀命令所有的军队汇集到他这里。11 月 8日,他在麦门底司北面的小山上扎营,并在次日调查整个城堡,寻找容易进攻的点。由于防御坚固,冬日临近,补给困难,有人建议推迟到春天进攻。但少数王子和将军认为应该立刻攻占城堡,旭烈兀也赞成这种意见。围攻持续了不到两个星期。亦思马因派自己种植的大松树,被蒙古人砍下来作为投石机的杠杆,除了常规的围攻武器外,还用了中国投石器,其射程达到 2500 步,直接把弹药投入要塞。在炮轰之下,亦思马因派停止了抵抗,要求休战,旭烈兀允许了。鲁昆丁提出如果给他一个保证他的安全的旨令,他就从城堡里出来。旭烈兀也允许了。这份旨令是由著名的波斯历史学家志费尼起草的,他是旭烈兀的大臣。但大首领还是没有出现,于是炮轰更加猛烈地开始了。最后,鲁昆丁决定投降,并且送去了他的兄弟锡兰沙以及他长子和一些贵族,其中包括纳昔尔丁·徒昔。在次日,即 11 月 19 日,鲁昆丁终于投降了。

　　第二天,鲁昆丁带着全家人出了城堡,蒙古大军爬上去开始摧毁城堡。他们受到一些狂热分子的袭击,四天后,这种绝望的抵抗也被镇压了。旭烈兀友善地对待了鲁昆丁,虽然他是作为一个因犯被蒙古将领监视着。在旭烈兀的命令下他派出使者摧毁通知区域内的所有城堡,大概 40 个城堡被摧毁了,只有阿剌模式和兰巴萨拒绝使者的命令。阿剌模式由八剌海负责,直到鲁昆丁的官员达成了投降的协议。然后摧毁工作开始了,不过志费尼在旭烈兀的允许下保住了一部分图书馆和一批天文仪器。兰巴萨则由旭烈兀亲自进攻。他发现守军不愿投降,于是交给达颜不花继续围攻,整个围攻持续了一年多。1257 年 1 月 4 日,他的斡耳朵起程,在距加兹温约 20 英里处驻扎,在这里他庆祝了蒙古新年,狂欢一个星期。鲁昆丁一直跟随着旭烈兀的斡耳朵,不过他的家庭和财产留在了加兹温。因为他本人仍有利用价值,旭烈兀还是友善地对待他,给予尊重和照顾,还给了他一个他很喜欢的蒙古女孩,带他去看骆驼比赛。由于大首领的合作,各处的亦思马因派城堡纷纷投降,其中有很多之前已经被包围了数年都难以攻克的城堡。一旦鲁昆丁丧失了利用价值,他的存在就使旭烈兀开始不快,旭烈兀把他送往大汗处。鲁昆丁没有从他的旅途中回来。根据志费尼的记载,他到达了蒙古汗庭,蒙哥为了兰巴萨和吉儿都怯持续抵抗而责备他,他在回来的路上,在杭爱山中被护卫谋杀了。还有一种记载说他在去程中就死了,大汗派出急使说,不要为这样的访问者浪费驿马。他的离去是一个信号,对他的跟随者的大屠杀开始了,所有的亦思马因派都被蒙古人接管,包括鲁昆丁在加兹温的家人,全都被杀,摇篮里的婴儿都没有放过。

3.8 阿富汗

离开这座城堡⋯⋯到达一个叫沙普尔甘的市镇。

巴里黑城在古代非常宏大,后来因为鞑靼人的屡次侵袭,毁灭了它的部分建筑物,使城市受损不小。城中有许多大理石建造的宫殿,现在虽仅存残骸,但宽阔的广场仍旧历历在目。据居民讲,亚历山大大帝曾在这里娶大流士王的女儿为妻。伊斯兰教在这里很有势力。

巴达哈伤的居民信奉伊斯兰教,有其自己的语言。这是一个辽阔的王国,全境约十二日的路程,受世袭君王的统治。他们都是亚历山大大帝和波斯王女儿的后裔。

离开了某个术剌夷的城堡,马可·波罗等人穿过了伊朗东部的平原和沙漠,来到了今天阿富汗西北部的希比尔甘,在马可的时代被称为沙普尔甘。然后又一路向东,到了著名的巴里黑,也就是今天阿富汗北部的巴尔赫。

阿富汗向北延伸到中亚,东北到达中国,南到印度次大陆,西到波斯,是一个多文化、多语言和宗教的交汇点,是东西方贸易中心和交通枢纽。狭义上阿富汗始于阿赫马德(1747—1773)所创建的杜兰尼王朝时期。但在这块土地上,从远古时期就已经开始了各种人类的生产和交往活动。问题是阿富汗地区在长期以来并不是属于阿富汗人的独立国家,而是许多民族统治过的地区。从公元前6世纪到公元18世纪中期阿富汗建国期间,这一地区先后由波斯的阿契美尼德王朝、马其顿亚历山大帝国、希腊—巴克特里亚、大月氏—巴克特里亚、贵霜王朝、萨珊帝国、阿拉伯帝国、加兹尼王朝、古尔王朝和花剌子模帝国、蒙古帝国和伊利汗国所统治。这些王朝帝国都大大超出了今天阿富汗的范围。而且直到 19 世纪初,阿富汗斯坦仍是一片从赫拉特到克什米尔、从阿姆河到阿拉伯海的广大区域,只是由于阿赫马德的子孙们争权夺利,阿富汗的土地才大大缩小,成了今天的内陆国家。

这片区域中大部分是山地和高原,大概 1/5 的平原分布在西南和北部,其中有很多是无水的沙漠或戈壁。大部分山地属于兴都库什山脉,这条山脉从东北向西南贯穿全国,山脉上有许多重要的山口,譬如从帕米尔到克什米尔的巴洛吉利山口。在东南部还有苏莱曼山脉,是阿富汗和巴基斯坦的分界线,这条山脉低矮很多,有很多通往印度的山口。这里四通八达的道路引起了无数侵略者的兴趣,数千年来,所有侵略者都想把阿富汗变成战场。

阿富汗的北部为倾斜的山麓和阿姆河的沿岸平原,这里人口稠密,水利灌溉条件很好,是阿富汗的粮仓,有很多重要的城市,马可·波罗也是从这一带通过阿富汗前往中国。这里远离海洋,海拔很高,各地气候因地势高度而非纬度而异,地势低处炎热,地势高处则颇为凉爽。山脉的阴面和阳面气候也差别极大,《巴布尔回忆录》中说,"过了山口,在人们面前呈现的就是另一个世界"。

伊斯兰教除了逊尼派和什叶派外,第三大派别哈瓦立及派在阿富汗地区特别流行。如前所述,这一派主张所有穆斯林在社会地位和教法上是平等的,而且这一派主张即使是统治者,即哈里发或伊玛目,只要落入罪孽之中,就成为异教徒,必须合乎神意对其进行反抗。

马可·波罗等人经过阿富汗的时候,这里属于阿八哈汗统治下的伊利汗国。在此之前,这里上一次处于一个统一帝国之下还是花剌子模国时期。花剌子模沙阿老丁·摩诃末二世继承了一个由突厥佣兵忽都不丁·摩诃末所建立的帝国,大概相当于现在的乌兹别克斯坦地区。阿老丁还接收了一大批基本上也是由突厥佣兵组成的军队,这些突厥人来自咸海西边的诸部落。利用这支军队,阿老丁击败了阿富汗的古尔王朝,把疆域向南扩展到了属于波斯领土的呼罗珊。实际上相对于他手下这支军队的规模和声望,这只是一次很容易的吞并行动,但这并不妨碍他在此后志得意满地宣称自己是"安拉选中之君"。他的朝臣也着实阿谀谄媚,他们把他称为"亚历山大第二"。

接着他又出军河中,在1210年征服了那里。河中地区位于锡尔河和阿姆河之间,是东方和中东来往商队的必经之地,其中最大的城市是撒马尔罕,花剌子模沙选择这里作为都城。接下来的篇章里我们还要提到这个著名的城市。

花剌子模沙几乎不费力就完成了对河中地区的征服,然后他向草原上新兴的蒙古帝国送去信使。成吉思汗早已听闻花剌子模沙的名声。现在他们彼此都注意到了对方。1218年,成吉思汗派了一支大约由450人组成的穆斯林商队从蒙古来到花剌子模边境上的讹答剌,想要签署贸易协定。讹答剌的长官,亦纳勒尤·哈亦儿汗贪图这些商人的财物,把他们全杀了。成吉思汗派了三位使者到花剌子模沙的朝廷要求赔偿,他却杀了一位使者,烧掉了另外两位使者的胡子。这基本就相当于宣战了。

花剌子模沙也许真的相信了他的朝臣所宣称的:他是新的亚历山大,于是认为只要跟这些异教徒游牧民来一场毫不费力的快速遭遇战,就能使自己成为整个亚洲无可置疑的主人。他在河中地区大概有一支约莫40万人的军队,没有其他军队能够在规模上与之媲美。然而他的虚荣和傲慢带来了一场可怕的灾难,这场灾难波及了整个东伊斯兰世界。

花剌子模沙的儿子扎兰丁与其父不同,扎兰丁是一个天生的军事领袖和战争天才。由于认识到和蒙古人作战不可避免,扎兰丁建议他的父亲,最佳策略是使他们的主力军队保持高度的机动性,使其随时可以被派出迎击蒙古人的任何一支队伍的进攻。然而他的父亲却选择把军力沿锡尔河分散开来,形成一条长长的防线。扎兰丁认为这样一条防线不足以抵挡一次大举进攻,最好是主动出击,在蒙古人还没有来得及集结大批军力时进行一次有力打击。然而他的意见再次被忽略了,他仅仅被获准带领一队侦察兵在边境巡逻,预防任何突袭的可能。

与此同时,在大草原的东部,数万蒙古男性被召集起来,离开他们的牧群,前往成吉思汗的斡耳朵。这支军队有 15 万至 20 万之众,这是有史以来蒙古军队最大的一次集合,即使如此,他们仍然比对手少一半人。蒙古军队被分为四路,第一路由成吉思汗和速不台率领,第二路由窝阔台和察合台率领,第三路由哲别率领,第四路由尤赤率领。窝阔台带领大约 5 万人包围了讹答剌,尤赤进攻忽毡,哲别率领 2 万人进入河中,成吉思汗和速不台带着军队经过一条秘密通道,穿过克孜勒库姆沙漠直接到达不花剌的城下。这个毫无准备的城市很快被攻破了。这个消息使花剌子模沙的首都——撒马尔罕的人都吓坏了,当成吉思汗靠近撒马尔罕的时候,他命令不花剌的俘虏站在最前面,这不但使他的军队看起来更为庞大,无疑还给军队提供了一道阻挡箭雨的屏障。本来人们认为撒马尔罕能够坚守一年,但该城在五天之后就投降了。

　　花剌子模沙逃走了,他没有听从他儿子扎兰丁的建议,留在那里寻求反击,而是逃往两河流域,试图找到藏身之处。成吉思汗派速不台和哲别去追他。扎兰丁也逃出了撒马尔罕,但他的目的是留在这里,不断袭击蒙古军,延缓他们前进的速度。这种情况下他也成了一个逃亡者,并且由于他总是能够逃脱追捕,蒙古人就不断地在他的逃亡路线上烧杀抢掠,尽一切努力要抓住他。成吉思汗本人和他的儿子拖雷承担了追捕扎兰丁的任务。他们向南渡过阿姆河,追着扎兰丁进入了波斯东南部——今天的阿富汗境内,然后进入巴基斯坦,渡过印度河,一路上造成在草原战争中不可能达到的巨大毁灭。1221 年马鲁陷落,波斯史学家宣称拖雷杀死了 7 万人,只有 8 个工匠活了下来。尼沙布尔和巴里黑的命运更惨,这里曾经是这个时代最伟大的城市之一,里面有高大的清真寺、医院和宫殿,亚历山大曾来到这里,琐罗亚斯德曾在此布道,现在变成了一片废墟。

　　扎兰丁在整个战役中不断地成功逃亡,在波斯人的史书中成了一位史诗般的英雄。他的功绩激励着一大批城市的市民发起暴乱,但这只是引起了蒙古人更强烈的愤怒,带来更多的屠杀。蒙古人在赫拉特

·欧·亚·历·史·文·化·文·库·

进行了长达一个星期的屠杀,在这之后,绝大多数城市的城墙和堡垒都被拆毁。成吉思汗到达印度河的时候军队停止了行动,因为传来了花剌子模沙死去的消息,他的军队也没了,扎兰丁不再成为威胁。于是成吉思汗撤退到了兴都库什山脚下的一片草原上,在那里召来了长春真人丘处机,寻求长生之道。这位饱学道长当然知道没有这种灵丹妙药,然而他的讲道仍然打动了这位大汗。长春真人跟着成吉思汗的军队缓慢行军,回到河中地区,在不花剌待了一阵子,回到中国后,写了名为《长春真人西游记》的旅行记。

在蒙古军队入侵之后,当地的贵族纷纷归顺蒙古,同时获得大汗授予的封号,被破坏的城市中实行了移民政策。大量突厥人和蒙古人迁入各个城市和郊区。这些居住在喀布尔、赫拉特等地的移民对阿富汗民族的形成起了重要的作用。直到旭烈兀西征时,蒙古人再次征服并离开这个地区。当地卡尔特政权的统治者很快向旭烈兀表示忠诚。此后这里一直属于伊利汗国,直到不赛因汗去世之后汗国分裂,然后又被来自撒马尔罕的帖木儿所征服。

马可·波罗最喜欢的书之一大概是《亚历山大远征记》。他在游记中经常提到与各地相关的亚历山大传说,说不定他的包囊中就带着亚历山大题材的小说,时时温习,也许还把它当成地理游记来阅读。《亚历山大远征记》是罗马时期希腊历史学家阿里安的作品,主要描写亚历山大大帝东征作战的过程,据说参考的史料来自亚历山大身边的史官阿里斯托布鲁斯所做的记录,还有跟随亚历山大的重要将领,亦是其国家的继承者之一的托勒密一世回忆录。这部书有很多版本,也有多人对其进行研究,还制作了亚历山大远征地图。

马可·波罗在这里提到的亚历山大娶大流士的女儿的故事,在《亚历山大远征记》中也有记载。亚历山大成为马其顿国王后,通过战争控制了整个希腊,然后于公元前335年东征波斯。

当时的波斯皇帝大流士三世刚登基不久,他的本名叫作阿塔沙塔,大约生于公元前380年,他的祖父是波斯王阿塔薛西斯二世的兄弟,而他的父母是堂兄妹关系,这种近亲婚姻在波斯王朝相当常见。史载大流士身材高大,相貌英俊,在即位以前是享誉波斯帝国多年的勇士,这与伊苏斯壁画所描绘的波斯王形象相符。据说亚历山大进入波斯首都苏萨的王宫,坐上大流士的宝座,非常尴尬地发现自己双脚悬空,随从赶忙拉过一支矮桌给他垫脚。然而这位英武的波斯皇帝却遭遇了悲惨的一生。

据说大流士还是阿塔沙塔亲王时曾跟随波斯王阿塔薛西斯三世征讨卡都西亚人的叛乱,两军对阵之际,敌方出来一位最优秀的武士,要求同一位波斯贵族战斗。当时波斯王周围数十个贵族畏缩不前,最后是阿塔沙塔出阵应战,经过搏斗将对手制服。波斯王大悦,当即封他为亚美尼亚总督。阿塔薛西斯三世王朝后期,大宦官巴古阿把持朝政,阿塔沙塔作为重臣虚与委蛇,逐渐获得巴古阿的信任。后来巴古阿相继毒杀阿塔薛西斯和王储阿西斯,波斯王室成员凋零殆尽,王位继承就轮到了旁支的阿塔沙塔亲王。公元前336年春天,阿塔沙塔登基,正式采用大流士这个称号,史称大流士三世。

大流士继承的波斯帝国颓废已久,帝国主要产粮区埃及已经独立多年。大流士登基不久就组织征讨埃及。他只用了6个月就集结了一支波斯大军,结果一举荡平埃及,使帝国气象为之一振。他被认为是波斯帝国期待已久的中兴之主。然而就在大流士即位以后几个月,在遥远的希腊半岛北部的马其顿王国,一位年仅20岁的青年即位国王。这个名叫亚历山大的青年最终颠覆了大流士的帝国社稷,使他的壮志宏图付之东流。

古典史家笔下的大流士,性格温良敦厚,虽有勇士的美名,但本质上并不是一个好斗的人。阿里安站在亚历山大一边的立场上,在书中认为大流士偏听偏信,事到临头缺乏胆气,情绪波动剧烈,容易振奋,也容易气馁。作为一个军事统帅,这些无疑都是致命的缺陷。

从亚历山大登陆小亚细亚的那一刻开始,幸运之神就似乎和他朝夕相伴,而沉重打击一个接一个地落到大流士头上。他在西方的领地逐一丢掉,他本人在伊萨斯的战争中惨败。他的母亲、妻子和孩子全都成了阶下囚。他重建波斯军队,但又在高加米拉战役中失败。波斯大

·欧·亚·历·史·文·化·文·库·

军几乎折损殆尽,他本人则踏上逃亡之路,他向波斯帝国东部省份的总督发信,要求尽发勤王之兵。然而以柏萨思为首的一批波斯贵族联合大流士的宰相、伊苏斯战役的骑兵统帅纳巴扎尼把大流士劫持起来,囚禁在车中,一路向东逃往巴克特里亚,也就是今天的阿富汗地区。

亚历山大得知此事后全力追赶,他的骑兵逐渐逼近时,柏萨思一伙惊恐万状,催促大流士换一匹快马。身负黄金镣铐的大流士拒绝离开自己的马车,声称绝不同叛国者合作。柏萨思、纳巴扎尼及其同伙刺伤大流士,又杀死他车座的役马,然后向东奔逃。等到亚历山大率领追兵赶到时,大流士已经身亡,死时大约 50 岁。亚历山大把他的尸体运送到位于今天设拉子附近的波斯波利斯,葬在皇陵之中。他的孩子得到亚历山大很好的抚养和教育,亚历山大本人则娶了他的女儿,然后他前往巴克特里亚并征服了那里。

亚历山大的故事在波斯地区非常流行,在著名的波斯文学作品中《列王纪》中有一个更富于文学性的版本。甚至有学者相信这个版本的亚历山大故事影响了《蒙古秘史》的写作,学者认为《蒙古秘史》中记载的成吉思汗的结义兄弟札木合的形象,尤其是他最后的那段话,其背后文学上的模型就是亚历山大小说,尤其是亚历山大和大流士最后的对话——在《亚历山大远征记》中,亚历山大并没有见到临死前的大流士,但在波斯文学的版本中亚历山大不但和临终的大流士见面,他们还是兄弟,这一点也与《蒙古秘史》中成吉思汗和札木合为安答的关系相同。

马可·波罗在《马可·波罗游记》中说他在巴达哈伤因疾病而停留了一年。巴达哈伤,又翻译成巴达克山,这是一个古地名,包括现在阿富汗的东北地区和塔吉克斯坦的东南地区。这片地区以高原为主,气候严寒,南边是兴都库什山脉,北边是阿姆河。巴达哈伤在古代就是一个重要的贸易中心,那里的青金石交易可以上溯到公元前 4 世纪下半叶。这是一个位于丝绸之路上的重要地区。马可·波罗记载了这里的红宝石和青金石。他说:"这个地方出产宝石,用国名命名的巴拉斯红宝石,质美价高。宝石出产在高山峻岭中,但是只从一座名叫锡基南的山里开采。除非他特别恩准允许私自开采,否则开掘者都将处以死刑。国王有时将这些宝石作为礼物,送给过境的外国人,因为这种宝石不能自由买卖。没有国王的允许,谁也不能私自带这种宝石出境。这些限制的目的是使国内的红宝石——他认为自己的荣誉和宝石有关——保持它们的尊贵和高价。国王的宝石有些是作为礼物送给其他君王与王公,有些是作为贡品献给他的君主,有些则作为商品与人交换金银,在这项买卖中此种宝石是可以运出国的。还有一些山中蕴藏着青金石,这种矿石可以生产天青色的绀青,是世界上最佳的产品。此外银矿和铅矿的产量也极为丰富,国内的气候颇为寒冷。"

由于马可在这里停留了很长时间,所以他对这里介绍得格外详细,包括马匹、鹰隼、植被、物产、当地人的生活方式与衣着习惯和关隘地形。他尤其说到这里险峻的高山:"群山之间有草木茂盛的广大平原,有岩石裂缝中涌出的最清洁的溪流。这些水流中有鲆鱼和其他多种优质的鱼。山峰上的空气非常清洁卫生,凡住在市镇、平原和山谷的人如患热病或其他炎症都可移居山顶上,住三四天,即可恢复健康。"马可·波罗以自己为证:他在这里生病将近一年,有人劝他移住山顶,换一换空气,不久,果然痊愈了。

关于马可到底得了什么病,有各种各样的猜测。有人认为是疟疾,不过最流行的观点是得了肺结核。他提到这里的高山特别宜于治疗各种热病,因此他很可能因为肺病高烧,被送上山顶治疗。关于治愈的方式,则有学者认为他是靠鸦片来治疗。因为在那个时代,巴达哈伤是阿富汗最主要的罂粟产地,而且直到今天阿富汗都是世界上最主要的鸦片产地之一。实际上只要使用得当,鸦片可以当作治病的良药和很好的烹饪作料,这种东西有一种类似于坚果的香味,使食物非常可口。对于马可·波罗在巴达哈伤长时间停留,有一种解释是,他依靠吸食鸦片膏来治疗肺结核,但在康复期,他很可能对鸦片上瘾,导致他不得不留在这里戒除毒瘾。至于高山能够治愈肺结核一事,现代医学也给出了某种解释。高海拔和清新的空气被认为是辅助治疗肺结核的有效方法。因为高山上的空气含氧量低,所以在某种程度上会抑制病菌的生长,然后高海拔的充足日照帮助体内合成维生素 D,这种维生素帮助人体进一步破坏病原体。

在长达一年的治病休养,当然肯定也包括做生意——很可能是宝石、马匹、鹰隼,以及当地著名的亚麻油方面的贸易——之后,他们又继续向东出发了。穿过东西分界线的帕米尔高原之后,他们就通过喀什噶尔进入了中国最偏远的西部地区。

3.9 中亚的撒马尔罕

> 撒马尔罕是一座非常宏伟壮观的城市;那里有非常美丽的花园和长满了各种水果的果园。居民既有基督徒,也有萨拉森。他们臣属于大汗之侄。他数番与大汗为敌,他们之间曾多次激战。此人名为海都。

海都是蒙古帝国史上一个非常重要的人物。他主导了窝阔台汗国和察合台汗国与元朝之间的长期对抗和战争,使得穿过中亚地区连接东西的丝绸之路多年无法通行。他联合金帐汗国的蒙哥铁木儿汗,促成察合台汗国的八剌汗与伊利汗国开战,蒙古帝国在这一时期几乎所有的内战都与他有关。

在讲述蒙古帝国分裂过程的一节中,我们已经提到阿里不哥与忽必烈争夺汗位的时候,曾委任阿鲁忽为察合台汗,希望能够依靠河中地区的资源和财富打赢这场战争。他把统辖西至阿姆河东岸的西域绿洲城邦的权力授给了阿鲁忽;原来由大汗派驻该地区的官员和军队,现在也都改属阿鲁忽。不久,当阿鲁忽改换门庭,归命于忽必烈时,忽必烈为了笼络这支新归附的重要势力,又重申了阿鲁忽业已在手的上述既得权益。阿鲁忽在解除了阿里不哥的威胁后,趁着金帐汗国与旭烈兀之间发生战争的时机,出兵占领和劫掠阿姆河中游属于金帐汗国的重镇讹答剌。他还杀了属于金帐汗国的 5000 属民,霸占了他们的财产和妻女。于是金帐汗国决定支持正在向他求援的窝阔台系诸王海都与阿鲁忽相抗。

海都是窝阔台之子合失的儿子,他或许是成吉思汗家族中唯一不喝酒的成员,这大概是他造就伟业的原因之一。利用金帐汗国与察合台汗国之间的矛盾,他顺利与金帐汗国结为联盟。忽必烈顺利夺得汗位后,照例撤换西北地方将领,还把自己信赖的察合台诸王八剌派去担任察合台汗,以加强对西北的控制。忽必烈曾屡次叫海都来,当然是希望确认自己对窝阔台汗国的统治。可是海都并不愿意,他声称所统治的地方都服从大汗,可却找出了很多借口,绝不去见他。于是忽必烈与海都在互相猜忌之中日趋敌对。

1268 年,海都的军队和大汗在西北的守军发生了一点冲突,为了避免更大的战争,海都向西撤退,结果引起了察合台汗八剌的怀疑。他担心海都渡过锡尔河,夺取河中,因此急忙出兵拦截,两军在锡尔河畔相遇,发生大战。八剌起初获得优势,但海都获得了金帐汗国援兵后再度出战,大败八剌。

八剌当然并不甘心,意图再战,可是海都有相当清醒的头脑,他派出使者与八剌和谈。1269 年,金帐汗国、察合台汗国和窝阔台汗国三方在塔剌思河会议,决定河中地区 2/3 划归八剌,剩下 1/3 属于海都和金帐汗国的蒙哥帖木儿,为了弥补八剌在河中的损失,将由海都派兵,援助八剌越过阿姆河去侵夺伊利汗阿八哈汗的疆域。于是 1270 年春天,八剌进攻呼罗珊。伊利汗阿八哈在今天阿富汗的赫拉特附近设计大败八剌。八剌退回河中,不久就死去了。察合台汗国沦为海都的附庸。海都取得了对西域和河中地区的支配权,对元朝的态度也逐渐强硬起来。

1273 年,在西北镇守的忽必烈之子那木罕出征海都,双方的战争持续到 1275 年,这段时间马可·波罗等人正行走在欧亚大陆上。1275年夏天,海都等人出兵东征,忽必烈派大军迎击,次年,镇守西北的军队中,几位对大汗不满的亲王竟然叛变,立昔里吉为大汗,把镇守的太子那木罕和将军安童抓起来送给海都,约他一起进攻元朝。海都对这个提议并不热心。于是昔里吉于 1276 年冬天前往蒙古帝国的发源处岭

257

北地区。忽必烈赶紧召回了征宋的天才战将伯颜,才平定这些叛军。

1277 年之后,海都又开始进攻元朝西北边境,一度夺取和田,不过很快被元朝收复了。双方不断发生战争,到 1289 年,海都的军队竟然前往岭北夺取了哈剌和林,也就是蒙古帝国之前的首都。这场围魏救赵之战非常成功,当年 7 月,忽必烈不得不以 74 岁高龄亲征,从海都手中夺回和林,然后命伯颜镇守。围绕着和林的争夺战进行了 5 年,直到1292 年才平息下来。西北方面元朝也就无力继续扩大军事行动了。马可·波罗在元朝的这年,忽必烈和海都之间的战争一直在持续,直到他离开中国才告平息,因此他多次在《马可·波罗游记》中提及双方的敌对情形。即使是写到没有去过的撒马尔罕也不忘提上一句。的确,马可·波罗并没有到过撒马尔罕,当他一路东行时,这里正在发生战争,因此他们选择了阿富汗的路线,不可能路过中亚。当他回程的时候,这里还在打仗,所以他们走了海路。但对于这个著名的城市,他不愿一笔带过,因此他讲述了一个宗教故事:"据说,在撒马尔罕曾经发生过一个奇迹。不久以前,当时统治这里的大汗的亲兄弟察合台汗改奉了基督教,此事使当地基督教的居民大为兴奋,他们在这个亲王的帮助与保护之下建造了一座纪念圣约翰的教堂。

"这座教堂的构造是圆形的,屋顶的一切重量都集中在中央的一根石柱上,他们在石柱底下安置一块方石头作为基础。这块石头是经过汗王的允许,从穆斯林的一座清真寺中取来的,当时因为穆斯林惧怕汗王的势力,不敢加以阻挠。但察合台死后,即位的新主却无意信奉基督教,于是穆斯林又恢复了庞大的势力,他们从新主处取得一道命令,令基督教徒将以前取去的石头归还给他们。基督教徒提议愿用重金来赔偿,但遭到拒绝,因为穆斯林希望因为石头的移动而使整个教堂倒塌。

"陷入困境中的基督教徒除了含着眼泪,毕恭毕敬地祈求显赫的圣约翰保佑外,已别无他法了。到了他们应交还石头的那一天,奇迹出现了,因圣徒的保佑,石柱竟自行升起,离基石有三掌高,这样易于移动石头。教堂在这种状况中,没有任何一种支持,一直保存到今天。"

有学者认为这个无疑彰显着基督教之胜利和穆斯林之失败的故事，很可能是马可·波罗从他在镇江的基督徒朋友马薛里吉思那里听到的。马薛里吉思出生于撒马尔罕，他的父亲是个医生，善于制造舍尔别，也就是果子露。忽必烈的父亲拖雷曾经得病，喝了这种药水就痊愈了。1268 年忽必烈召马薛里吉思到大都制造舍尔别。1277 年，他被任命为镇江府副达鲁花赤。他是一个虔诚的基督徒，一直有志于推广教法。有一天他梦到有两位天使命令他建造七所教堂，因此他开始兴建教堂，任职五年期间建了七座教堂，不过当马可·波罗在这里遇到他时，他还只兴建了两座。很可能就是他给马可·波罗讲述了撒马尔罕的这个灵异传奇。亨利·玉儿在为《马可·波罗游记》作注的时候，在这里引用了一段诗来评价马可·波罗所记载的这个故事："那些地理学家们，绘制非洲地图时，用野蛮的景象来填补空白之地。在荒无人烟的沙丘上，找不到城市，就画上大象。"

参考书目

Moule A C, Paul Pelliot. Marco Polo, the Description of the World. London：George Routledge & Sons Limited, 1938.

Marco Polo. The book of Ser Marco Polo：the Venetian, concerning the kingdoms and marvels of the East. 3rd ed. Translated and edited, with notes, by Colonel Sir Henry Yule. London：J. Murray, 1903.

Strange G Le. The Geographical Part of the Nuzhat-al-Qulub. Composed by Hamd-allāh Mustawfi of Qazwin in 740. Leyden：E. J. Brill, 1919.

Strange G Le. The Lands of the Eastern Caliphate. New York：Barnes & Boble reprint, 1966.

Lewis B, Pellat Ch, Schacht J. The Encyclopaedia of Islam. New edition. Leiden：E. J. Brill, 1986 – 2004.

〔伊朗〕阿宝斯·艾克巴尔·奥希梯扬尼. 伊朗通史. 叶奕良, 译. 北京：经济日报出版社,1997.

白寿彝,陈得芝. 中国通史·中古时代·元时期(上). 上海：上海人民出版社,1989.

〔意〕柏朗嘉宾. 柏朗嘉宾蒙古行记. 〔法〕贝凯,〔法〕韩百诗, 译注, 耿昇, 译. 北京：中华书局,1985.

〔法〕伯希和. 蒙古与教廷. 冯承钧, 译. 北京：中华书局,1994.

〔美〕布莱恩·蒂尔尼,西德尼·佩因特. 西欧中世纪史. 袁传伟, 译. 北京：北京大学出版社,2011.

〔意〕鄂多立克. 鄂多立克东游录. 何高济, 译. 北京：中华书局,2002.

〔瑞典〕多桑. 多桑蒙古史. 冯承钧, 译. 北京：中华书局,2004.

〔美〕菲利浦·希提. 阿拉伯通史. 马坚, 译. 北京：新世界出版社,2008.

〔波斯〕拉施特. 史集. 余大钧,译. 北京:商务印书馆,1986.

〔美〕劳伦斯·贝尔格林. 大旅行家马可·波罗传. 周侠,译. 海口:海南出版社,2010.

〔元〕李志常. 长春真人西游记. 党宝海,译注. 石家庄:河北人民出版社,2001.

刘迎胜. 察合台汗国史研究. 上海:上海古籍出版社,2006.

刘迎胜. 海路与陆路:中古时代东西交流研究. 北京:北京大学出版社,2011.

〔法〕鲁布鲁克. 鲁布鲁克东行记. 〔美〕柔克义,译注,何高济,译. 北京:中华书局,1985.

〔意〕马可波罗. 马可波罗游记. 陈开俊等,译. 福州:福建科学技术出版社,1981.

〔意〕马可波罗. 马可波罗行纪. 〔法〕沙海昂,注,冯承钧,译. 石家庄:河北人民出版社,1999.

〔亚美尼亚〕乞剌可思·刚扎克赛. 海屯行纪. 何高济,译. 北京:中华书局,2002.

〔英〕威廉·穆尔. 阿拉伯帝国. 周术情等,译. 西宁:青海人民出版社,2006.

〔摩洛哥〕伊本·白图泰口述,〔摩洛哥〕伊本·朱甾笔录. 异境奇观 伊本·白图泰游记.李光斌,译. 北京:海洋出版社,2008.

张星烺. 中西交通史料汇编. 朱杰勤,校订. 北京:中华书局,2003.

张星烺. 张译马哥孛罗游记. 北平:燕京大学图书馆,1929.

张星烺. 马哥孛罗游记导言. 北京:中国地学会,1924.

〔伊朗〕志费尼. 世界征服者史. J. A. 波伊勒,英译,何高济,译. 北京:商务印书馆,2004.

〔比利时〕亨利·皮雷纳. 中世纪的城市. 陈国樑,译. 北京:商务印书馆,2006.

索　引

欧亚历史文化文库

已经出版

林悟殊著:《中古夷教华化丛考》	定价:66.00 元
赵俪生著:《弆兹集》	定价:69.00 元
华喆著:《阴山鸣镝——匈奴在北方草原上的兴衰》	定价:48.00 元
杨军编著:《走向陌生的地方——内陆欧亚移民史话》	定价:38.00 元
贺菊莲著:《天山家宴——西域饮食文化纵横谈》	定价:64.00 元
陈鹏著:《路途漫漫丝貂情——明清东北亚丝绸之路研究》	
	定价:62.00 元
王颋著:《内陆亚洲史地求索》	定价:83.00 元
〔日〕堀敏一著,韩昇、刘建英编译:《隋唐帝国与东亚》	定价:38.00 元
〔印度〕艾哈默得·辛哈著,周翔翼译,徐百永校:《入藏四年》	
	定价:35.00 元
〔意〕伯戴克著,张云译:《中部西藏与蒙古人	
——元代西藏历史》(增订本)	定价:38.00 元
陈高华著:《元朝史事新证》	定价:74.00 元
王永兴著:《唐代经营西北研究》	定价:94.00 元
王炳华著:《西域考古文存》	定价:108.00 元
李健才著:《东北亚史地论集》	定价:73.00 元
孟凡人著:《新疆考古论集》	定价:98.00 元
周伟洲著:《藏史论考》	定价:55.00 元
刘文锁著:《丝绸之路——内陆欧亚考古与历史》	定价:88.00 元
张博泉著:《甫白文存》	定价:62.00 元
孙玉良著:《史林遗痕》	定价:85.00 元
马健著:《匈奴葬仪的考古学探索》	定价:76.00 元
〔俄〕柯兹洛夫著,王希隆、丁淑琴译:	
《蒙古、安多和死城哈喇浩特》(完整版)	定价:82.00 元
乌云高娃著:《元朝与高丽关系研究》	定价:67.00 元
杨军著:《夫余史研究》	定价:40.00 元
梁俊艳著:《英国与中国西藏(1774—1904)》	定价:88.00 元

〔乌兹别克斯坦〕艾哈迈多夫著,陈远光译:

《16—18世纪中亚历史地理文献》(修订版)　　　　　定价:85.00元

成一农著:《空间与形态——三至七世纪中国历史城市地理研究》

　　　　　　　　　　　　　　　　　　　　　　　　定价:76.00元

杨铭著:《唐代吐蕃与西北民族关系史研究》　　　　　定价:86.00元

殷小平著:《元代也里可温考述》　　　　　　　　　　定价:50.00元

耿世民著:《西域文史论稿》　　　　　　　　　　　　定价:100.00元

殷晴著:《丝绸之路经济史研究》　　　　定价:135.00元(上、下册)

余大钧译:《北方民族史与蒙古史译文集》　定价:160.00元(上、下册)

韩儒林著:《蒙元史与内陆亚洲史研究》　　　　　　　定价:58.00元

〔美〕查尔斯·林霍尔姆著,张士东、杨军译:

《伊斯兰中东——传统与变迁》　　　　　　　　　　定价:88.00元

〔美〕J.G.马勒著,王欣译:《唐代塑像中的西域人》　定价:58.00元

顾世宝著:《蒙元时代的蒙古族文学家》　　　　　　　定价:42.00元

杨铭编:《国外敦煌学、藏学研究——翻译与评述》　　定价:78.00元

牛汝极等著:《新疆文化的现代化转向》　　　　　　　定价:76.00元

周伟洲著:《西域史地论集》　　　　　　　　　　　　定价:82.00元

周晶著:《纷扰的雪山——20世纪前半叶西藏社会生活研究》

　　　　　　　　　　　　　　　　　　　　　　　　定价:75.00元

蓝琪著:《16—19世纪中亚各国与俄国关系论述》　　　定价:58.00元

许序雅著:《唐朝与中亚九姓胡关系史研究》　　　　　定价:65.00元

汪受宽著:《骊靬梦断——古罗马军团东归伪史辨识》　定价:96.00元

刘雪飞著:《上古欧洲斯基泰文化巡礼》　　　　　　　定价:32.00元

〔俄〕Т.Б.巴尔采娃著,张良仁、李明华译:

《斯基泰时期的有色金属加工业——第聂伯河左岸森林草原带》

　　　　　　　　　　　　　　　　　　　　　　　　定价:44.00元

叶德荣著:《汉晋胡汉佛教论稿》　　　　　　　　　　定价:60.00元

王颋著:《内陆亚洲史地求索(续)》　　　　　　　　定价:86.00元

尚永琪著:

《胡僧东来——汉唐时期的佛经翻译家和传播人》　　定价:52.00元

桂宝丽著:《可萨突厥》　　　　　　　　　　　　　　定价:30.00元

篠原典生著:《西天伽蓝记》　　　　　　　　　　　　定价:48.00元

〔德〕施林洛甫著,刘震、孟瑜译:

　　《叙事和图画——欧洲和印度艺术中的情节展现》　　定价:35.00 元

马小鹤著:《光明的使者——摩尼和摩尼教》　　定价:120.00 元

李鸣飞著:《蒙元时期的宗教变迁》　　定价:54.00 元

〔苏联〕伊·亚·兹拉特金著,马曼丽译:

　　《准噶尔汗国史》(修订版)　　定价:86.00 元

〔苏联〕巴托尔德著,张丽译:《中亚历史——巴托尔德文集

　　第 2 卷第 1 册第 1 部分》　　定价:200.00 元(上、下册)

〔俄〕格·尼·波塔宁著,〔苏联〕B.B.奥布鲁切夫编,吴吉康、吴立珺译:

　　《蒙古纪行》　　定价:96.00 元

张文德著:《朝贡与入附——明代西域人来华研究》　　定价:52.00 元

张小贵著:《祆教史考论与述评》　　定价:55.00 元

〔苏联〕K.A.阿奇舍夫、Г.A.库沙耶夫著,孙危译:

　　《伊犁河流域塞人和乌孙的古代文明》　　定价:60.00 元

陈明著:《文本与语言——出土文献与早期佛经词汇研究》

　　　　　　　　　　　　　　　　　　　　定价:78.00 元

李映洲著:《敦煌壁画艺术论》　　定价:148.00 元(上、下册)

杜斗城著:《杜撰集》　　定价:108.00 元

芮传明著:《内陆欧亚风云录》　　定价:48.00 元

徐文堪著:《欧亚大陆语言及其研究说略》　　定价:54.00 元

刘迎胜著:《小儿锦研究》(一、二、三)　　定价:300.00 元

郑炳林著:《敦煌占卜文献叙录》　　定价:60.00 元

许全胜著:《黑鞑事略校注》　　定价:66.00 元

段海蓉著:《萨都剌传》　　定价:35.00 元

马曼丽著:《塞外文论——马曼丽内陆欧亚研究自选集》　　定价:98.00 元

〔苏联〕И.Я.兹拉特金主编,М.И.戈利曼、Г.И.斯列萨尔丘克著,

　　马曼丽、胡尚哲译:《俄蒙关系历史档案文献集》(1607—1654)

　　　　　　　　　　　　　　　　　　定价:180.00 元(上、下册)

华喆著:《帝国的背影——公元 14 世纪以后的蒙古》　　定价:55.00 元

П.К.柯兹洛夫著,丁淑琴、韩莉、齐哲译:《蒙古和喀木》　　定价:75.00 元

杨建新著:《边疆民族论集》　　定价:98.00 元

赵现海著:《明长城时代的开启

　　——长城社会史视野下榆林长城修筑研究》(上、下册) 定价:122.00 元

269

李鸣飞著：《横跨欧亚——中世纪旅行者眼中的世界》　　定价：53.00 元

敬请期待

贾丛江著：《汉代西域汉人和汉文化》

王永兴著：《敦煌吐鲁番出土唐代军事文书考释》

薛宗正著：《西域史地汇考》

徐文堪编：《梅维恒内陆欧亚研究文选》

李锦绣编：《20 世纪内陆欧亚历史文化研究论文选粹》

李锦绣、余太山编：《古代内陆欧亚史纲》

李锦绣著：《裴矩〈西域图记〉辑考》

李艳玲著：《田作畜牧
　　　——公元前 2 世纪至公元 7 世纪前期西域绿洲农业研究》

许全胜、刘震编：《内陆欧亚历史语言论集——徐文堪先生古稀纪念》

张小贵编：《三夷教论集——林悟殊先生古稀纪念》

杨林坤著：《西风万里交河道——明代西域丝路上的使者与商旅》

林悟殊著：《华化摩尼教补说》

王媛媛著：《摩尼教艺术及其华化考述》

李花子著：《长白山踏查记》

芮传明著：《摩尼教敦煌吐鲁番文书校注与译释研究》

马小鹤著：《霞浦文书研究》

〔德〕梅塔著，刘震译：《从弃绝到解脱》

郭物著：《欧亚游牧社会的重器——鍑》

王邦维著：《华梵问学集》

李锦绣著：《北阿富汗的巴克特里亚文献》

孙昊著：《辽代女真社会研究》

王永兴著：《唐代土地制度研究——以敦煌吐鲁番田制文书为中心》

韩中义著：《欧亚与西北研究辑》

刘迎胜著：《蒙元史考论》

尚永琪著：《古代欧亚草原上的马——在汉唐帝国视域内的考察》

石云涛著：《丝绸之路的起源》

青格力等著《内蒙古土默特金氏蒙古家族契约文书整理研究》

尚永琪著：《鸠摩罗什及其时代》

石云涛著：《魏晋南北朝时期的外来文明》

淘宝网邮购地址：http://lzup.taobao.com